아주까리 수첩 006

이우성 산문집
李宇成 散文集
LEE Wooseong Essay

좋아서,
I like It,

SuRyuSanBang

2023

● 아주까리 수첩 6
이우성 산문집 좋아서,
李宇成 散文集
LEE Wooseong Essay I like It,
© 이우성

● Produced & Published by 수류산방 樹流山房 SuRyu SanBang
초판 01쇄 2023년 01월 30일
값 18,000원
ISBN 978-89-915-5592-1 03810
Printed in Korea, 2023.01.

● 수류산방 樹流山房 SuRyu SanBang
등록 2004년 11월 5일 (제300-2004-173호)
〔03176〕 서울 종로구 경희궁길 47-1 〔신문로 2가 1-135〕
T. 82.(0)2.735.1085 F. 82.(0)2.735.1083
프로듀서 박상일
발행인 및 편집장 심세중
크리에이티브 디렉터 朴宰成 + 박상일
이사 김범수, 박승희, 최문석
편집팀 전윤혜 (선임), 조연하
디자인·연구팀 김나영 (피디), 서인준
사진팀 이지웅 (피디)
인쇄 코리아프린테크 [T. 82.(0)31.932.3551-2 임종휘 실장]

아주까리 수첩 006
이우성 산문집

좋아서,

아주까리 수첩 006 **이우성 산문집 좋아서,**

앞글 : **존재의 마음** [이우성]　　　　　　　　008
옆글 1 : 윤성중　　　　　　　　　　　　　011
옆글 2 : 정준화　　　　　　　　　　　　　013
옆글 3 : 김민정　　　　　　　　　　　　　015
옆글 4 : 서인준　　　　　　　　　　　　　016

제1부　I Study English　　　　　　　　023

[1-01]　I Study English　　　　　　　　025
[1-02]　서른둘, 회사를 그만두다　　　　027
[1-03]　서울에서 김어준 찾기　　　　　　033
[1-04]　그댈 마주하는 건 좋아　　　　　　044
[1-05]　투표소의 풍경　　　　　　　　　　051
[1-06]　여드름이 났어요, 많이 났어요　　057
[1-07]　이 시인 되십니까?　　　　　　　064
[1-08]　야구의 도시 VS. 롯데의 도시　　069

제2부　멘토는 없다　　　　　　　　　　　　　079

[2-09]　위로를 생각할 시간　　　　　　　　077
[2-10]　이게 타이틀이에요　　　　　　　　086
[2-11]　오락실에 다녔다　　　　　　　　　092
[2-12]　그 남자의 이름　　　　　　　　　　096
[2-13]　문학상이 더 생긴다면　　　　　　　101
[2-14]　영웅들　　　　　　　　　　　　　　104

제3부　아무튼 달린다　　　　　　　　　　　113

[3-15]　공기가 바람이 될 때　　　　　　　115
[3-16]　그들 사이, 이봉주　　　　　　　　117
[3-17]　러닝은 나를 주인공으로 만든다　　120
[3-18]　아플 거 같아　　　　　　　　　　　126
[3-19]　엄마도 글을 씁니다　　　　　　　　130
[3-20]　엄마의 엄마 : MY MOM's MOM　　133
[3-21]　달려가서 옆에 있어야지　　　　　　138
[3-22]　착각일 수도 있지만　　　　　　　　140

제4부 사람들　　　　　　　　　　　147

[4-23] 프로듀서 **신원호**　　　　　　　　149
[4-24] **이정재**라고 불리는 남자　　　　156
[4-25] 무섭냐? : **황현희**　　　　　　　163
[4-26] **자우림**이 변했나?　　　　　　　168
[4-27] 친구가 군대에 간다 : **이근호, 하대성, 백종환**　　180
[4-28] **구자철**의 발차기　　　　　　　188
[4-29] 아무도 **박상륭**을 모른다　　　　195
[4-30] 은행나무 아래 **김애란**이 있다　　203
[4-31] **이말년**은 서울의 좋은 집으로 이사갈 수 있을까?　　205
[4-32] 넌 농구를 다룰 줄 알아 : **양동근**　　208
[4-33] 괴롭지만 괜찮아 : **이경수**　　　　215
[4-34] 승자의 노래 : **최승자**　　　　　222
[4-35] **서도호**의 방　　　　　　　　　239

제5부 좋아해 255

〔5-36〕 좋아해 257
〔5-37〕 새 260
〔5-38〕 엄마의 소설 263
〔5-39〕 고백1 266
〔5-40〕 고백2 268
〔5-41〕 고백3 273
〔5-42〕 용서 278
〔5-43〕 행복 280
〔5-44〕 좋아해 아주 많이 282
〔5-45〕 『GQ』에 왔습니다 284
〔5-46〕 영원히 모르게 남겨두기 287

[0] 앞글 : 존재의 마음

　　　　글이 누군가에게 영향을 줄 수 있는지 모르겠다. 요즘 누가 긴 글을 읽어? 라는 물음에는 하고 싶은 말이 없다. 어찌 됐건 글은, 읽는 자를 위해 존재하니까. 단 한 명일지라도. 그 한 명이 글쓴이 자신일 수도 있고. 어떤 작가는 글쓰기가 구원이라고 하던데, 너무 거대해서 나는 공감이 되지 않는다.

이십 대와 삼십 대, 많은 글을 썼다. 쓰기 위해 사는 사람처럼. 시인이 되려고 준비하는 작가 지망생이던 시기도 있었고, 유명 패션 매거진 에디터이던 시기도 있었다. 다양한 매체에 글을 기고하던 시기도 있었고, 반대로 이 모든 것들을 피해 글자를 외면하던 시기도 있었다. 글을 쓰지 않는 나날 역시 글쓰기의 연속이었을 것이다. 쓰지 않는 글을 쓰는 시간들. 그 감정과 감각을 여기서 부연하지는 않을 것이다. 이 책을 읽는 사이 누군가는 그것을 이해할 테니까.

내가 과하게 눈물이 많은 사람이라든가, 이명박이라는 이름을 경멸했다거나, 바다에 잠긴 아이들을 생각하며 오래 슬퍼했다는 것, 나의 엄마가 외동딸이며, 그 시대엔 흔한 일이 아니었다는 것, 덩달아 유추할 수 있는 슬픔과 애착에 대해 쓰는 것이 어떤 의미가 있을까? 내가 지방대를 나왔으며, 한 쪽 귀가 들리지 않는다는 것은? 그런데 굳이 고백하기 위해 그렇게 많은 글을 써 온 게 아닐까? 부끄러운 기억, 서툰 인식, 맹목적인 마음을 글로 적고 싶었다. 나는 말해 주고 싶었다. 불완전하고 불안하고 예민한 한 청년이 한 시대를 어떻게 견뎌내는지. 그것이 정의로운 기록, 누군가를 위한 항변, 미래를 위한 제언이라고 믿었던 적도 있다. 나는 나를 한 시대 '사고'의 기준이라고 생각했다. 망상이었을 것이다.

상관없다. 사명감, 과대평가, 오만과 우월 같은 감정이 어떤 시기 나를 증명하는 정서였다. 한 줄이라도 정직하게 쓰고 싶었고, 하나마나 한 소리는 안 하고 싶었고, 영감과 의지를 전해 주고 싶었다. 다행히 나는 훌륭한 스승들을 만나 글쓰기에 대해, 생각하는 방법에 대해 배웠다. 무엇보다 엄마는 매일 밤 상을 펴고 앉아 책을 읽으며 글을 쓰는 사람이었다. 누군가 읽게 될 거라는 희망이 담겨 있지 않은 글이었다. 엄마의 간절함은 그저 쓰는 것이었다. 나는 자주 그 글의 무용함을 생각했는데, 돌아보면, 그 무용함이 나를 글 쓰는 사람으로 만들었다. 엄마에겐 엄마 이외에도 한 명의 독자가 더 있었던 것이다.

이 책에 실린 글 대부분은 10년 전, 혹은 더 이전에 쓰였다. 지금, 이 순간의 문장으로 읽히기를 바라지만 그렇게 못 되어도 괜찮다. 이 책이 '이우성'이라는 청년이 한 시대를 어떻게 극복해 왔는지를 증명해 줄 것 같긴 하지만 그것이 다른 사람에게 어떤 의미가 있는지는 모르겠다.

다만, 나는 비범한 문장으로 단 한 줄의 희망을 적어 보고 싶었다. 그것이 그 시절 내 존재의 이유였다.

〔2022년 11월 이우성〕

옆글 1 [윤성중, 월간 『山』 에디터]

[스스로 '미남'이 된 이우성] 2009년 한국일보 신춘문예 시 부문에 당선했다. 『GQ』, 『아레나 옴므 플러스』 등 패션 매거진 피처 에디터로 일했으며 『러너스월드』 한국판 초대 편집장을 맡았다. 현재는 크리에이티브 크루 '미남컴퍼니' 대표다. 『나는 미남이 사는 나라에서 왔어』(2012), 『내가 이유인 것 같아서』(2022)라는 제목의 시집도 출간했다. 비범한 오라의 소유자, 이우성을 누군가는 대표라고 부르고 누군가는 편집장이라고 부르고 누군가는 선배라고 부르고 누군가는 그냥 형이라고 부른다. 또 누군가는 시인이라고 부른다. 이우성 주변엔 그를 부르는 사람들로 붐빈다. 그는 '밤의 라디오' 같아서 사람들은 가만히 앉아 그의 말을 듣는 걸 좋아한다(는 것이 확실하다). 이우성은 말할 때 '마음' '개념' '본질' 같은 단어를 자주 쓰는데, 그 이야기가 지루했던 적이 나는 없다. 이우성의 글은 그의 말투와 닮아서 신선하고 파격적이며, 지나치게 솔직하다. 어디서든 자신을 '미남'이라고 소개하는 대담함도 빛난다. 오랫동안 그와 친하게 지내며 최근에 깨달은 것이 있는데, 이우성이 정말로 '미남'이 되어 가고 있다는 것이다. 이럴 수가. 내가 그의 언어에 미혹된 것일까? ¤

옆글 2 [정준화, 빌리플레이 대표]

고집스럽게 솔직하고 유쾌하게 뻔뻔하다.
예전부터 이우성의 글은
굳이 크레딧을 확인하지 않아도
첫 문단만 읽으면 알아챌 수 있었다.
찍어내듯 바쁘게 써재껴야 하는 마감 노동자 시절,
같은 현상을 관찰하고 같은 인물을 만나더라도
이우성은 늘 남들과는 다른 이야기를 들려 줬다.
첫 시집 제목을
'나는 미남이 사는 나라에서 왔어'라고 붙일 만큼
그다지 겸손하지 않은 그는,
그게 다 남다른 재능 때문이라고 말하겠지만
나는 그 다름이
남다른 성실함에서 온다고 생각한다.
다루는 대상에게 최선을 다해 감동하는 성실함,
하나마나 한 소리는 하지 않겠다는 자존심,
자신의 감정에 치열하게 정직하겠다는 오기 같은 것.
객관적인 척하며 무난하게 세상의 비위를 맞추다
내 진짜 생각과 마음이 희미해지는 느낌이 들 때마다
이우성의 문장을 펼치면
후련하고 산뜻한 자극을 받는다. ¤

옆글 3 [김민정, 시인]

우성을 우성아, 하고 부르면 우성은 네, 하고 답한다. 응이라 답할 만도 한데 꼭 네라 한다. 그 "네"라 할 적에 입 모양이 절로 벌어지는데 어느 날 우성의 그 둥긂에서 아메바 같은 것을 봤다. 아메바. 내가 끝장나게 좋아하는 이름, 아메바. 그것이 왜 그렇게 좋냐 하면 단순하니까, 단순함이 왜 그렇게 좋냐 하면 솔직함과 종종 헷갈리는 검은 건반 흰 건반이니까, 솔직함이 왜 그렇게 좋냐 하면 즉흥적인 생물이니까, 생물이 왜 그렇게 좋냐 하면 그 이름 자체가 제로에서 시작하는 뉘앙스니까, 제로가 왜 그렇게 좋냐 하면 화개장터 가사 같은 거니까, 화개장터 가사가 왜 그렇게 좋냐 하면 있어야 할 건 다 있고 없을 건 없답니다, 돌고 돌아 이우성을 가리키니까. 바늘이 쉴 새 없이 흔들리는, 그러니까 사람이라는 나침반으로 가득한 이 책에서 나는 작은북을 치고 다니는 우성을 본다. 사람 사이 마음의 장단을 맞추는 건 아무래도 섬세한 작은북이 제격 아니겠는가. 새 축구공이 날아올 때마다 신이 나서는 가슴 트래핑으로 공을 받은 뒤 미친 발재간으로 드리블을 해대는 우성을 본다. 사람 사이 이야기의 각운에 몸을 맡길 수 있는 건 제 살 깎는 각고의 노력 끝에 만들어진 근육의 힘 덕분이 아니겠는가. 나를 울리거나 혹은 제가 우는 일로 이 책의 애칭은 작은북이다. 제 땀으로 날 덜 땀나게 하는 일로 이 책의 존칭은 미드필더다. 작은북과 미드필더, 책 하나를 두고 무슨 뚱딴지 같은 소리냐 하겠지만 그렇게 이 책은 내게 아메바로 귀결이 된다. "세상에 무수히 많은 우성이들이 있겠으나 내게 이, 우성은 유일하고도 무이하다." ¤

옆글 4 [서인준, 수류산방 연구팀]

이우성의 글을 처음 접하는 독자라면 읽으며 당혹감을 감추기 어려울지도 모른다. 나 또한 그랬다. 얼굴도 모르는 필자가 스스로를 미남이라고 주장하지를 않나, 핫한 이슈나 정치적 신념에 대한 본인 의견을 가감 없이 드러내기도 한다. 지적이고 날카로운 사람인가 싶으면서 감상적이기도 하다. 쿨하지도 않고 눈물도 많다. 에디터로서의 이우성과 러너, 시인, 아들로서의 이우성의 모습은 꽤 다르게 느껴진다. 시인이 되고 싶었고, 달리기와 예쁜 여자를 좋아하는 사람. 솔직하고 도발적인 사람. 자신감 있게 혹은 제멋대로 사는 사람. 그게 이우성의 첫인상이었다.

에디터로 지냈던 그의 지난 날들을 보면 치열하다 못해 안쓰럽기까지 하다. 수정 사항으로 가득 찬 붉은 종이를 밤새도록 들여다보고, 다시 쓰고, 다시 고쳤다. 난도질 당한 기사를 붙들고 끝까지 견디게 해준 그의 힘은 무엇일까. 누구나 이우성처럼 밤을 바칠 체력을 갖고 있지는 않다. 그럼에도 스스로 치열하다 말할 수 있는 것들은 있다. 실은 그것이 열정이라기보다는 그만두지 못하는 마음에 가까울지도 모르겠다. 끝내 실패함에도 불구하고 거듭 시도하는 일들이 나에게도 있는데, 사랑이 그랬고 가족이 그랬다. 당신이라는 타인을 사랑하는 일, 가깝고도 먼 가족을 이해하는 일. 그것을 그만두면 나를 부정하게 되는 꼴이니까. 울면서도 그만둘 수 없었다. 붉은 종이를 오래도록 놓지 못했던 이우성도 비슷한 마음이었을까.

이우성은 달린다. 시간이 언제든, 아무리 피곤하든 달린다. 왜 그렇게 열심히 달릴까? 그는 달리기가 "저 멀리 있는 '나'를 향해 가는 험난한 여정 같다고" 했다. 그 길에는 끝이 없을 텐데, 라는 생각을 한다. '나'라는 곳은 고정된 결승선이 아니니까. 매 순간 사람은 변하므로 계속해서 멀어지는 결승선이다. 그러니까, '나'에게 가까워지면서 멀어지고 있는 중이다. 도달할 수 없는 곳을 향해 가는 마음, 그 궤적을 좇다 보면 자꾸 아득해진다.

어쩌면 그는 견디기 위해 달리기 시작했을지도 모르겠다. 닿지 못한다 해서 달리는 것을 그만두면, 더 이상 견딜 수 없을까 봐. 영영 나를 잃어버릴까 봐. 그래서 뛴다. 뛰어야만 한다.

우리는 모두 '나는 누구인가', '내가 좋아하는 것은 무엇일까' 하는 멋진 질문들을 한 번쯤 품곤 한다. 그러나 안타깝게도 삶은 대개 자잘할뿐더러, 내가 되어 가는 과정의 원동력은 대부분 슬픔에 기반해 있는 듯하다. 지질한 내 모습에 좌절하고, 이를 악물수록 열등감만 커진다. 나도 예쁘고 멋진 당신에게 사랑받고 싶고, 사랑하고 싶다. 더 나은 사람이 되고 싶다. 이우성도 그랬다. 매일밤 도망치고 싶어서 달렸다. 그 시간들이 자신을 어디론가 데려다 놓을 것이라 믿으며. 사랑하는 사람들을 지키고 싶었다. 나를 지키고 싶었고, 내가 되고 싶었다. 다만 이우성대로 살기 위해서 가로질러 온 날들 속에서, 눈물 많은 그가 몇 번이나 울었을까. '나'를 마주하는 일에는 용기가 필요하다. 그것도 아주 큰.

내가 나이기 위해 붙들던 시간들을 떠올려 본다. 지지부진했던 오늘에 대한 죄책감이 조금은 사그라드는 것 같다. ¤

아주까리 수첩 006
이우성 산문집

좋아서,

제1부
I Study English

[1-01] **I Study English**

"어른이……
이거 왜 해요?"
구몬 학습지 선생님이
물었다

옆자리에 앉은 후배 이경은 에디터는 재미 교포 사진가와 영어로 대화하고 있었다. 그 옆에 앉은 후배 김은희 어시스턴트는 영국판 『데이즈드』 기사를 정리하고 있었다. 나는, 그 일을 시킨 장본인이었다. 나는 더 큰일을 해야 하니까. 그래서 아마 네이버 스포츠 뉴스나 보고 있었나. 어릴 때 내가 영어 같은 걸 왜 배우냐고 따져 묻는 한국인이었던 것은 아니지만 유학이나 어학연수 같은 건 나와 어울리지 않는다고 생각하긴 했다. 자랑스러운 국어국문학과 학생이었기 때문에. 딴 얘기지만, 그렇다고 모국어를 특출하게 구사하는 것도 아니다. 여전히 나는 오타 대마왕이고 앞으로도 변함없을 게 분명하다. 이건 기능의 문제이면서 성격의 문제라고 믿어서.

아무튼! 남들이 영어 공부하느라 방학의 대부분을 보낼 때 나는 여행을 다니거나, 매일 모국어로 된 책을 읽고 시를 썼다. 후회하는 건 아니지만 남과 다를 것 없는 문장으로 글을 쓰고 있다고 느낄 때 감당할 수 없는 우울함이 찾아오기도 한다. 하지만 한편으로 그런 일은 습관처럼 일상적이다. 서른두 살 봄 어느 오후에 영어를 공부해야겠다고 생각했다. 대한민국 에디터 중 영어를 가장 잘 할 이경은 에디터에게 물었다. "영어, 걔 말야, 어떻게 공부하면 되지?" 잔소리하는 걸 좋아하는 후배라 한참 뭐라고 답했는데, 요지는 이랬다. '뭘로 하든 시작하고 꾸준히 하면 된다.' 그거라면 자신 있었다. 구몬 영어를 신청하기로 했다. 상담이라고 적힌 번호로 전화해서 말했다. "어른도 해도 돼요?"

매주 화요일 두 시에 사무실로 구몬 선생님이 온다(물론 여긴 『데이즈드』 편집부다). 이제 한 달 됐다. 처음 왔을 때 선생님은 물었다. "이거 왜 해요?" 다음 주에 왔을 때도 같은 걸 물었다. 그러고 나서 덧붙였다. "아, 지난번에 물어봤지?" 그냥…… 당연하고도 어려운 말이지만, 아무래도 나는 아직 삶이 끝나지 않았다고 생각하나 보다. 서른둘밖에 안 됐으면서 삶의 대부분이 결정된 것처럼 살아온 게 머저리 같아 보였달까. 감당할 수 없는 우울함이 더이상 없다는 게 속이 상했달까. 구몬 선생님이 두 번째 온 날, 간단한 시험을 봤다. 한 주 동안 외운 걸 확인하는 시험이었다. 첫 문제는 '그는 부엌에 있다'를 영어로 말하는 것. 'He is in the kitchen.' 이 정답이다. 맞나? 뭐 이 정도 수준의 문제였지만 백 점을 맞았다. 흩어져 있던 자잘한 영어 지식들이 하나둘 모여 깍지를 끼고 앉는 기분이 들었다.

요즘 나는 지하철을 타고 출퇴근을 할 때 구몬을 푼다. 사람들은 나와 구몬 학습지를 번갈아 본다. 창피하지 않을 줄 알았는데 창피하다. 사무실에서 구몬 선생님에게 'be 동사'를 배울 때 후배들도 그 자리에 있다. 태연하게 웃으려면 애를 써야 한다. 하지만 나 같이 잘생기고 축구도 잘하고 머리도 좋은 남자에게 이 정도 결핍은 괜찮다. 나는 매주 완벽에 가까워지고 있다. 당신도 공부를 하면 좋겠다. 구몬을 홍보하는 글은 아니지만 구몬은 일본어도 있다. 〔『데이즈드 앤 컨퓨즈드 코리아』, 2010.09.〕

[1-02] 서른둘, 회사를 그만두다

"서른두 살에
직장을 그만두면
세상이
둘로 쪼개질까?"

　　　　엄마는 숟가락을 내려놓았다. 그리고 나를 보았다. 아무리 봐도 엄마 아들 맞았다. "그러다 계속 실업자로 살게 되면 어떡하려고? 결혼도 해야 하는데." 나 같은 인재를 누가 가만두겠냐고 말해주고 싶었지만 현실이 그렇지 않다는 걸 나도 알았다. "그만두겠다는 게 아니고 석 달, 아니 두 달만 쉬겠다고." "어떤 회사가 그렇게 해 주겠어? 그만두는 거지." 그건 엄마 말이 맞을지도 몰랐다. 혼자만 특혜를 누릴 순 없다. 게다가 '나 같은 인재'가 없으면 '나보다 나은 인재'를 뽑으면 그만이다. 내가 없어도 회사는 돌아가야 하니까. 나도 숟가락을 내려놓았다. 일어나서 가방을 들고 집을 나왔다. 겨울이 추운 건 당연한데 비상식적으로 추워서 겨울 같지가 않았다. 걷는 동안 얼지 않는 게 신기했다.

햇수로 7년을 에디터로 살았다. 나는 멍청한 에디터는 아니었다. 글도 그런대로 썼고, 이런 말을 아무렇지 않게 적을 만큼 뻔뻔하기도 하다. 그사이 작가로 등단도 했다. 매달 글을 쓰고 작가입네 시도 썼다. 칭찬도 들었다. 그러다 문득 어느 날 아침 눈을 뜨고 시계를 보는데 멍청하다는 생각이 들었다. 일어나서 창으로 걸어갔다. 밝고 고요했다. 아홉 시엔 누구라도 어딘가에 들어가 있다. 교실이든 사무실이든 차 안이든. 나는 내 방에서 매우 늦은 사람, 아니 생물. 쉬고 싶었다.

나는 내 글이 나에게 어떤 물질인지 늘 궁금했다. 직업상, 습관처럼 글을 쓴다. 그러나 활자는 아마도 물과 비슷할 것이다. 언젠가 허우적댈 날이 분명 있을 거라고 믿는다. 나는 생명의 시간을 아끼듯(한 번도 삶을 아껴 본 적이 없으나) 문장을 아껴 썼다. 줄이고 줄여 내 세계의 수면을 낮추었다. 그것은 내 자부심이기도 했다. 하나 마나 한 소리, 빤한 사유를 마구 뱉지 않는 것만으로 나는 꽤 괜찮은 사람이었다(고 생각했다). 그러나 돌아보면, 나를 너무 쉽게 확신했다. 지나치게 긍정적이어서 혹은 나를 너무 사랑해서. 그러는 사이 얇고 빈 상태가 되었다. 글을 쓴다는 건 몸안의 무언가를 내보내는 일이어서 자꾸 허해졌다. 이렇게 깨닫고 판단하고 나니 허무해졌다. 별로 할 수 있는 게 없고, 아니 반대로 뭐든 할 수 있을 것 같았다. 기계처럼 뚝딱 만들 수 있을 것 같았다. 그런데 그 상태가 나쁘지 않았다. 뚝딱 만들 수 있다는 건 직업인으로서 축복이다. 작가로서도, 멍청한 소리지만, 눈가림 정도는 할 수 있게 된다. 생을 바치는 건 바보짓이잖아, 위안하기도 했다.

그리고 늦은 생물 같던 그날, 아침, 엄마랑 밥을 먹으며 말했다. 엄마는, 아빠는 더 그렇지만, '네가 하고 싶은 걸 해'라고 말하는 부모는 아니다. 1998년, IMF란 게 전쟁인양 발발했을 때 나는 고3이었다. 다음해 지방의 4년제 대학을 '필요 없이' 우수한 성적으로 입학했다. 2년제 대학을 일찌감치 졸업하고 군대에 간 형보단 나았지만 소위 말하는 '인 서울'이 아니어서, 아빠는 정말 하루도 빠짐없이 공부하라고 아들을 비난하셨다. 아빠는 아들이 시원찮다고 확신하셔서, 험난한 취업난을 뚫는 게 무척 힘들 거라고 생각했다. 그러나 나는 대학을 졸업하자마자 회사에 들어갔다. 아빠는 현실적인 분이고 엄마는 다만 걱정을 많이 하는 분이어서 아들이 매달 월급을 받는 사람이 되자 매우 기뻐하셨다. 그런 아들이 회사를 쉬겠다고 했다.

밥을 몇 술 더 뜨고 나올 걸 그랬다. 속이 쓰렸다. 운전대를 잡고 시계를 보았다. 열한 시였다. 갑자기 눈물이 규칙적이고 또렷하게 떨어졌다. '아니, 왜 울어.' 내가 신기했다. 전화를 보니 부재중 전화와 문자 메시지가 여럿 와 있었다. 지각을 하면, 나를 궁금해하는 사람이 생긴다는 거, 이런 건 도대체 뭘까 생각하며 브레이크를 풀었다. 전화가 울렸다. "너 왜 그래? 어디 아파? 회사를 쉰다니." 똑똑한 사람도 4년을 다녀야 받는 대학 졸업장을 '어찌 됐건' 2년 만에 받고, S전자 용역 업체에 다니는 형이었다. "엄만, 그걸 벌써 말했어?" "너 생각 잘 해야 돼. 쉬면, 그 자리에 누군가 올라가는 거 아니야?" "나야, 나. 나라고." 헛소리를 하다 생각하니 형과는 거의 한 달 만의 통화였다. 형은 직장이 지방이어서 따로 산다. "쉬면 형이랑 통화도 많이 하고 우리 조카도 자주 볼 수 있잖아." 갑자기 동생이 서정적인 말을 하니 어색했는지 형은 금방 전화를 끊었다.

회사에 도착했다. 다행히 후배들뿐이었다. 일하느라 바빠 보였다. 이런 후배들을 두고 회사를 쉴 생각을 하다니. 못 그럴 것 같았다. 내가 없으면 이 회사가 돌아가겠어?(도대체 어디에서 이런 망상이 솟는지 알 수 없다.) 그래, 금방 괜찮아질 거야. 조그만 참아 보자. 가긴 어딜 가. 앉아서 일을 했다. 할 일이 많았다. 순식간에 했다. 써야 할 글도 몇 개 있었는데 조금만 집중했을 뿐이지만 순식간에 썼다. "그걸 벌써 다 했어요?" 후배가 말했다. 나는 역시 능력자가 맞았다. 능력자여서 부끄러웠다. 에디터는, 작가가 그러하듯, 삶을 기록하는 자이다. 그런데 누군가의 삶을, 무엇인가의 생애를 순식간에 기록하는 게 가능한가? 세상을 관통한 자가 된 것일까? 하지만 니체 같은 천재도 이렇게 일필휘지하진 않았을 것이다. 이렇게 계속 쓴다는 건 말이 안 된다.

며칠이 지났다. 그사이 폭풍처럼 카드 결제일이 지나갔다. 그날이 지나자 보험료를 비롯해 무슨 무슨 펀드 대금이 내게 묻지도 않고 통장의 잔금을 가져갔다. 남은 게 없었다. 쉬어야겠단 생각이 사라졌다. 쉬면, 이 돈을 다 어떡하나. 결혼 자금도 모아야 하고, 결혼할 용기를 가지려면 직업이 있어야 하는데…… 나이키 운동화도 사지 않고, 여자 친구와 모텔도 가지 않고 살 수 있을까? 함께 운동하는 후배들을 고기 뷔페에 데려 가는 건 내 몇 가지 낙 중 하나다. 엄마에게 동네 상가에서 파는 7천 원짜리 피자를 사 주는 것(애인에겐 3만 원도 넘는 피자를 사 주면서), 잠 안 오는 토요일 새벽에 맥도날드 불고기버거 세트를 먹는 것도…… 회사를 쉬면 이런 것들을 포기해야 되는 거겠지? 돈이 없으니까. 사람들이 나이를 물을 때마다 스물여섯 살이라고 우기면 정말 스물여섯 살이 되는 거면 좋을 텐데. 하지만 사람들이 서른둘인 내 나이를 굳이 주지시키지 않더라도 나는 매번 내 나이를 느꼈다. 도대체 서른둘이 나이냐고 되묻는 연장자도 있겠지만, 일주일에 두 번 스무 살 소년과 축구를 하면, 스물은 서른둘이 넘을 수 있는 게 아니란 걸 뼈로 알게 된다.

어느 날 밤 집에 들어갔더니 아빠가 주차 위반 범칙금 고지서 뭉치 위에 땅콩을 두고 껍질을 까드시고 있었다. 늘 그랬듯, 너는 도대체 운전을 어떻게 하고 다니는 거야, 매달 이게 몇 개야, 라는 호통이 떨어질 게 분명했다. 아빠는 아무 말도 없었다.

다음날 아침 또 아홉 시가 넘은 시각에 방문을 열고 나오니 엄마가 밥을 드시고 있었다. 누룽지를 끓였는지 향이 고소했다. 모락모락 뜨거운 김이 꽃처럼 피었다. 한 그릇이 더 있었다. "내 거야?" "응." "언제 일어날지 알고 먼저 떠 놨어. 식으면 어떡하게." "다시 끓이면 되지."

내가 숟가락을 들자 엄마는 밥그릇에서 시선을 떼지 않은 채 말했다. "만날 이 시간에 일어나면 회사 그만두기 전에 잘리겠다. 잘리기 전에 한두 달 쉬겠다고 해. 대신 꼭 한 달이나 두 달만이야." 서른둘이 되면 아무 때나 눈물이 나오는 걸까. 그냥 막 눈물이 나왔다. 도대체, 내가 지금 다시 입대하는 것도 아니고 왜 울지? 난처해 하고 있는데 엄마가 이어서 말했다. "쉬겠다고 하면 그만두라고 하겠지? 그럼 나중에 새로 들어갈 데가 있을까?"

출근했더니 후배들은 또 정신없이 일하고 있었다. 눈치 보이게 편집장마저도 열심히 일하고 있었다. 편집장에게 면담을 신청했다. 혼을 내려고 했는데 되레 시간을 내 달라고 하니 놀란 모양이었다. 바른 자세로 앉아 차분히 말했다. 다 말하고 덧붙였다. 능력에 비해 월급은 터무니없이 적지만 회사를 너무 사랑한다고, 다른 회사에서 돈을 많이 줘도 갈 마음이 전혀 없다고 (그 순간만은 진심으로) 말했다.

다시, 며칠이 지났다. 편집장이 커피를 마시러 가자고 했다. 회사 앞에 있는 작은 카페에 갔다. 주문하는 데서 편집장이 지갑 지퍼를 열기에 내 카드를 얼른 내밀었다. 나는 회사를 사랑하니까. 커피를 마시며 편집장이 말했다. "병가 처리 하고, 기간은 한 달이야." 애초에 내가 말한 기간은 석 달이었다. 하지만 괜찮았다. 엄마가 기뻐할 게 분명했고 별일도 아닌데 나는 조금 어른스런 아이, 어른스런 생물이 됐다는 생각이 들었다. 쉬면, 더 늦게 되는 걸까? 조금 쉰다고 해서 좋은 글을 쓰는 좋은 사람이 될까? 주차 위반도 하지 않는 놀라운 운전자가 될까? 커피가 달콤하고 따뜻해서 몸이 녹아 사라질 것 같았다. 〔『아레나 옴므 플러스 코리아』, 2011.03.〕

[1-03] 서울에서 김어준 찾기

정치를 한다는 건 뭘까?
딴지일보 총수 김어준은 팟캐스트〈나는 꼼수다〉,
책『닥치고 정치』(푸른숲, 2011)를 통해
정치인이 못하는 정치를 했다.
그는 2011년의 가장 논쟁적인 정치인이다.

김어준을 인터뷰할 거라고 생각해 본 적이 없다. 딴지일보를 봤지만 어릴 때여서 왜 웃긴지 몰랐다. 무슨 의미가 있는지도 당연히 몰랐다. '딴지'와 '일보'를 나란히 썼다는 게 흥미롭긴 했다. 일보는 신문인데 '딴지'여도 되나, 생각했다. 뭐, 그 정도였다. 김어준은 아무것도 어떤 것도 아니었다. 그런데 그는 스스로 사람들이 자신을 주목하게 만들었고, 이제 무엇 혹은 어떤 것이 되었다.〈나는 가수다〉에 대한 시청자들의 반응이 첨예하던 때에 매주 한 번 오후에 라디오에 나와 거침없이 논리 없이 의견을 말했다.[2010~2011년, MBC 라디오 FM4U〈두 시의 데이트 윤도현입니다〉매주 수요일 '연애와 국제정치'. 김어준은〈나는 가수다〉에서 제목을 따와 2011년 4월 28일 포드캐스트〈나는 꼼수다〉를 시작했다. 2011년 국정원의 'MBC 좌편향 출연자 조기 퇴출 확행' 작업에 따라 그해 하차했다.—편집자] 그는 평론가거나 음악가거나 방송국 PD가 아니었다. 그냥 김어준이라고 불리는 어른 남자였다, 서울이 근거지라는 걸 어렴풋이 예측할 수 있는.

김어준은 막, 말했다. 그런데, 듣고 따지는 사람이 별로 없었다. 대체로 맞는 말처럼 들려서? 그렇다. 그는 어쭙잖은 이성으로 논리를 구축하지 않았다. 그냥 말했다. 직관으로. 그냥 알았다. 옥주현이 왜 비난 받는지, 김범수가 왜 뛰어난지, 조관우가 살아남으려면 어떻게 해야 하는지 그가 말했다. 맞느냐 틀리냐는 중요하지 않았다. 그는, 틀리면 말고, 라는 식으로, 뱉었다. 직설적이었다. 사람들이 반한 건 그의 태도와 말투였다. 우리는 직설이 미덕인 시대를 살아 본 적이 없다. 직설적으로 말하는 사람을 보면 싸가지 없는 놈, 건방진 새끼, 비난해야 하는 시대를 살았다. 그런데 어느 날 낮에, 어떤 사내가 느닷없이 나타나, 너희가 욕을 하든 말든 난 지껄인다, 선언했고, 그 선언에 매료된 것이다.

김어준을 인터뷰하기로 마음먹었다. 저러다 말겠지, 라고 생각했던 〈나는 꼼수다〉에 한나라당 홍준표 대표가 출현한 게(2011년 10월 15일 제23회 '홍준표 대표 초청 관훈토론회') 결정적 계기였다, 고 할 수 있지만, 사실, 『아레나』 편집부 내에서, 인터뷰를 해야만 하는 분위기를 만들어 강요했다. 반항할 수가 없었다. 김어준은 그만큼 중요한 인물이 돼 있었다. 김어준이 누구랑 사귄다는 별 시답지 않은 사실이 '기사'가 되기 전이었다. 한나라당 나경원 후보와 무소속 박원순 후보, 그리고 굳이 적자면 무소속 배일도 후보의 대결 날짜(2011년 10월 26일 재보궐 선거)가 다가오기 전이었다. 하루라도 비판을 하지 않으면 입에 바늘이 돋는다고 소문난 미학자 진중권(그는 별로 미학적이지 않다)이 트위터에 '제발 경쾌하고 유쾌하게 가라'라고 〈나는 꼼수다〉를 '까'기(2011년 10월 30일)도 전이었다.

김어준의 연락처를 수소문했다. 9월에 한 여성 패션 잡지에서 그를 인터뷰했다는 얘기를 전해 들었다. 담당 에디터에게 전화를 걸어, 왜 김어준의 연락처를 건네줘야 하는지 십 분 넘게 설명했다. 그 에디터는 김어준과 몇 차례 만난 적이 있는 사이였다. 내가 물었다. "지금 한창 바쁠 텐데 순순히 인터뷰하겠다고 할까요?" 상대방이 대답했다. "밑져야 본전이잖아요." 아니다. 밑지면, 밑지는 거다.

전화를 걸었다. 김어준이 받았다. 누구인지 밝혔다. 그가 말했다. "지금 뭘 하니까, 무슨 일 때문에 그러는지 문자로 남겨 주세요. 연락드릴게요." 정중히, 그러겠다고 대답했다. 문자는 이렇게 보냈다. '김어준 총수님, 요즘 매우 바쁘신 거 알아요. 삼십 분이라도 좋으니 만나서 이야기 나누고 싶어요. 제가 어디든 갈 수 있어요. 시국이 엄중합니다.' 저자세였다. 그리고 전화를 기다렸다. 이 주가 훌쩍 지났다.

전화를 하지 않는 것으로 그는 의사를 전달한 셈이다. 그럼 어쩔 수 없지, 단념하면 좋았으련만(정말 좋았을까) 마음이 그렇게 정리되지 않았다. 녹색 포털 사이트 검색창에 '김어준 집 주소'라고 적어 보았다. 원하는 답이 나올 리가 없었다.

이틀 후 다시 전화를 걸었다. 벨소리가 두 번이 채 울리기 전에 그가 받았는데, 당황해서 통화 종료 버튼을 눌러 버렸다. '어? 내가 왜 이러지.' 단념이 안 되니까 전화를 걸긴 거는데 그렇게 한 번에 받을진 몰랐던 거다.

다시 전화를 걸었다. 그도 다시 전화를 받았다. 다시, 처음처럼 소개하고 목적을 말하고, 덧붙였다. "살려 주세요." 지난번보다 더 저자세였다. 하지만 빌면서까지 만나야 할 사람은 없다. 『아레나』 지면에 등장하는 건 그가 누구든 영광이어야 옳다, 고 속으로는 생각했다.

그는 정말, 단 일 초도 머뭇거리지 않고 대답했다. "그건 당신 사정이고." 그렇게 말할 수 있다는 게 놀랍고 웃겼다. 다만, 나도 '막말' 하는 건 자신 있는데 되돌려줄 수 없는 입장이었다.

"일단 다음 주 월요일에 다시 통화해요." 그가 말했다. 좀 미안했나……. 하늘에서 사과가 하나, 똑, 떨어지는 느낌이었다. 날름 받아먹었다. "네, 그럼 월요일 오후에 전화 드릴게요. 두 시 어떠세요?" "그땐 내가 뭘 하는 중일 테니 여섯 시 이후에 전화 주세요." "여섯 시 오 분쯤 전화 드릴게요." 결국 김어준과 마주보게 되는 건가? 경험으로 비춰 볼 때 이야기가 이 정도만 진전돼도 인터뷰는 성사된다. 그날은 화요일, 임기도 못 채우고 물러난 서울 시장을 다시 뽑는 이상한 선거를 하루 앞둔 날이었다.

그리고 다음 주 월요일이 되기까지 서울은 요동친다. 다 알고 있겠지만 나경원 후보가, 굳이 적자면 배일도 후보도 서울 시장 선거에서 패한다. 김어준 총수가 만나는 여성분이 공개되고, 인터넷 신문들은 아이돌 스타의 열애설이라도 되는 양 긴급히 '재탕' 기사를 쏟아낸다. 주말에 서울 한남동에서 〈나는 꼼수다 토크 콘서트〉(한남동 블루스 퀘어, 2011년 10월 29~30일)가 열린다. 천사백 석이 매진되고, 메가톤급 폭로가 터진다. 이른바 '에리카 김'과 '눈 찢어진 아이'가 나란히 인터넷 검색어 1, 2위에 오른다. 〈나는 꼼수다〉의 네 남자(김어준, 김용민, 주진우, 정봉주)는 난봉꾼이었다. 막을 수가 없었다. 주류를 자처했던 보수 여당과 보수 언론은 일련의 이야기의 주인공이었지만 슬픈 주인공이었다. 안면에 어퍼컷을 맞고 실신해 버렸다.

나는 단 며칠 만에 정국을 초토화시킨 〈나는 꼼수다〉의 활약이 반가웠다. 밝히자면 그게 내 정치 성향이다. 하지만 불현듯 불길해졌다. 상황이 이렇게 돌아가는 게 김어준을 만나 인터뷰하는 데 방해가 되진 않을까? '가카(각카, 던가? 암튼 뭐든)'가 에리카 김과 어쩌구저쩌구 해서 '눈 찢어진 아이'가 등장한다는 발언을, 아니 정확히 적어서, 가카가 아닌 주어 없는 누군가를 둘러싼 발언을 어떻게 보아야 할까? 비평가 진중권의 입장과 나는 같고, 다르다. 진중권이 말한 '제발 경쾌하고 유쾌하게 가라'는 '너희 지금 뭐하니. 꼬락서니하고는'의 맥락으로 읽혔다. 개인적으론, 걱정이 됐다. 애당초 그들은 브레이크를 걸지 않아 왔지만 '눈 찢어진 아이'는 제 말의 속도를 미처 따라가지 못한 상태에서 발화된 것 같았다. 그렇게 되면, 스스로를 누르는 부담의 무게를 견디기 힘들다. 정치권의 공격이 더 매서워질 것도 자명했다. 〈나는 꼼수다〉의 네 명의 주인공이 불필요한 말을 줄이게 될까 봐 나는 '쫄았다'.

폭풍을 지나 월요일은 왔다. 저녁 여섯 시도 왔다. 전화를 걸었다. 받지 않았다. 문자를 보내고 여러 차례 다시 전화를 걸어도 응답이 없었다. (약속을 했으면 전화는 받아야 할 거 아니에요, 김어준 씨?) 무엇이 그를 전화조차 받지 않게 했을까? 이 질문은 이렇게 바꿀 수 있다. 무엇이 그와 그들로 하여금 어마어마한 폭탄 발언을 하게 했을까? 물론 우리는 답을 알고 있다.

김어준은 어딨을까, 어딜 가야 김어준을 납치할 수 있을까……. 중얼거리자 며칠이 지났다. 김어준이 원더걸스의 소희도 아니고 씨스타의 보라나 효린도 아닌데, 라는 생각도 수십 번 했다. '차라리' 그 아름다운 소녀들을 만나는 게 쉬울 성 싶었다. 사실이다. 그 며칠 사이 TV 드라마에서 한창 열연하고 있는 '톱' 남자 배우와는 인터뷰 일

정을 어렵지 않게 잡았으니까. 톱 배우도 아니고 여자 아이돌은 더욱 아닌 김어준은 전화조차 받지 않았다.

그러던 중 편집부의 한 선배가 말했다. "내가 잘 아는 누군가가 김어준과 잘 알아서 만난다는데, 한번 부탁해 볼까?" "어디서 만나는지만 알려 주면 제가 다 알아서 할게요. 뭔들 못하겠어요." 입수한 정보는 이랬다. 몇 월 몇 일 저녁 여덟 시, 홍대 인근 모 막걸리 집에서 김어준이 지인들과 술자리를 가질 예정. 아, 며칠 동안 아침저녁으로 홍대를 열심히 걸어다녔다면 진작 그를 만났을까?

각설하고 모 막걸리 집 근처에서 잘 아는 사람에게 전화가 올 때까지 무작정 기다리기로 했다. 물론 우린 만난 적이 없다. 잘 아는 누군가는 김어준에게 이렇게 물어 보기로 돼 있었다. "이러이러한 (잘 생기고 똑똑한) 사람이 이러이러해서 기다리고 있는데 잠깐 얘기나 들어 볼래요?" 김어준은 질문을 받고, 주저 없이 "싫어"라고 대답하게 된다. 그랬다……. "일언지하에 거절하더라고요. 전화 여러 번 한 거는 기억하고 있대요." "(문자도 보냈어요.) 네……" "근데, 지금은 〈나는 꼼수다〉에 대해 한마디도 할 수 없대요. 그러니까 만나도 별 의미가 없을 거래요."

그 전화를 받기까지 두 시간을 기다렸다. "왜 나를 인터뷰하려고 하는데요?" 하고 김어준이 물으면 뭐라고 대답해야 하나? 그 답을 생각하면서.

"당신이 〈나는 꼼수다〉를 하는 건 욕 한번 정신없이 퍼부어 주자는 거 아닌가요? 무언가 바뀌어야 한다고 느끼기 때문이잖아요. 그래서 책도 쓴 거고요. 저랑 인터뷰하면 더 많은 사람을 움직일 수 있어요. 저는 대한민국 일등 인터뷰어예요." 영화팬이라면 누구나 박찬욱 감독의 영화에 뱅상 카셀이 등장하는 걸 보고 싶어할 거다. 이 둘 모두에게 영광일 그런 순간이 오면 좋겠다. 그들이라도⋯⋯ 아, 나는 왜 김어준과 아는 사이가 아닌가? 나는 왜 김어준의 동생이 아니고 김어준이 좋아하는 여자가 아닌가.

어떤 사람은 이렇게 생각할 수 있다. '아니, 근처까지 갔으면 들이댔어야지. 남자가 말이야.' 남자가 아니어도 그렇게 할 수 있다. 시비 걸고 싸워서 경찰서에 가는 게 그를 더 많이 아는 방법일 수도 있다. 하지만 그를 바닥으로 끌어내리고 싶은 마음은 없었다. 그리고 '잘 아는 사람'을 통해 전한 한마디가 오래 마음에 남았다. "〈나는 꼼수다〉에 대해 한마디도 할 수 없어."

서울 시장 선거가 끝나고 며칠 동안, 그리고 이 글을 쓰는 11월의 어느 날까지도 〈나는 꼼수다〉는 인터넷 신문들의 중요한 뉴스가 되고 있다. 보수 언론은 무섭지도 않은 위협의 기사를 반복해서 올리고, 한나라당은 〈나는 꼼수다〉를 제재할 법안을 만들어야 한다고 한마음으로 말한다. 불과 한 달 전까지만 해도 포드캐스트가 뭔지도 몰랐을 무리들이 날을 바짝 세우고 현미경을 들이대고, 주시하고 있다. 한 나라의 거대 집권 여당과 주류 언론이 벌이는 일치곤 유치하지만 이해가 안 되는 건 아니다. 그들은 짧은 시간에 너무 강한 공격을 받았다. 예상치 못했던 곳에서 가해진 공격이었다.

어떤 정치 권력은 언론을 장악할 수 있다. 적어도 손을 잡을 순 있다. 정치 권력이 원하는 건 언론이 쓸데없는 말을 하지 않고 사실을 왜곡

하지 않는 것이다. 그러기 위해선 정치 권력과 언론이 같은 기준을 가지고 있어야 한다. 그들은 그 기준으로 세상을 본다. 기준이 낡고 더러워질 때 그들은 기준을 수정하는 대신 기준에 아무 문제가 없다고 주장한다. 그 주장을 믿는 여론, 즉 국민들이 있다. 믿지 않는 국민들도 있다. 믿지 않는 국민들은 인터넷에 모인다. 그들에겐 소셜 네트워크 서비스(SNS)라는 무기가 있다. 어떤 정치 권력도 인터넷과 SNS를 장악할 순 없다. 정치 권력은 인터넷과 SNS가 조선일보를 비롯한 보수 언론이 지닌 매체 영향력을 넘어서는 걸 보고만 있어야 했다. 할 수 있는 게 없었고, 무엇보다 그들은 인터넷이 어떻게 움직이는지 몰랐다. 그러니까 포드캐스트…… 그들은 이 작은 방송국을 장악해야 할 필요를 느껴 본 적이 없었다.

훗날 사학자들은 이렇게 적어야 옳다. '2011년 가을, 포드캐스트가 보수 언론을 누르고 거대 정치 세력마저 초토화시켰다.' 지각 있는 사학자라면 포드캐스트 앞에 '겨우'라고 수식어를 달 것이다. 그리고 그 사학자가 나라면 포드캐스트의 당파성에 대해 기술할 것이다.

〈나는 꼼수다〉는 민주당인가? 아니면 조금 더 왼쪽에 가까울까? 대체로 왼쪽으로 기울어져 있는 것은 맞다. 하지만 〈나는 꼼수다〉가 당파성을 드러낸 적은 없다. 전 국회의원도, 기자도, 정치 평론가도, 김어준도 다만, 하고 싶은 말이 있는 국민의 한 사람으로서 등장한다. 그들은 민주당도 아니고 진보신당도 아니다. 그들 각각이 지지하는 정당이 있을 순 있지만 표면적으로 드러내진 않았고, 당의 구성원으로서 움직이지도 않았다. 나는 〈나는 꼼수다〉가 보수와 진보, 여당과 야당, 왼쪽과 오른쪽 사이의 균열이라고 생각한다.

그리고 몇 명의 이름을 더 거론해야 한다. 서울 시장이 된 박원순이 무소속을 고집했다는 것, 안철수 교수와 박경철 원장이 이에 동의했다는 것은 의미하는 바가 크다. 방송인 김미화, 김제동, 김여진이 비교적 정치적인 행보를 지속적으로 보여 주고 있다는 것도 마찬가지다. 이들은 가히 올해의 인물이라고 할 만하다. 각각의 움직임은 때로 영향력이 크기도 했고 미약하기도 했지만, 이들을 하나의 세력으로 볼 때 총합은 크다. 이들은 대안적으로 보인다. 이것 아니면 저것이라는 이분화된 선택지가 오랜 시간 이 사회의 패러다임이었다. 돌아보면, 그건 정의와는 아무 상관이 없으며 삶에 득이 되지도 않는다. 야당이 싫어서 여당을 찍는다는 사람, 한나라당이 싫어서 민주당을 찍는다는 사람, 그렇다고 진보신당을 찍을 순 없다는 사람들에게 필요한 게 또다른 하나의 새 당일지, 에 대해선 확신할 수 없지만(그 부분에 대해선 공부가 더 필요하다), 거론한 인물들이 어떻게든 움직이고 있다는 사실, 그들을 움직이게 하는 것이 특정 정당이 아니라 새로운 무엇에 대한 그들 자신의 갈망과 신념이라는 것은 반드시 역사에 기록되어야 한다. 이들은 대한민국의 균열 덩어리들이다. 무너져야 새로 새울 수 있다.

김어준은 지금 가장 '핫한' 균열이다. 또한 그가 이론이 아니라 직관으로 움직인다는 점은 그를 더욱 주목하게 한다. 그러나 이게 다가 아니다. 김어준을 만나기 어렵다는 말은 김어준 같은 사람을 찾기 어렵다는 말과 다르지 않다. 인터넷을 움직이는 건 사람이다. 인터넷을 움직이는 사람은 인터넷에 접속하고 있는 사람도 선동할 수 있다. 선동은 좋은 사회를 만들 수 있지만 그 반대일 수도 있다. 김어준은 인터넷을 움직이는 데 천재다. 딴지일보와 또 다른 포드캐스트 〈김어준의 뉴욕타임스〉(한겨레 HANI TV. 2009년 6월 23일 첫방송. 2013

년 3월 16일 211회로 종영) 등의 이력을 살펴보면 〈나는 꼼수다〉가 우연의 산물이 아니라는 것을 알 수 있다. 오래된 정치 세력이 할 수 있는 일이 인터넷에 수많은 법률의 창살을 세우는 것뿐이라면, 그들은 또 다른 변종 균열들을 막을 수 없다. 한쪽의 바람은 제2, 제3의 김어준의 등장일 테고, 다른 한쪽의 바람은 그 반대일 것이다. 그러니까 김어준이라는 보통 명사는 지금 얼마나 중요한가.

그런 김어준이 입을 닫았다. 〈나는 꼼수다〉에 대한 기사는 쉬지 않고 인터넷에 올라온다. 하지만 김어준은 어디에도 없다. 짧은 인터뷰라도 했을 법한데 2011년 9월 이후 그의 말이 직접 기사화된 것은 없다. 세계를 견고히 하려는 이들이 〈나는 꼼수다〉를 주시하고 있다. 〈나는 꼼수다〉의 녹음 스튜디오를 빠져나오면 그는 현실에 선다. 현실은 김어준에게 그리고 〈나는 꼼수다〉의 다른 등장인물들에게 사건과 발언들에 대한 진의 여부를 묻는다. 그들이 너무 많은 말을 했다면 그들은 너무 많은 의혹에 답해야 한다. 입을 닫을 수밖에 없다.

'눈 찢어진 아이' 이후 아직까진 〈나는 꼼수다〉를 통해 어떤 폭로도 전해지지 않았다. 어찌됐건 선거가 끝났고 '소강 상태'기도 하니까. 대체로 사람들이 폭로를 원하는 건, 사실이다. 하지만 폭로는, 그것의 발화자 역시 짓누른다. 그렇더라도 그것이 끝은 아니다. 거룩한 선례를 많은 사람들이 보았다.

하지만 나와 『아레나』 독자와 김어준과 대한민국 국민들에게 문제는 그런 게 아니다. '박찬욱 & 뱅상 카셀' 급의 만남이 불발될 위기에 직면했다는 것이다. "〈나는 꼼수다〉에 대해 한마디도 할 수 없어"라고 그가 잘 아는 사람을 통해 전했을 때, 그 말에 담긴 진심도 함께 전해졌다. 그래서 납치도 할 수 없고 힘으로 제압해 의자에 앉힐 수도 없다. (하물며 그는 힘이 아주 세 보인다.)

잘 아는 사람에게 전화를 걸어 그곳의 정확한 위치를 물었다. 김어준은 내 얼굴을 모르니 옆 테이블에 앉아 조용히 관찰만 하겠다고 했다. 물론 아무 의미가 없다. 서울 홍대 인근의 막걸리집에 김어준은 앉아 있었다. 앞서 거론한 어떤 인물도 함께 있었고 시사 교양 프로그램에 자주 등장하는 철학자도 있었다. 마음이 탔다. 바로 옆 테이블에 앉았다.

국화주 한 병과 짬뽕을 시켰다. 사선으로 김어준을 마주보며 술을 마셨다. 머리카락이 사자 같고 수염은 산적 같지만 체구는 크지 않았다. 팔도 가늘었다. 여자와 이야기를 할 땐 크게 웃었다. 그러더니 밖으로 나갔다. 십 분 쯤 후에 책을 열 권쯤 들고 왔다. 그의 대범한 저서 『닥치고 정치』였다. 그는 일행들에게 일일이 사인을 해 책을 나눠 줬다. 모든 게 내 사정이었다. 닥치고 국화주를 마셨다. 겨울이었다. 〔『아레나 옴므 플러스 코리아』, 2011.12.〕

[1-04]　그댈 마주하는 건 좋아

예고 없이 전화를 걸었다.
물었다.
"사람들은 왜
버스커 버스커를 좋아할까요?"

여자 후배가 말했다. "성시경 노래는 김태희처럼 예쁜 여자한테 불러 주는 거 같아서 들으며 황홀해하면서도 왠지 나랑 상관없는 느낌인데, 버스커 버스커 노래는 나처럼 평범한 여자한테 불러 주는 거 같아서 좋아요."

'그래도 너한테 불러 주는 노래는 아니야'라고 생각하지만 그 말은 일리가 있다. 장범준의 목소리는, 트렌드에 입각해 '웰 메이드'된 목소리라기보단 그냥, 그 자신의 목소리 같다. 누구라도 그 정도는 부를 수 있을 것 같고...... 아닌가? 그리고 장범준을 비롯해 나머지 두 멤버의 얼굴을 보면, 운 좋으면 사귈 수도 있겠다 싶다. 브래드는 결혼했지만.

사실, 뚜껑을 열었더니 오디션 프로그램 출신들, 별 게 없었다. 버스커 버스커만 '슈퍼스타'가 됐다. 사람들이 왜 버스커 버스커를 좋아하는지 이유가 몇 개 떠오르긴 하는데 이 인기가 워낙 기이하게 느껴져서 다른 이들의 생각이 궁금했다. 그래서 들입다 전화를 걸었다.

『아레나』 전 음악 담당 에디터이며 지금은 자유로운 음악 마니아인 이주영에게 전화를 걸었다. "나는 버스커 버스커 안 좋아하는데." "왜요?" "올드한 느낌이 들어서. 장범준 발음도 사투리가 섞여서 촌스럽게 들리더라고. 그리고 버스커 버스커가 오래갈 수 있을까?"

음…… 그러고 보니 버스커 버스커 1집 마무리(2012) EP(extended play)가 나왔을 때 누군가 말했다. "많이 들으면 질리더라고요." 1집과 1집 마무리 EP는 느낌이 비슷하다. 이런 느낌의 2집이 나온다면 지겨울 법도 하다.

"〈슈스케 3〉에서 〈막걸리나〉를 불렀을 때처럼(M.net, 2011년 10월 28일) 위트가 살아나면 좋겠는데." 역시 『아레나』 전 에디터답다. 하지만 궁금한 건—이주영은 말고— 왜 많은 사람들이 버스커 버스커를 좋아하는가다. "여자들이 좋아하잖아. 덜 연예인스러운데 그렇다고 후지지도 않은 외모도 이유가 되겠고. 그리고 장범준이 다재다능하다는 것 같던데. 그림도 잘 그리고." '덜 연예인스러운데 그렇다고 후지지도 않은 외모'여서 좋아한다고? 맞는 것 같다. 요즘은……

여자에게 전화를 걸어야겠다고 생각했다. 무용하는 여자는 버스커 버스커의 노래를 듣고 어떤 느낌을 받았을까? 뜬금없지만. 현대 무용가 황수현에게 전화를 걸었다. "즐겨 들을 만큼 좋아하지는 않는데, 가사가 사소하면서도 가볍지 않은 건 인상적이에요." 맞다! 버스커 버스커의 가사는 '우리' 얘기 같다. "여러 인디 밴드들이 일상적인 얘기를 가사로 쓰잖아요. 그런데 그게 너무 개인적이라고 느껴질 때가 있거든요." 가사에 감정의 경계라는 게 있다. 결과적으로 버스커 버스커는 그 경계를 잘 타고 넘으며 가사를 쓴다. 이 점에 대해선 뒤에, 뒤에, 통화 나눈 인물이 부연해 줄 예정이다.

맥락에 어긋난 질문 하나. 무용가들은 가요에 맞춰 춤추지 않는다. 왜지? "그런 경우가 없는 건 아니에요. 그런데 백댄서와는 달라야 하니까. 그리고 무엇보다 무용은 추상적이잖아요. 그런데 가요는 가사가 있어서 상당히 구체적이죠. 가요에 맞춰 무용을 하면 구체적인 게 추상을 눌러버려요. 예술성이 떨어진다는 인식도 물론 있고." 가요는 예술이 아니지만 무용은 예술이라는 얘길까? 음…… 동의한다. 모든 가요가 그런 건 아니지만.

인디밴드. 정확하게는, 인디밴드였던 장미여관의 강준우에게 전화를 걸었다. 그는 되물었다. "그러니까요. 왜 인기가 있는지 저한테도 알려 주세요. 들어 보니 좋더라고요. 노래가 좋으니까 좋아하는 거겠죠. 그런 거 아닐까요?" 그런 건 맞지. 그럼 틀리겠어? 왜 그렇게 됐냐고 묻는 거지. 어떤 사람은 목소리 때문이라고 말하고 어떤 사람은 가사 때문이라고 말하고 어떤 사람은 외모 때문이라고 말한다고 했더니 그가 대답했다. "거기까진 생각 안 해 봐서." 뭐, 예고 없이 전화한 거니까. 통화하기 싫었든지…….

1인 밴드 수상한 커튼에게 전화를 걸려고 했더니 번호가 없었다. 카카오톡에만 떠 있어서 메시지를 보냈다. 답이 왔다. '보컬 음색을 좋아라 하는 사람도 많고…… 아무래도 기름기 빠진 담백한 음악 때문 아닐까요.' '음악이 약간 소박한 구석이 있잖아요.' '사람들이 지친 거지, 너무 요상한 멜로디와 기계음에…….' '아날로그적인 걸 많이 찾잖아요, 요새.' '요새'라는 단어가 3D처럼 볼록하게 다가왔다.

〈슈퍼스타K 2〉 출신인 장재인의 전 매니저이자 음악 페스티벌 홍보 및 음반 제작을 하는 이진영에게 전화를 걸었다. "일단은요, 아이돌 음악이 멜로디보단 스타일을 추구하잖아요. 그러다보니까 버스커 버스커 같은 음악이 이질감이 들면서 튀었던 거 같아요." "이단은요?" "이단이요? 아…… 가사가 동시대적이잖아요. 요즘 남자애가 요즘 여자애한테 부르는 평범한 내용인데, 그 안에 센스, 감성이 살아 있는 거죠. '10CM'의 연장선상에 있다는 느낌도 들어요." "삼단은 없어요?" "내부 사람들 말 들어 보면 〈슈스케 3〉할 때 버스커 버스커가 팬덤이 제일 많았대요. 앨범 나오고 그들이 전격적으로 밀어 준 거죠." "장재인도 그렇게 하면 더 잘 됐으려나……." "그러게요. 그랬으려나……."

사람들과 통화한 내용을 정리하면 이렇다. 첫째 목소리가 만만하면서 좋다. 둘째 가사가 남 얘기 같지 않다. 셋째 기계음으로 여기저기 봉합한 아이돌 노래와 다르다. 넷째 외모가 평범한데 못생기진 않았다. 호감이 간다.

이 정도면 이유가 다 나온 거 같다. 그래도 이런 기사는 전문가의 공신력 있는 답변으로 마무리하는 게 정석이다. 하지만 평론가는 식상하다. 유희열의 〈라디오 천국〉의 프로듀서였고 음악 많이 듣기로 소문난 KBS 윤성현 PD에게 전화를 걸었다. 그는 이미 언급된 이유들을 논리적으로 정리하고 더 나아갔다.

"크게 두 가지 관점에서 생각할 수 있을 거예요. 음악 자체에 관한 것과 음악을 어떻게 소비하는가에 관한 것이죠." 음악 자체에 관한 것? 음악 소비에 관한 것? "버스커 버스커 노래는 쉽고 부담이 없어요.

그런데 사실 쉬운 음악은 많아요. 쉬운데 잘 만든 음악이 많지 않은 거죠. 이십대 송 라이터가 만든 음악 중에선 오랜만에 나왔지 않나 싶어요. 그러다 보니 따라 부르기 좋죠. 따라 부를 수 있어야 감정 이입도 잘 돼요. 그런데 빅뱅이라든가, 2AM이라든가, 따라 부르기 쉬운 노래를 부르진 않거든요. 연습생 제도 같은 게 만들어지면서 기능적으로 성숙해야 부를 수 있는 노래가 많아졌어요. 생각해 보세요. 따라 부르기에는 90년대 노래들이 요즘 노래보다 쉽잖아요. 버스커 버스커 노래가 그래요. 노래방에서 부르는 사람도 듣는 사람도 감상하기 좋아요. 소재가 친숙한 것도 인기를 끄는 이유죠. '배드민턴 치자고 꼬시'자잖아요. 왠지 정말 그렇게 꼬실 수 있을 것 같지 않아요? '10CM'가 이십대의 찌질한 정서를 잘 표현했다면 버스커 버스커는 청춘의 송가 내지는 연가를 그린 거죠." 그들은 그들의 음악을 했다는 말로 들렸다. 소비에 관한 이야기가 이어졌다.

"음악을 음악으로 소비하는 시대는 끝난 것 같아요. 만 장 넘게 팔리는 음반이 없잖아요. 그럼 대부분의 사람들은 음악을 어떻게 소비할까요?" "예능이요." "네, 맞습니다. 각종 오디션 프로그램, 〈나는 가수다〉 같은 TV 예능을 통해 음악을 듣고 좋아하는 음악이 결정되죠. 〈1박2일〉이나 〈무한도전〉에서 비지엠으로 흐르는 노래를 좋아하게 되고요." 최근에 정형돈과 데프콘이 낸 앨범, 유재석과 이적이 낸 앨범이 인기를 끄는 것도 비슷한 현상이다. "버스커 버스커는 존재 자체가 예능적이었던 거죠. 〈슈퍼스타K〉라는 제일 잘 만든 예능 프로그램에서 시청자들은 그들이 경쟁하고 성장하는 걸 봤어요. 갑자기 앨범 내고 활동 시작한 가수가 아니라고요. 훨씬 친근감이 느껴지죠. 그 와중에 노래까지 좋아요. 활동하는 방식도 마음에 들어요. 방송사나 어떤 힘에 휘둘리지 않고 자신들의 속도로 자기 색깔을 만들어요.

게다가 별로 폼 잡지도 않는 것 같아요. 아티스트니 뮤지션이니 싱어 송 라이터니 하면서 힘주지도 않아요. 행동, 말투, 패션에도 위화감이 안 들어요." 윤성현 PD는 어떻게 이런 생각을 할까? 게다가 논리적이고 정연하다. 역시 유희열만 잘해서〈라디오 천국〉이 잘 된 게 아니다.

그러고 보니 버스커 버스커 같은 이미지를 가진 가수는…… 없다. 앞뒤 자르고 볼 때 버스커 버스커는 세 명 다 착한 '친구'처럼 보인다. 카드 값이 모자라서 그러니 십만 원만 빌려 달라고 하면 어쩐지 빌려줄 것 같다. 친한 친구도 잘 안 빌려주는데. 그래서 확인하고 싶어졌다. 버스커 버스커는 이미지만 그런 가수일까? 아니면 정말 폼도 안 잡고 친근할까?

2개월 전에 패션 잡지『나일론』에서 버스커 버스커 화보를 찍었다. 무려 12페이지나. 상의를 벗긴 사진도 있었다. 진행을 했던 허세련 에디터에게 전화를 걸었다. 그리고 물었다. "버스커 걔들 어때요? 괜찮아?" "저는 사실 버스커에 관심이 없었어요. 근데 촬영하고 반했어요. 그런 연예인은 처음이에요. 보자마자 누나, 형이 된다니까요. 원래 알았던 사람처럼 대하고, 기타 치며 노래도 불러줬어요. 촬영장에 있던 사람들이 다 난리가 났죠. 아, 범준 씨가 그림도 그려 줬어요. 그려 달라는 사람한테 다 그려 줬어요. 자기들은 연예인으로 보이는 게 싫대요. 오히려 소속사 사람들이 까다롭게 굴었죠. 버스커는 정말 좋아요."

그들이 계속 그들의 음악을 하면 좋겠다. 그들의 방식으로 사람을 대하고 입고 판단하고 그들의 속도로 걸으면 좋겠다. 연예인 말고 가수가 되면 좋겠다. 사실, 그러라고 이 글을 썼다. 보고 있나? 장범준! 브래드! 김형태!〔『아레나 옴므 플러스』, 2012.11.〕

[1-05] 투표소의 풍경

서울시에 무상 급식 주민 투표가 열린 날(2011년 8월 24일),
빛은 곧고 뜨거웠다.
하지만 자꾸 어지러웠던 게
빛 때문은 아니었다.

여덟 시, 강북의 한 고등학교 체육관은 출근 전에 투표하려는 아저씨들, 벌써 하루의 반을 지나온 것 같은 표정의 노인들로 붐볐다. 종종 젊은 사람이 있어서 눈에 띄었다. "한나라당 지지자는 아니지만 민주당 지지자는 더 아니에요. 그게 무엇이든 민주당이나 다른 여당을 지지하는 것보단 낫다고 생각해요. 하지만 저도 대통령을 좋아하진 않아요. 그러니까 제 말은, 투표를 하는 게 투표를 하지 않는 것보단 낫다는 얘기에요." 무슨 말이지? 이건 무상 급식에 대한 투표인가, 지지 정당을 지원하는 투표인가?

"투표를 안 하는 게 말이 돼?" 짧은 줄에 서서 차례를 기다리던 아저씨가 말했다. "그런데 대학생인가?" 고개를 강하게 끄덕였다(대학생이라니까!). "투표 용지에 서울시가 꼼수를 부려 놨대요" "꼼수? 그런 게 어딨나, 젊은 사람이 참." 그런 게 여기 있다. "저기 벽에 붙은 거 보세요. '2012년부터 전면 무상 급식을 한다' 적혀 있죠. 틀린 말이래요. 몇 년에 걸쳐 단계적으로 하겠다는 거라는데." "그러면 저렇게 적으면 안 되지?" 하지만 적혀 있다. 뒤에 줄 선 할아버지와 눈이 마주쳤다.

서울시가 아전인수식으로 해석했다고, 야당은 반발했고 서울시는 묵살했다. 누군가 말을 바꿨거나 곡해했거나 오해했을 것이다, 라고만 적으면 세상을 지나치게 밝게 보는 거겠지? 투표를 거부하는 건 민주 시민의 자세가 아니지만 당위성은 있었다. 몇 걸음 걷다 아저씨가 뒤를 돌아보며 물었다. "그런데 정말 그 말이 맞아?" 맞지만, 그렇게 알고 있는 것이다. 주민 투표를 둘러싼 안팎의 세부를 온전히 알 수는 없다. 사랑하는 한 사람의 마음도 모르는데 저렇게 많은 꿍꿍이를 어떻게 알겠어.

줄에 섰다 뒤로 갔다 앞으로 갔다 하다 보니 투표소에서 업무를 보는 사람들과 눈이 마주쳤다. 팔짱을 낀, 선생님 같이 생긴 남자 어른이 다가와 말했다. "뭐하는 분이세요?"

그러게, 뭐하는 사람일까? 무상 급식 주민 투표를 며칠 앞두고 시장은 다음 대통령 선거에 불출마하겠다고 선언했다. 며칠이 지나고 시장직을 걸었다. 시장은 야당의 투표 거부 운동에 맞서 혼자 싸웠다. 그가 소속된 당은 계산을 먼저 했다. 돕는 게 이익인가, 모른 척하는 게 이익인가. 쉽지 않은 문제였다. 주민 투표는 싸움이 아니다. 주민의 의견을 듣는 것이다. 지고 이기는 게 없고, 없어야 한다. 시장은 주민의 의견을 수렴하면 된다. 시장을 뽑는 것도 해임하는 것도 주민이다. 그 어떤 시장도 혼란을 일으킬 권한이 없다. 주민 투표는 시장직을 걸고 하는 게 아니다. 직무 유기다.

시장이 기자들의 카메라 앞에서 무릎을 꿇고 투표 참여를 호소한 다음 날, 가수 김흥국이 투표를 독려하는 일인 시위를 했다. 피켓엔 이렇게 적혀 있었다. '나쁜 정책은 있어도 나쁜 투표는 없다.' 맞다. 나쁜 정책이라면 투표로 의견을 나타내면 된다. 하지만 그런 게 가능하다면 굳이 투표를 거부할 이유가 없겠지. 지금 저 줄은 정책의 정당성을 판단하려는 이들만으로 이뤄지지 않았다.

"내일 투표할 거니?" 투표 전날 아빠가 물었다. 언젠가 아빠가 파란색 점퍼를 입고 있는 걸 본 적이 있다. 리틀 삼성 라이온즈 회원이었을 때 받은 파란 점퍼만큼 멋졌다. 다가가서 보니 집권 여당의 로고가 선명히 인쇄돼 있었다. 아빠는 당원이다. 아빠는 내가 투표하지 않을 걸 안다. 나는 아빠가 질문을 한 게 아니란 걸 안다. [새누리당은 무상급식 투표 한 해 후인 2012년 2월에 31년간 써 온 파란색을 버렸다.—편집자]

근처 투표소로 옮겨갔다. 중학교, 아이들이 축구를 하고 있었다. 넓은 운동장이 좁게 느껴졌다. 중학생인데 몸이 컸다, 고등학생처럼. 아이들은 몸 안의 힘을 쏟아내듯이 뛰었다. 열두 시. 음악 소리가 들리고 운동장이 고요해졌다. 쌀 씹는 소리가 폭우 소리처럼 들릴 것 같았다.

투표소는 운동장 축구 골대에서 십 미터쯤 떨어진 곳에 있었다. 점심시간이 되자 사람들이 찾아왔다. 비교적 젊은 '아주머니'도 있었지만 대부분 노인이었다. 휠체어를 타고 온 할아버지, 병원 환자복을 입고 온 할아버지, 단정하게 양복을 차려입고 걸어가는 할아버지의 뒤를 좇아 걷는 할머니(할머니만 양산을 쓰고 있었다), 할머니를 부축하며 서로 거의 기댄 듯 걸어오는 할머니도 있었다. 지구에 노인이 이렇게 많았나? 두 시간 가량 서 있었지만 투표소 앞에 사람들이 줄을 이루는 경우는 없었고 말하자면 '젊은 애들'도 없었다. 방학이 끝나지 않았으니까 대학생이 올 만도 한데. 노인들은 조금씩 비장한 표정을 얼굴 어딘가에 가지고 있었다. 기꺼운 한 표를 투표함에 넣는 것이 그들의 삶을 지탱하는 몇 안 되는 힘인 것처럼 느껴졌다. 투표는 근래 그들이 한 생산적인 일 중 하나일지 모른다. 노인에게 투표란 어떤 의미일까? 아직 온전한 인간임을 증명하는 표식? 그들이 무엇을 혹은 어디를 혹은 누구를 지지하는지를 예측하는 건 어렵지 않다.

투표를 마치고 나오는 노부부를 따라갔다. "우리는 매우 반대를 하고 있어요. 어렵고 가난한 사람들을 돕는 데 돈이 쓰여야지." 할아버지가 말했다. 하지만 이번 투표는 무상 급식만의 문제가 아니다. 시장이 하고 있는 정책들, 이를테면 한강 르네상스, 디자인 서울, 경인 아라뱃길 따위에 대한 평가기도 하다. "나는 그런 것까지는 몰라요. 그건 별개의 문제예요. 돈이 쓰여야 할 데 쓰여야 한다는 것뿐이에요." 어쩌면 이 말이 맞을 수도 있다. 다른 것 다 잊고, '있는 집' 아이들에게 무상으로 밥을 먹이는 게 옳은가만을 화두로 삼는다면, 그럴 수 있다면, 투표 자체는 적법하고 유효할 것이다. 하지만 문제는 역시 '돈이 쓰여야 할 데'다.

시장은 매체와 인터뷰 할 때마다 말했다. "전면 무상 급식 할 돈이면 서울에 랜드마크를 몇 개 더 지을 수 있다." 서울에 당장 랜드마크가 필요한가? 랜드마크를 짓는 게 다른 무엇보다 급한가? 전면 무상 급식에 들어가는 돈을 아껴서 한강에 뱃길을 만드는 게(경인 아라뱃길) 옳은가? 이 경우 돈이 '쓰여야 할 데' 쓰이는 것일까? 양산을 바로 세우며 할머니가 말했다. "돈을 아껴서 어려운 노인이나 아픈 사람을 도와주면 얼마나 좋아하겠어." 서울시가 아니 시장이 아낀 돈을 그렇게 사용할까? 순진한 믿음은 아닐까? 노인들이, 단언하는 게 무리라면 그들 중 일부가, 왜 투표를 했는지 서울시는 알아야 한다.

몇 분의 노인들과 더 이야기를 나눴는데, 놀랍고도 당연하게, 시장이 어떤 사업을 펼치고 있는지 잘 모르고 계셨다. 나쁜 투표가 정말 없을까? 타이를 비뚤게 맨 젊은 직장인(으로 보이는) 남자가 허겁지겁 걸어왔다. "사장님이 하고 오라고 해서." 그는 정말 하고 갔다. 순진한 청년은 있다.

낮에 언론은 투표율이 개표의 마지노선인 33.3퍼센트에 닿기 어려울 거라고 전망했다. 퇴근 시간 이후에 직장인들이 얼마나 투표하느냐가 유일한 반전 요소였다. 기대 걸 만한 곳은 역시 강남이었다. 번번이 시장에게 은총을 내려주던 그곳. 허나 여섯 시 이후의 강남 투표소도 한가하긴 마찬가지였다. 신사동 주민센터, 누군가 들어설 때마다 그 안의 모든 사람들이 그 사람을 쳐다봤다. 그 존재는 작지만 명징했다. 그들은 무언가 바로잡아야 한다고 느꼈거나, 여차하면 세금을 더 내야 할지도 모르는 보통 사람이었을 것이다. (결과적으로 강남은 시장의 손을 들었다. 투표율 33.3퍼센트를 넘긴 곳은 서초구와 강남구뿐이었다.) 강아지를 가슴에 품고 들어온 아저씨는 느릿느릿 걸어서 천천히 투표를 했다. "빨갱이들 때문에 억지로 나온 거야." 예쁜 강아지였다.

신기하다고 해야 할까? 주민 투표와 가장 관련 있는 사람들은 정치인을 제외하곤 초등학생, 중고등학생을 자녀로 둔 학부형일 텐데, 강남에서도 강북에서도 그 계층은 많이 보이지 않았다. 몇몇과 이야기를 주고받았는데 하는 말은 비슷했다. 지지하는 정당과 돈의 배분 그리고 말 많고 탈 많은 '포퓰리즘'. 다른 게 있다면 "시장직을 걸었는데…… 그 사람도 안쓰럽고." 정도였다. 하지만 아무리 생각해도 빛 아래 종일 서 있는 내가 더 불쌍하다. 자꾸 조용히 헤집고 다니니까 경비 아저씨 옷을 입은 분이 다가와, 마주보진 못하고, 혼잣말 하듯 말했다. "간첩이야?" 갑자기 웬 간첩, 어떤 생각으로 세상을 바라보면 그런 단어가 나올까?

더이상 찾아오는 사람이 없을 때 투표 시간은 한 시간이나 남아 있었다. 투표소 밖으로 나왔을 때 세상의 하루가 거의 끝나간다는 걸 믿기 힘들 만큼 밝았다. 싱거운 저녁. 드라마는 없었다.

여기까지가 8월의 어느 날 투표소의 몇 조각이다. 시장은 사퇴했고 시장의 소속 정당은 시장을 비난했다. 도움 될 때만 동지인 게 정치판이니까. 야당은 투표율에 환호했다. 낮은 투표율에 환호하는 정치인이라…… 이것도 정상은 아니다. 그리고 지금 '나는', 너는 어느 쪽인가? 라는 질문을 스스로에게 하고 있다. 주민 투표를 할 만한 사안은 시장을 뽑거나 잘라 버릴 때 정도밖에 없다고 생각한다. 주민들의 의견이 궁금하면 여론 조사를 하면 된다. 시장과 시의원을 뽑은 건, 잘 아는 너희가 대신 논의를 좀 해 봐, 란 뜻이었다.

아무도 편을 안 들어 줘서 시장이 삐쳐 버렸다. 실적 쌓아서 대통령 선거에 나가야 하는데 자꾸 누가 발목을 잡았다. 그래서 편 좀 들어 달라고 '주민'들에게 읍소하는 상황에 이르렀다. 그것도 여의치 않자, 너네 자꾸 이러면 나 시장 안 해, 어이없이 위협했다. 그리고 지금 우리는, 서울 주민들은, 임기도 안 마치고 그만둔 시장 때문에 또 투표를 해야 한다. 이해할 수가 없다. 지금 왜 우리가 또, 시장을 뽑아야 하지? 도대체 무상 급식 주민 투표는 무엇을 결정하기 위한 것이었지?〔『아레나 옴므 플러스 코리아』, 2011.10.〕

[1-06] **여드름이 났어요, 많이 났어요**

사람들이 물었다. "갑자기 얼굴이 왜 그래?"
대답했다. "사춘기예요."
반항하고 싶었다. 사춘기가 아니어서……
넉 달 동안 여드름과 싸웠다. 승리를 앞두고 있다.

얼굴은 내 자부심이었다. 주변을 둘러봐도 나보다 키 큰 남자나 스타일리시한 남자는 있지만 나보다 잘생긴 남자는 별로 없었다. 어떤 남자는 내 처진 눈꼬리가 졸려 보인다고 말한다. 하지만 그는 모를 것이다. 여자들이 그런 내 눈을 얼마나 좋아하는지. 이런 말이 있다. 치명적인 매력이라고.

그런데 순식간에 얼굴이 화산처럼 끓어오르기 시작했다. 나중에 피부과 '실장 누나'에게 들은 말을 그대로 적으면 "몸 안에 장전된 총이 있고 그걸 품고 살아 왔는데, 급기야 몸이 방아쇠를 당긴 거예요." "왜요?" 내가 묻자 그녀는 대답했다. "열 받으니까."

여드름이 났다. 한 개 두 개가 아니었다. 어느 날 자고 일어나 거울로 잘생긴 얼굴을 보는데 악! 잘생기지가 않았다. 여드름이 열 개도 더 나 있었다. 붉은색 물감을 덩어리째 던져 놓은 줄 알았다. 두더지 게임 기계처럼 망치로 때려넣고 싶었다.

넉 달 전 일이었다. 다행히 이만큼은 생겨서 고개 들고 다닌다. 처음 며칠은 금방 가라앉을 줄 알았다. 아침마다 눈 뜨자마자 거울로 달려 갔다(정말 달렸다). 그렇게 한 달쯤 지났을까? 화장품 가게에 가서 여드름 난 얼굴에 바를 스킨과 로션을 달라고 했다. 그냥 줄 리 없으니까 당연히 돈을 냈다. 아까웠다. 집에 있는 것도 아직 반도 안 썼는데. 사면서 물었다. "바르면 금방 나아요?" "그럼요." 점원은 얼굴이 예뻤고 얼굴 피부는 흰 구름 같았다.

나쁜 사람. 금방이 언젠데? 일 년 후? 무슨 생각으로 그런 말을 한 걸까? 나아지긴 뭐가 나아져. 화장품 가게 점원들이 이 글을 읽으면 제발 피부나 화장품을 모르는 남자한테 엉뚱한 말을 안 하면 좋겠다. 발라도 안 나아진다! 바르면 더 심해지진 않는다, 는 말은 나을까? 나는 더 심해질 수 없을 만큼 이미 심했다.

여드름 화장품엔 대개 이 말이 적혀 있다. 'tea tree.' 이게 적혀 있는 화장품은 자극이 덜하고 순하나 보다. 트러블 생긴 피부를 진정시켜 주는 효과도 있나 보다. 어떤 브랜드 제품 중엔 여드름에 살짝 찍어 바르는 오일도 있다. 모두 'tea tree'다. 그런데 터져 넘치는 화산에 헬기로 물을 실어다 뿌린다고 폭발이 멈출까? 여드름 화장품은 거짓말쟁이다. 눈에 안 보일 만큼 조금은 효과가 있을 수도 있지만, 그게 정말 눈에 안 보인다는 거다. 물론 사람에 따라 효과가 다르겠지만.

알고 지내던 사람들은 얼굴을 볼 때마다 말했다. "너 왜 그래? 힘든 일 있어?" 한번은 후배가 술에 취해서 백 번쯤 물었다. "아니야, 아니야." 이백 번쯤 대답했다. 후배는 울면서 "형, 왜 말을 못해, 힘들면 힘들다 왜 말을 못해? 내가 형한테 그것밖에 안 돼?" 이 말은 오십 번쯤 했다. 스트레스 받아서 여드름들이 더 커졌다.

그러고 나서 생각해 보니 그런 것 같기도 했다. 무슨 일이 생긴 건 아니지만, 피곤하고 힘들어서 여드름이 난 걸 수도 있다. 설마, 이제야 사춘기는 아닐 테니까. 여드름 나기 직전, 회사를 그만두고 새 회사에 들어왔다. 새 회사에 들어와서 처음 한 달 동안은 사람들이랑 점심 먹을 때 말을 한마디도 안 했다. 긴장했던 거다. 일도 어리바리했고 눈치 보느라 안구가 빠질 것 같을 때가 많았다. 그래, 원인은 스트레스였다! 이건 뭐 원인을 알아도 어쩔 수 없는 거 아닌가? 스트레스 안 받으면서 월급 받는 사람도 있나? 극복하는 수밖에 없는데 그게 쉬우면 세상에 누가 불행할까? 그리고 나는 새 회사가 좋다. 그러니까 이건 성격의 문제다. 다른 회사에 갔다면 얼굴을 대패로 문지르고 있었을지도 모른다. 결국 스트레스는 나의 문제, 내 마음의 문제다.

어쩔 수 없는 것 말고 어쩔 수 있는 것을 찾기로 했다.

먼저 커피. 나는 인스턴트 커피를 하루에 평균 다섯 잔을 마셨다. 어디까지나 느낌이지만 커피를 마실 때마다 얼굴이 붓는 느낌이었다. 인터넷을 검색해 보니 카페인은 피부에 안 좋았다. 커피, 콜라, 패스트푸드 음식, 매운 음식, 밀가루 음식, 심지어 우유도 안 좋았다. 이 나쁜 놈들은 위에도 안 좋고 간에도 안 좋아서 몸안의 스트레스를 유발하고, 그 결과 여드름이 심해진다고 한다. 피부 결도 안 좋아지고, 눈의 피로도 회복이 잘 안 돼서 원한다면 다크 서클로 얼굴을 덮을 수도 있다. 해결책은 간단했다. 안 먹는 거. 그런데 말이 쉽다. 하고 싶은 건 다 나쁜 일들뿐이다.

그러나 거울을 볼 때마다 이건 아니라는 생각이 들었다. 원래 못생긴 얼굴이라면 체념하고 살겠지만, 나는 그렇지가 않다. 자존심이 상했다. 나를 알게 된 지 불과 한두 달밖에 안 된 사람들은 내 피부가 원래 이런 줄 안다.『아레나』편집부에 새로 온 인턴 에디터에게 내가 말했다. "원래는 피부가 백옥인데, 요즘 몸이 안 좋아져서 이러는 거야." 그러자 그녀가 대답했다. "아, 네 그러시겠죠." 야, 정말 그러시었다고!

|

결국 두 달 전부터 커피 끊고 패스트푸드 음식도 줄였다. 매운 음식도 가급적 피했다. 위나 간에 부담이 될 것들은 집어넣지를 않았다. 지금 와서 생각해 보면 그동안 몸을 쓰레기통 취급했다. 버려야 할 음식을 집어넣어 왔다. 그러고서 건강하길 바랐다.

|

아침밥도 먹기 시작했다. 여드름이 나기 전엔 빈속으로 집을 나서 커피부터 마셨다. 몸이 방아쇠를 당긴 건 당연하다. 괴롭게 버티느니 나를 죽이고 싶었겠지.

|

나는 건강해지고 싶었다. 아침마다 몸에 힘이 없고 눈은 사과처럼 붉고 점심을 먹고 의자에 앉으면 속이 더부룩하고 잠이 오고…… 그런데 이런 게 다 여드름과 상관있었다.

|

이참에 병원에도 가 보자는 생각이 들었다. 내시경 검사를 받았다. 딱딱한 호스가 목을 지나갈 때 뭔가 억울하다는 생각이 들었다. 엄청 괴롭기도 했다. 고작 얼굴에 난 여드름 때문에 컬러TV에서 식도와 위와 간을 보게 될 줄이야. 위에 붉은 반점 같은 게 오돌토돌 올라와 있었다. 의사는 염증이라고 했다. 자주 속이 쓰리지 않았냐고 물었다. 염증은 꼭 여드름하고 닮은 모양이었다. 얼굴에만 여드름이 난 게 아니었다.

|

여드름은 나아지지 않았다. 피부가 호르몬을 잘 배출해야 하는데, 모공이 막혀 있어서 배출이 잘 안 되니까 여드름이 나는 거라고, 이런 내 얼굴까지도 사랑해 주는 여자 친구가 알려 줬다. 그녀는 화장 솜과 스킨을 주며 말했다. "스킨이랑 로션 바르기 전에 이걸 화장 솜에 묻혀서 닦아 내듯 발라." 세수를 해도 노폐물이 완전히 제거되지 않을 때가 있다. 보이진 않지만 비누가 남아 있을 수도 있고, 미세한 각질은 언제나 있다. 스킨과 로션을 바르기 전에 '유분을 잡는' 스킨으로 한 번 닦아 내면 호르몬을 배출하는 데 도움이 된다고 한다. 얼굴에 '기름'이 많이 늘 고깃집에 다녀온 것 같은 광택을 갖고 있는 남자들이 쓰면 좋을 방법이다. 번들거림은 많이 준다. 피부 톤도 한결 밝아진다. 하지만 여드름은, 아무래도 나를 떠날 마음이 없는 것 같았다.

"Q. 여드름이 나면 어떻게 해야 하나요?" 잡지의 뷰티 에디터들은 자주 이 질문에 답한다. 이런 제품을 써 보세요, 세안이 중요합니다, 충분히 휴식을 취하세요……. 가만히 보면 그들의 결론은 한 가지다. '병원에 가세요.' 독자로서, 몰라서 못 가냐? 란 말을 꼭 하고 싶었다. 가면 몇십만 원이 순식간에 사라지니까 그게 무서워서 못 가는 거지. 그러나 그렇게 사는 건 사는 게 아니었다.

피부과에 갔다. 먼저 원장님이란 분과 상담을 받았다. 여드름은 잡을 수 있다고 했다. 그런데 아프다고 했다. 실장님이라 불리는 누나에게도 상담을 받았다. 누나의 말을 요약하면 칠팔십만 원이면 여드름을 잡을 수 있다. 상태를 보니 그 정도가 안 들 수도 있다고도 했다. 방법은 간단했다. 짜내고 약 바르고 주사 맞는다. 짜내는 걸 압출이라고 불렀다. 약 바르는 건 필링이다. 시술에 앞서, 결제가 이루어졌다. 한 번 압출하고 필링하고 주사 맞으면 이십만 원이었다. 내게 묻지도 않고 일시불로 결제해 버렸다. 실장님이란 분께서, 아무도 이십만 원을 할부로 계산하진 않는다는 표정을 지었다. 속이 아팠다.

시술실에 들어가 누웠다. 압출은 바늘같이 뾰족한 걸로 찌르고, 어떤 도구로 누르는 방식으로 진행됐다. 눈을 가려서 정확히 볼 순 없었다. 아팠다. 더 괴로운 건 그렇게 아픈 걸 삼십 분 넘게, 수십 번 반복해야 한다는 거였다. "아프세요?" 물을 때마다 괜찮다고 했다. 남자니까. 그리고 물었다. "이런 걸 어떻게 참아요?" 여드름에 바늘을 꽂으며 말했다. "여자들은 더 잘 참아요. 예뻐질 수만 있다면 이런 건 아무것도 아니에요." 여자한테 잘해 줘야겠다…….

압출이 끝나자 얼굴이 뜨거웠다. 다음은 필링이었다. 얼굴에 로션 같은 걸 떨어뜨리더니 바르듯 문지르기 시작했다. 모래로 얼굴을 긁는 것 같았다. 피부가 벗겨지는 것 같았다. "뜨거운 아스팔트에 얼굴을 마구 문지르는 느낌이라고 말하는 사람도 있어요." 시술해 주는 사람이 말했다. 장면이 상상돼서 더 괴로웠다.

이제 원장님의 차례였다. 원장님은 제일 무서운 걸 들고 왔다. 주사! 여드름을 만져 보고 관찰하더니 큰 것만 골라 주삿바늘을 꽂았다. 당연히 아팠고, 얼굴이 엉덩이가 된 것 같았다.

"사흘 동안은 얼굴에 손을 대면 아플 거예요. 그리고 또 사흘이 지나면 각질이 올라와요. 뜯지 마세요." 실장님이 말했다. 사흘 동안 세수할 때마다 아팠다. 사흘이 지나자 각질이 올라왔다. 여드름에 각질에 얼굴이 난장판이었다. 이유 없이 뒤통수를 맞은 것처럼 당황스러웠다. 이런 일이 내게 생겨야 할 이유가 뭔데? 물론 이유는 많지.

그리고 오늘, 열흘이 되었다. 내일 또 일시불로 이십만 원을 '긁으러' 간다. 돈의 효과는 분명했다. 얼굴은 여전히 여드름 자유 지역이지만 기세가 한 풀 꺾였다. 피부 결은 많이 좋아졌다. 손으로 만질 때마다 뿌듯하고 자랑스럽다. 여드름이 나기 전보다 훨씬 잘생겨질 거 같다. 고작 넉 달 여드름이 있었을 뿐인데 생의 전부를 여드름과 싸워 온 기분이다. 진작 병원에 갈 걸 그랬다. 병원 홍보 글을 쓰고 있는 건 아니지만 여드름에 병원만 한 해결책은 없다. 이제라도 병원에 갔으니 다행인데, 한 가지 아쉬운 건 병원에 가기 전에 손으로 여드름을 짰다는 거다. 거울에 얼굴을 붙일 듯 다가가면 흉터가 여럿 보인다. 흉터는 피부과도 어쩔 수 없다.

피부과가 어찌해 줄 수 없는 건 또 있다. 몸의 스트레스. 결국 여드름의 원인은 스트레스고, 이건 오직 의지로만 다스릴 수 있다. 나보다 조금 더 잘생긴 정우성이나 장동건도 그 빛을 온전히 드러내려면 몸을 아껴야 한다. 몸은 쓰레기통이 아니다. 살아 있다고 살아 있는 게 아니다. 생을 영위한다는 건 누구나 죽음에 가까워진다는 것이지만 그 성스런 길을 여드름과 갈 필요는 없다. 그러니까 조심해야 한다. 몸이 방아쇠를 당기면 팔십만 원보다 더 광대한 지출이 발생한다. 잘생긴 사람에게도 매우 괴로운 일이었다.〔『아레나 옴므 플러스 코리아』, 2011.09.〕

[1-07] 이 시인 되십니까?

　　　　이충걸은 정말 심심할 때마다 내 자리로 와서 말했다. "최승자, 박상륭, 이성복을 인터뷰해 와." 말이 쉽지, 그런 양반들을 어떻게 섭외하라고, 할 수 있으면 행복할 것 같았다. 돌이켜보면 나는 그 셋을 모두 인터뷰했으니 행운아였다. 2008년 초여름, 박상륭 선생이 한국에 와 있다는 이야기를 들었다. 그의 마지막 책이 된 『잡설품』(문학과지성사, 2008)을 출간하기 위해서였다. 건너 건너 담당 편집자를 알아냈고 전화를 걸어 섭외를 요청했다. 『GQ』는 세계적인 잡지고 멋진 잡지지만 음...... 선생 같이 연세 많은 분이 흔쾌히 인터뷰하겠다고 할 잡지는 아니다. 놀랍게도 선생은 요청을 받아들였다. 그래서 어느 오후, 선생이 신사동 가로수길의 한 스튜디오로 왔다. 먼저 사진을 찍었다. 멋진 슈트를 두 벌 준비해 두었는데, 한 벌은 입고 한 벌은 입지 않았다. 옷을 갈아입으면서까지 사진을 찍는 게 어색했나 보다. 선생은 뜻밖의 상황에 화가 난 것처럼 보이기도 했다. "이 선생이, 노인네를 욕보이려고 하시는 건지"라고 말하며 나를 봤다. 그가 화가 났건 말건, 나는 그의 말투가 인상적이었다. 정중했기 때문이다. 어린 나를 '선생'이라고 부르다니.

촬영이 끝나고 인터뷰를 하러 갔다. 젊은 사람들로 가득 찬 카페였다. 메탈 음악이 귀를 찢으려고 작정을 했다. 거기서 한 시간이 넘게 이야기를 했다. 나는 그가 한 말의 대부분을 듣기는 했지만, 몇몇 단어는 정확하게 듣지 못했다. 녹음기를 켜 둔 상태였다. 인터뷰가 끝나고 나서야 녹음기가 켜져 있지 않다는 걸 알았다. 하지만 그의 말들이 내 머릿속에 너무나 명확하게 남아 있었다. 마치 말들이 쌓이듯이, 정말 그렇게 남아 있었다.

소설『죽음의 한 연구』(문학과지성사, 1975)로 상징되는 박상륭의 모험 혹은 도전은『잡설품(雜說品)』에서 끝이 난다. 이 소설은 그가 일생을 바친 주제 '죽음'과 '구원'의 마침표다. 나는 그 소회를 물었고 그는 "죽어도 여한이 없습니다"라고 말했다. 그러면서 그는 들뢰즈(Gilles Deleuze, 1925~1995)의 죽음에 대해 잠깐 이야기했다. "더 이상 탐구할 게 없어졌기 때문에 죽음을 선택한 게 아닌가, 이 노인은 그렇게 생각을 하고 있습니다"라고. 나는 그의 말을 오래 곱씹었다. 십 년이 지난 지금도 종종 그 말을 떠올린다. 일생을 바쳐 무엇인가를 이뤄낸 사람만이 할 수 있는 말이니까.

"니체는 신이 죽었다고 말했습니다. 그건 니체의 한계이자 유럽 문명의 한계입니다. 신은 마음 안에 있습니다. 동양적인 사고이죠. 세계의 중심이 동양으로 옮겨질 겁니다. 훨씬 더 광활한 대지가 동양에 있어요." 그가 말했고 내가 물었다. "그러면 박상륭은 니체를 넘어섰네요." 그가 진지하게 "그렇습니다"라고 대답했다. 진작 그 순간을 지나왔다고 했다. "작가가 되실 거라고요? '작가'라는 이름은 주홍글씨 같은 겁니다. 어깨에 평생을 짊어지고 살아야 해요. 굉장히 괴로운 겁니다. 시대에 대해 공부해야 하고, 왜 글을 쓰는지 공부해야 합니다." 내가 그 말을 신사동 가로수길 근처의 정신없는 카페에서 들었다는 게 지금은 비현실적으로 느껴진다.

이 주일 정도가 지나고 잡지가 출간됐다. 다시 그를 만나고 싶어서 그가 귀국할 때마다 머무는 광화문의 오피스텔로 갔다. 그는 나에게 맥주를 따라 주었다. 한 잔을 마시자 다시 또 한 잔 가득 따라 주었다. 마시자 또 한 잔, 또 한 잔 계속 따라 주었다. 내가 잘 못 마시자 "괜찮습니다, 천천히 드십시오"라고 말하며 또 따라 주었다. 그는 오랜 시간 캐나다에 살았고 한국 작가들과는 교류가 거의 없었다. 그때 나는 작가가 아니었지만 그는 나를 작가처럼 대해 주었다. 후배 작가에게 선배로서 술을 따라 주고 싶었던 것 같다. 더 정확하게 말하면 술을 아주 많이 사 주고 싶었던 것 같다. 나는 술을 못 마시는데!

그를 만나고 돌아오는데 핸드폰이 울렸다. 모르는 번호였다. "이 선생 되십니까?" 그였다. 겁이 났다. 내가 쓴 인터뷰가 마음에 안 든 걸까, 혹시 불쾌했을까. 그는 말이 없었다. 그는 울었다. 소리 없이 울었다. "고맙습니다. 저에 대해 이렇게까지 이해해 준 분이 없었습니다." 전화를 끊고 나도 길에 서서 울었다. 원래 눈물이 많지만 그 순간 더 많이 울었다. 박상륭은 늘 자신이 이해받지 못한다고 생각했다. 『잡설품』의 제목이 '잡설품'인 이유에 대해서도 "박 모 작가의 글도 쉽게 읽을 수 있다는 걸 보여 주고 싶었습니다"라고 말했을 정도니까. 이해받지 못 하는 글을 그는 고행하듯 썼다. 문장으로 문장을 뚫고 나아가며 글을 썼다. 주홍 글씨를 짊어지고, 몸으로 몸을 밀어내며 글을 썼다. 초고를 쓰고 나면 손으로 종이에 옮겨 적는다. 무려 10번을. 10번을 옮겨 적는 동안 많은 것들이 바뀐다. 물론 시간이 흐른다. 그래서 그의 문장에 세월의 흔적이 담긴다. 하지만 아무도 그걸 다 파악해 낼 수 없다. 박상륭은 너무 큰 작가여서 인류가 감당할 수 없다. 나는 감히 박상륭이 낯선 한 세계를 이룩하고, 그것의 존재만을 남겨 둔 채 떠났다고 생각한다.

그리고 1년이 지났다. 그를 촬영했던 신사동의 한 스튜디오에서 일을 하고 있었는데, 모르는 번호로 전화가 걸려왔다. "이 시인 되십 니까?" 목소리만 들어도 알았다. 아, 박상륭이었다. 그해 초 내가 신 춘문예에 당선된 걸 신문에서 본 것이다. 그는 잠시 한국으로 돌아 온 상태였다. 그를 만나러 갔다. 그의 오피스텔로. 그는 또 맥주를 따라 주었다. 한 잔, 또 한 잔. 술에 약간 취하니 긴장이 풀어져서 집 안 풍경이 자세히 보였다. 우리가 앉아 있던 거실에 작고한 김현(金炫, 1942~1990) 선생이 쓴 글자가 걸려 있었다. 선생과 액자가 한눈에 들어왔다. "액자 저 주세요." 내가 말했다. "이 시인은 욕심이 많으십 니다." 그는 웃었다.

그 아래 원고 뭉치 같은 게 보였다. 선생에게 물었다. "뭘 쓰고 계신 거예요?" 그는 아무것도 아니라고 했다. 일어나서 그 원고를 들고 어 딘가 깊은 곳으로 옮겼다. 남아 있을 텐데, 그 원고. 분명히 무엇인가 쓰고 있었는데. 내가 봤는데.

선생의 부인께서 이런 이야기를 들려 주신 적이 있다. "한 항공사에 비행기표를 예매하러 갔는데, 거기 일하는 분이 선생님을 알아보신 거예요. 연세도 있고 하니까 따로 예매 절차를 도와주려고 하셨나 봐 요. 그런데 선생님은 끝까지 아니라고 하셨어요. 나는 그 박상륭이 아니다, 다른 사람이다라고." 박상륭은 은둔하며 외톨이처럼 지내 고 싶어 했던 것 같다. 그저 자신의 문장 안에 있는 것만으로 괜찮았 던 걸까?

한국을 떠나 이국에서 글을 쓰며 사는 나날이 그에겐 이미 죽은 삶 아 니었을까? 나는 그가 살아서 죽음을 선택했다고 생각한다. 죽음은 그에게 비극이 아니니까. 보이지 않는 곳에 있고 만날 수 없는 곳에 있다면 그는 죽은 것인가, 산 것인가? 살아도 죽은 것인가, 죽어도 살은 것인가? 수십 년 동안 그의 책은 한국에 있었지만 그는 한국에 없었다. 그래서 나는 지금도 그가 죽었다고 느껴지지 않는다. 문을 열고 다른 방으로 갔을 뿐. 그러니 선생님, 우리 어디서든 언제든 다시 만납시다.

아, 마감 때 내가 쓴 박상륭 선생의 인터뷰 기사를 읽고 이충걸 편집장은 웃었다. 내가 자리로 돌아와 앉아 있는데 그곳까지 따라와서 더 웃었다. 그리고 마감 중인 다른 기자들에게 『GQ』가 박상륭을 인터뷰했다고 자랑했다. 적어도 나는 그런 사람이랑 일했다. 박상륭 선생에게 이 이야기를 해 주었을 때 그도 웃었다. 보고 싶다. 〔*2009년에 최승자, 2015년에 이성복도 인터뷰했다.—편집자〕〔**브런치**, 2018.11.〕

[1-08] 야구의 도시 VS. 롯데의 도시

야구의 도시 부산이라고 해야 할까,
롯데의 도시 부산이라고 해야 할까?
그들의 '부산'스런 야구 열기에는
해석되지 않는 뭔가가 있다.

3호선 종합운동장역에서 지하철 문이 열렸을 때 휴대폰 진동이 울렸다. 후배가 보낸 메시지였다. "9회 초 LG 박용태 2루타, 3대 3 동점" 지상에 첫발을 내디딘 순간 또 진동이 울렸다. "LG 9회 역전승, 경기 종료."

전날 밤에 야구광인 후배를 만났을 때 에디터는 물었다. 부산을 연고지로 두고 있는 축구팀은 부산 아이파크고 야구팀은 롯데 자이언츠인데 부산 사람들은 왜 야구에만 열광하는지 모르겠다고. '부산'이라는 이름은 오히려 축구에 있는데. "롯데가 뭐 하는 회사인지 그 사람들한테 하나도 안 중요해요. '롯데'는 그냥 자기들 팀 이름일 뿐이에요."

KTX에서 내려 부산역을 빠져나와 더듬더듬 지하철로 갈아타고 종합운동장역에 도착했을 때 밤 아홉 시를 넘기고 있었다. 사직 야구장이라고 적힌 표지판을 따라갔다. 경기는 끝났지만 야간 조명등은 아직 환하게 켜져 있었다. 쏟아지는 사람들 하나하나가 선명했다. 크고 작은 목소리까지도. 사직 구장 앞 사거리는 마비 상태였다. 여기저기서 클랙슨 소리가 날카롭게 날아들었다. 질세라 몇몇 남자들이 소리를 질렀다. "우얄 낀데?" 사람도 차도 신호를 보지 않았다. 건드리면 터질 것처럼 웅크린 채 분노를 삭이는 사람도 있었다. "질 거면 아예 확 져 뿌리든지." "자야? 난데, 우리 졌다. 모리겠다. 내가 올 때마다 진다. 앞으로 오지 말아야겠다." 도로의 언어들이 더 낯설게 느껴졌던 건 표정 때문이었을 거다. '저건 월드컵 16강 진출에 실패했을 때나 지을 수 있는 표정인데.' 아니나 다를까 앞에서 한 여자가 울면서 걸어왔다. 옆에서 걷는 남자 친구도 시선을 멍하니 허공에 둘 뿐, 위로할 정서적 여유가 없어 보였다.

자이언츠 유니폼을 입은 한 무리의 사람들이 다가왔다. 그들은 말이 없었다. 에디터는 쏟아지는 사람들을 가로질러 계속 경기장으로 향했다. 2층 외야 쪽으로 올라가는 계단이 보였다. 계단 한가운데에서 한 남자가 쓰러져 괴로워하고 있었다. 술에 취해 "왜 져, 병신같이." 한 번 숨을 쉬고 다시 말하고, 또 한 번 숨 쉬고 말하고. 다행히 4월의 봄바람은 얇은 이불이었다. 녹색 철문으로 된 입구로 들어가자마자 술 냄새가 코끝을 찔렀다. 왼쪽 벽면에 놓인 쓰레기통은 신문지와 맥주병, C1 소주병, 치킨 상자들에 묻혀 몸통을 살짝 드러낼 뿐이었다. 복도를 지나자 사직 야구장이 펼쳐졌다.

"저는 경기는 잘 안 보지만 결과는 확인해요. 롯데가 이겼나 졌나." 라고 말한 사람은 부산 아이파크 축구팀의 홍보 담당자 오미희다. 그녀는 부산 사람이다. "왜 그런지 모르겠는데 롯데 DNA 같은 게 부산 사람들한테 있나 싶어요. 야구를 좋아하진 않지만 한 팀을 응원해야 한다면 롯데밖에 없죠." 이 말을 한 사람은 축구 잡지 『포포투』 한국어판의 기자 서호정이다. 그도 부산 사람이다. 부산 사람들이 빠져나간 사직 야구장은 음악 꺼진 빈 클럽 같았다. 열기에 섞여 눅눅해진 공기, 술냄새는 땀냄새와 뒤범벅돼서 한층 무겁고 짙게 느껴졌다. 도대체 사람들은 야구를 본 것일까, 야구를 한 것일까? 바닥에 나뒹구는 맥주 캔의 형체는 한때 이곳에 넘쳐났을 분노를 가늠하게 했다. 야구장 잔디 한가운데는 1984, 1992가 새겨져 있었다. 롯데 자이언츠가 우승했던 해였다.

"부산의 야구 열기는 가까운 일본의 영향을 많이 받았다고 생각해요. 부산 시민들은 TV를 통해 일찍부터 일본 프로 야구를 시청했어요. 지역 내 초중고교 야구팀들은 후쿠오카 지역의 학교들과 친선 경기도 많이 가졌고요." 『스포츠 2.0』의 야구 기자 이종길의 말이다. 어려서부터 외국팀과 경기를 경험했기 때문인지 부산에 있는 학교들은 대부분 전국 대회 성적이 좋았다. 특히 부산고, 경남고는 프로 야구 출범 이전부터 전국 고교 대회를 휩쓸며 야구 명문고로 거듭났다. 좋은 성적에 부산 시민들은 열광했고 이는 프로 야구로 이어졌다. 지역색이 강하던 시절을 거치면서 '우리 팀'이란 인식도 강해졌다.

고교 야구 인기라면 물론 광주와 대구도 빼놓을 수 없다. 그러나 1990년대 중반 이후 프로 야구가 침체기를 맞으면서 그 흐름이 끊어졌다. 부산이 이 시기를 비교적 무난히 넘기고 다시금 야구 열기를 지필 수 있었던 데는 응원 문화의 덕이 컸다. 확실히 신문지 응원, 봉지 응원, 〈부산 갈매기〉〈돌아와요 부산항에〉로 대표되는 자이언츠 팬들의 응원 문화는 열광적이고 흥겹다. 분위기에 잘 취하고 어울리기 좋아하는 바닷가 사람들의 성향과도 무관하지 않겠다. 그런데 이런 요인들을 감안하더라도 이 정도로 야구에 열광하는 건 이해하기 힘들다. 부산과 서울을 오가며 기사를 쓰는 서호정은 "부산이 제2의 도시라곤

하지만 서울에 비해 마땅히 놀이 문화가 없어요. 야구장에서 야구만 보는 게 아니잖아요. 사직 야구장은 응원 재미도 쏠쏠하죠."라고 진단한다. 게다가 지난 몇 년 동안 롯데는 꼴찌를 했다. 눈물샘을 자극할 만하다. '가을에도 야구 하자'란 구호는 활화산 같은 부산 시민들의 기질을 시시때때로 폭발시켰다.

다음날 야구의 도시에 해가 떴다. 스포츠 신문을 사러 편의점에 갔다. 정오에 가까웠는데 한 부도 팔리지 않은 신문이었다. 1면을 가득 채운 건 전날 역전 안타를 친 LG 손인홍의 환호였다. 사실, 애초부터 부산 사람들이 야구에만 열광했던 건 아니다. 프로 축구단 부산 아이파크의 전신인 대우 로얄즈〔1949년 새한자동차 실업축구단으로 창단. 1983년 프로 축구단 대우 로얄즈로 전환. 2005년 부산 아이파크로 구단명 변경—편집자〕의 인기는 아직도 축구판에서 회자된다. IMF 이후 프로 스포츠 인기가 동반 하락할 때 부산 축구도 타격을 받았다. 팀 인수 과정에서 스타 선수들이 대거 이탈했다. 축구 선수들의 수도권 구단 선호 현상도 한몫했다. 축구엔 야구와 같은 '연고지 스타'란 개념도 별로 없다.

다시 사직동의 종합운동장역에 도착했을 때는 경기 시작 한 시간 반 전이었다. 상대는 어젯밤 사직 야구장을 분하게 만들었던 LG 트윈스였다. 롯데 자이언츠의 자랑이자 에이스인 손민한이 선발을 맡는다. 지하철 문이 열리자 얌전하게 앉아 있던 사람들이 뛰어나가기 시작했다. 설마 야구 경기 보려고 뛰기까지 하는 걸까란 생각이 잠시 스쳤지만, 아직은 달릴 일이 없는 시간이었다.

지상으로 올라갔을 때 제일 먼저 눈에 띈 건 스무 살 남짓으로 보이는 두 명의 여자 뒷모습이었다. 각각 비닐 봉투를 하나씩 들고 있었다. 한 봉투에는 두 개의 캔맥주가, 다른 한 봉투에는 치킨이 담겨 있었다. 그때까지도, 설마 벌써 야구장에 가는 건 아니겠지라고 생각했다. 걷다 보니 앞선 두 여자와의 간격이 점점 멀어졌다. 뒤에서 걸어오던 사람들도 나를 분주히 앞질러 갔다. 손엔 다들 뭔가 들려 있었다. 어제 정체 중이었던 사거리를 향해 모퉁이를 돌았을 때 그제야 이 도시에서 지금 한가한 사람은 나뿐이란 걸 알았다.

사거리는 또 정체 중이었다. 밀리고 밀린 차들이 끝없이 이어졌다. 차들 사이를 사람들이 메웠다. 곳곳에 제복을 입은 경찰이 호루라기를 부는데, 소리는 울리기도 전에 사라졌다. 도대체 이 광경을 어떻게 설명해야 할까? 도시 전체가 N극에 끌려가는 거대한 S극 같았다. 자기장은 강력했다. 덩달아 내 걸음도 빨라졌다. 경기장 주변은 운동회 날 운동장을 연상시켰다. 김밥, 오징어, 치킨, 맥주, 심지어 신문지를 찢어 만든 수술을 파는 사람도 있었다. 가격은 개당 오백 원. 암표상도 눈에 띄었다. 경기가 시작하려면 한 시간도 더 남았는데 움직임이 날렵하고 분주했다. 전날 예매한 표를 받으러 매표소로 갔다. 그제야 이 도시의 평화로운 저녁이 왜 이렇게 분주해졌는지 알게 됐다. '금일표 매진'. 그러고 보면 1987년 프로 스포츠 사상 처음으로 평균 관중 1만 명 시대를 연 구단이 롯데 자이언츠였다. 1991년 한 해 1백만 명 관중 시대를 연 것도 물론 롯데 자이언츠였다.

구장 안을 가득 메운 함성이 넘치더니 급기야 밖으로 쏟아지기 시작했다. 네 명의 여자들이 암표상과 흥정하는 모습이 보였다. 한 꼬마는 엄마 손을 잡고 서럽게 울고 있었다. 엄마가 달래자 말했다. "오늘 손민한 나온단 말야." 꼬마는 자이언츠 유니폼을 입었다.

경기는 8 대 5로 롯데가 승리했다. 손민한은 1회 2점을 내줬지만 나머지 이닝을 잘 막아 승리 투수가 됐다. 7회 1사 만루에서 이대호가 내야 밖으로 때린 중전 안타가 이날의 결승타였다. 손민한이 공을 던질 때, 그리고 4번 타자 이대호가 배트를 휘두를 때 사직 야구장의 관중들은 모두 사랑에 빠졌다. 적어도 사직, 아니 부산에선 누구도 이들을 건드릴 수 없다. 그들은 커다란 의자에 앉아 큰소리치는 영웅이 아니라 우리 형 혹은 우리 아들이었다. 한편으로 대단한 건 LG 트윈스 선수들이었다. LG 트윈스 선수들이 안타를 칠 때마다 손끝이 저렸다. 적의 심장부에서 고군분투하는 모습이 애처로워서. 평소에 〈부산 갈매기〉를 애처로운 노래라고 생각했다. 롯데 자이언츠가 이길 때 이 노래는 신나는 댄스곡이 된다. 경기가 끝나자, 부산에 평화가 찾아왔다. 〔『지큐 코리아』, 2008.06.〕

아주까리 수첩 006
이우성 산문집

좋아서

제2부
멘토는 없다

[2-09] 위로를 생각할 시간

청춘이 위로를 받는다.
위로받기 위해 서점에 가고 위로받기 위해 TV를 본다.
하지만 위로의 감정이 어디에서 오는지,
위로받는 게 옳은지 우리는 알고 있을까?

서바이벌 프로그램은 슬프다. 우리가 서바이벌 프로그램에 열광하는 건 삶 속에서 우리가 늘 경쟁하고 있기 때문이다. 탈락을 경험하지 않은 사람은 없다. 서바이벌 프로그램은 지금의 시대를 움직이는 동력 중 하나인 '경쟁-탈락' 시스템의 단면이다. 살아남은 누군가를 보며 안도하고 기뻐하는 것은 사실, 떨어진 누군가를 보며 마음을 쓸어내리는 것이다. 이것이 경쟁의 논리이며, 또한 당연한 수순이라는 것을 우리는 안다. 그런데 이게 정말 당연한가? 우리 중 누군가 오롯이 서기 위해 다른 누군가가 쓰러지는 것이 옳은가? 그렇게 살아남아서 주위를 둘러보면 옆엔 아무도 없다. 어쩌면 우리는, 우리를 외롭게 만드는 어떤 구조, 그 구조의 축소판이며 은유인 프로그램을 보며 열광하는 것이다. 폭로와 경쟁이 시대를 이끌고 있어서.

인터넷 서점 예스24가 분석한 2011년 상반기 판매 동향을 보면 '문학 부분의 점유율이 큰 폭으로 줄고, 자기 관리 부분이 약진'한 것으로 나타났다. 한 해 전 같은 시기에 31.6퍼센트, 17.9퍼센트였던 한국 문학과 해외 문학의 점유율은 각각 24.7퍼센트, 10.3퍼센트로 줄었다. 반면 자기관리 부분은 7.9퍼센트에서 15.6퍼센트로 늘었다. 수치 변화에 영향을 주는 요인은 복합적이어서 한두 가지로 단정할 수 없다. 이러한 현상이 사람들의 외로움과 불안을 반영한다고 적는다면 성급한 확언일지 모른다. 그러나 경쟁에서 살아남으려는 몸부림이든 성장에 대한 긍정적 욕구이든 변화가 필요하다고 느낀 것만은 틀림없다.

2011년 상반기에 우리가 매료되었던 책들에는 공통점이 있다. 『아프니까 청춘이다』가 그랬고 『생각 버리기 연습』이 그랬고 『엄마를 부탁해』가 그랬고 『친구가 되어 주실래요』가 그랬고 『바보 빅터』가 그랬고 『못 가 본 길이 더 아름답다』가 그랬고 『김제동이 만나러 갑니다』가 그랬고…… 이 책들을 관통하는 정서는 '위로'다. 위로…… 위로하고 위로받는 시대. 우리 모두가 너무 힘들고 너무 지쳤으며 너무 아파서.

내가 알기에 1980년대는 저항의 시대였다. 황지우의 시집 『새들도 세상을 뜨는구나』(1983)는 내용과 형식 모두에서 시대에 맞섰다. 이성복의 시집 『뒹구는 돌은 언제 잠 깨는가』(1980)는 아픔을 온전히 직시한 괴로운 시집이었으며, '어찌되었건' 이문열이 『우리들의 일그러진 영웅』(1987)에서 보여 준 '교실'은 당대의 거침없는 축소판이었다. 그때, 위로란 나약한 것이었다. 투쟁심을 잃었다고, 패배를 인정하는 것이었다. 그래서 그들이 그 요절복통의 세상을 대하는 방식은 투쟁하고, 감정을 일깨우는 것이었다. '살아남기 위해'라는 문장이 겨냥하는 것은 '개인'이 아니라 '모두'였다. 30년이 지나 이제 항거는 컴퓨터 모니터 안에서나 일어나는 일이다. 우리는 클릭 몇 번으로 그 생생한 현장을 목도한다. 가슴이 아프지만 내 일이 아니어서 슬퍼할 겨를이 없다. 살아남지 못하면 누구라도 저 높은 크레인 위에

서게 될 수 있다.

최근 한 출판사의 편집자가 된 친구와 이야기를 나눴다. "팀마다 담당하는 분야가 달라서 체감하는 정도는 다르지만, 서점에 시장 조사를 가면 확 느끼지. 눈에 잘 보이는 곳에 있는 책들은 대부분 위로에 관한 거야. 『아프니까 청춘이다』가 많이 팔렸잖아. 다른 출판사도 따라하게 되지." 6월에는 출판사 '생각의나무'가 부도 처리됐다. 중견 출판사도 순식간에 무너지는 게 출판계의 현실이다. 출판사가 팔리는 책을 내는 데 몰두하는 것, 유행을 좇는 것은 당연하다. 그들도 경쟁하고 있고, 그들도 살아야 하니까.

경험 많은 편집자 친구와도 이야기를 나눴다. 민음사의 김소연이다. "위로가 중요한 주제인 건 맞지. 그런데 그게 갑자기 유행한 건 아니야. 꽤 됐어. 위로는 늘 중요한 주제였어. 다만 최근엔 좀 유별나달까. 그리고 지금의 현상은 '청춘'에 초점이 맞춰져 있어. 청춘을 위로하는 거지. 요즘 젊은 애들은, 더 힘들잖아." 너희도 위로에 관한 책을 준비하고 있냐고 물었다. "응. 기획할 때 신경을 쓰지. 독자들이 원하니까."

출판사들은 '위로'를 팔기 위해 전략을 짜고 있다. 독자들은 그렇게 만들어진 책을 산다. 비난할 것도 아니다. '위로'가 우리에 의해 '자본'으로 둔갑하는 상황을 의식하지 못한 채 우리는 책을 읽으며 위로를 받는다. 그것은 출판사의 전략에 따라 움직인 것이며, 돈을 지불하고 전략의 가치를 구매한 것이다.

젊은 우리는 한때 젊었던 선배들처럼 '모두'를 위해 버티지 않는다.

'자신'을 위해 버틴다. 세상을 바꾸는 것보다 각자의 삶이 중요하다. 나 하나도 감당하기 어려운데 세상은 무슨. 지금의 청춘들에게 위로가 필요한 건 그들이 (물론 나를 포함하여) 마땅히 꽂을 깃발을, 깃발을 꽂을 그럴싸한 지평을 갖지 못하고 있기 때문은 아닌가? 당대라는 지도를 지우면 우리는 어디에도 없다.

MBC 예능 프로그램 작가인 이경희는 서바이벌 프로그램의 인기가 적어도 일이 년은 더 갈 거라고 전망한다. "명절 특집 방송을 기획할 때도 큰 틀은 오디션, 서바이벌 프로그램이에요. 그 안에서 아이템 경쟁을 하는 거죠. 방송국마다 혈안이 돼 있어요. MBC가 아나운서 서바이벌 '신입 사원'을 했다가 잘 안 돼서, MBC 내부에선 '가수 서바이벌'이 아니면 안 되나, 이런 생각을 하고 있고, SBS는 아이돌 가수를 뽑는 오디션 프로그램을 한다는 것 같고. 아무튼 새 프로그램 기획안들을 보면 다 서바이벌이에요." 일이 년이 지나면 어떻게 달라질 것 같으냐고 물었다. "뽑을 사람을 다 뽑으면 서바이벌 프로그램도 슬슬 사라지겠죠. 그래도 변하지 않는 것은 있죠. 리얼이어야 한다는 것. 이젠 있는 그대로 다 꺼내서 보여 주지 않으면 믿지를 않아요. 그리고 시청자들은 예능 프로그램이 냉정해지길 바라요."

출판이든 방송이든 흐름은 결국 우리가 정하는 것처럼 보이고, 대략 그럴 수도 있다. 하지만 우리가 그것을 소비할 때 우리 의식의 주체는 우리가 아닌 것만 같다. 그 전에 우리가 표류하고 있다는 사실은 분명하다. 서바이벌 프로그램에 나온 도전자의 모습이 꼭 우리와 닮아서 우리는 그들의 도전에 박수를 보낸다. 살아남은 그들에게서 우리는 희망을 본다. 누군가 떨어뜨려야 할 때 우리의 시선은 한순간, 우리를 탈락시킨 거대한 눈처럼 변하기도 한다. 그런 우리에게 위로가 필요한 것은 당연하지만, 그 기저에 무엇이 있는지까지 바라보려는 사람은, 적다. '그깟 위로!' 하며 자리를 박차는 사람은 더…….

우리를 움직이는 무엇이 있다. 우리를 경쟁하게 하는 무엇이 있고, 모든 사람과 모든 사물이 긴밀하게 연결돼 있다. 우리가 무엇에 열광하는지, 왜 위로받기를 원하는지 곰곰이 생각하다 보면 우리가 어떤 맹목 속에 함몰돼 있다는 결론에 다다른다. 몇 걸음 물러나서 차분히 바라보면 외로운 우리들이 있다. 그렇게 외로운 우리들이 같이 그곳에 있는데 왜 외로워야 할까? 외로운 우리가 왜 서로를 등져야만 할까? 지금은 위로를 받을 시간이 아니라 위로를 생각할 시간이다.〔『아레나 옴므 플러스 코리아』, 2011.11.〕

[2-10] 이게 타이틀이에요

웹 포털 메인 화면을 보고 있으면
한숨이 나온다.
도대체 무슨 생각으로
제목을 정한 걸까?

　　　　　이건 뭐 별로 중요한 얘기가 아니다. 그냥 기분이 나쁜 거지. 한 포털 사이트 메인 화면을 보고 있는데 "〔단독〕'연봉 50% 더'…… 삼성전자 직원들은 대체 얼마나 벌까?"란 문장이 눈에 띄었다. '낚인' 거다. 클릭했다. 들어가 보니 기사의 원래 제목이 따로 있었다. "〔단독〕삼성 연봉 50퍼센트·하이닉스 기본급 700퍼센트 쏜다"였다. 기사 내용은 그 제목에 나온 대로였다. 그래, 삼성전자 직원이 얼마 버는지는 언제 알려줄 거냐? 마우스 스크롤을 내리고 또 내려도 나오는 건 광고뿐.

"〔단독〕이휘재 웨딩 촬영, 신부는 '고소영급' 미모"를 클릭한다('단독'을 왜 이렇게 좋아해). 고소영급 미모의 신부는 고사하고 여자 사진 한 장 없다. 멋쩍은 표정의 이휘재 얼굴만 있다. 기사의 원래 제목은 뭘까? "〔단독〕딱 걸렸네! 웨딩 촬영장 가는 이휘재". 걸리긴 뭘 걸려? 까마귀 고기를 삶아 먹었나, 왜 자꾸 거짓말이야? 이 정도면 전 국민을 기만하는 거다.

이쯤에서 퀴즈 하나! "'미혼' 김현중 '난 두 번째 결혼 생활!'"이란 제목이 아까 그 포털 메인 화면에 떴다. 김현중 팬이라면 여간해선 지나치기 어려운 이 놀라운 문장은 무슨 거대한 진의를 내포하고 있을까?

육십 초 후에 공개합니다, 까진 아니고 다른 이야기를 먼저 하자.

포털 메인 화면에서 반짝반짝하는 뉴스, 정확하게는 뉴스의 제목은 어떻게 누가 정하는 걸까? 친분 있는 인터넷 언론사 기자에게 전화를 걸어 물었다.

"야, 제목이 다 왜 이래?" "어쩔 수 없어. 피브이가 수익에 절대적으로 영향을 미치니까." "피브이?" "페이지 뷰(page view). 조회수. 조회수가 높아야 광고가 붙잖아. 광고주는 피브이에 민감하거든. 광고가 거의 유일한 수입원이니까 선정적으로 제목을 다는 게 손해가 아니라 이득이지." "포털에는 기사하고는 전혀 상관없는 제목도 있던데? 그냥 자극적이기만 하고." "우리 홈페이지 더럽히는 건 싫으니까, 포털로 낚는 거지. 클릭하면 언론사 홈페이지로 들어가잖아. 거기 있는 제목이 진짜지. 그 제목은 좀 나아." "포털에서는 제목 가지고 제재 안 해?" "하지. 근데 그것도 웃긴 게 '조중동' 같은 데는 포털도 잘 못 건드려. 걔들은 큰 언론사니까. 그래서 '조중동'이 제목도 더 선정적이라니까."

끊기 전에 '제목을 선정적으로 정하다보니 읽는 사람이 사안의 핵심을 놓치는 경우도 많고, 사실 자체가 왜곡돼서 전해지는 경우도 있잖아. 언론이 조회수를 높이려고 존재하는 거야?'라고 따져 물었어야 했을까?

포털은 기사를 제공한 언론사에 소정(所定)의—정말 소소(小少)하다고 한다—대금을 지급한다. 보통 연 단위로 계약한다. 네이버는 2011년부터 이 대금을 지불하지 않는 쪽으로 논의 중이다. 네이버가 광고주와 언론사를 연결하는 플랫폼 기능을 하고 있으니 돈을 낼 필요가 없다는 논리이다. 광고가 언론사의 '거의 유일한' 수입원에서 '유일한' 수입원으로 바뀌면 기사의 제목은 구상 단계에서부터 훨씬 더 선정적이어야 한다. 광고주가 피브이에 민감하다고 하니.

그래. 피브이가 문제였구나. 피브이가 언론을 형편없게 만들었구나. 그렇게 따져 가면 독자가 문제란 얘기 아냐? 이 문제는 논의를 잠시 멈추자.

어느 날 저녁 '신세경, 종현 사귄다'는 맥락의 기사가 마구 올라오기 시작했다. 한 포털의 검색어는 1위 신세경, 2위 종현, 3위 샤이니, 4위 신세경 열애설이었다. 기사 내용은 간단했다. '이러저러하고 이러저러해서 사귀는 거 같음.'

당연히 궁금한 게 생겼다. 누가 먼저 고백했고, 도대체 어쩌다 '걸렸는지', 주변 반응은 어떤가에 대해. 몇 십 분 지나지 않아 '신세경, 종현 커플 무엇이 문제인가' '신세경, 종현 커플 박한별, 세븐 커플과 뭐가 다른가'류의 제목들이 메인 화면에 뜨기 시작했다. 대한민국 연예부 기자들의 빠른 취재력에 감탄하지 않기가 힘들었다. 클릭을 했다.

똑같았다. 최초 보도와 전혀 다른 게 없었다. 제목만 바뀌어 있었다. 맘먹고 '낚아' 보겠다는 거였다. 낚였다. 한 번도 아니고 대여섯 번쯤. 대한민국 언론을 너무 믿었다.

언론이 왜 이럴까? 궁금했는데 이제 알았다. 피브이가 문제였다! 간단히 말해, 언론사는 검색어에 반응한다는 뜻이다, 민첩하게. 이를테면 검색어 순위 상위에 '신세경'이 뜨는 것을 확인하면 언론사 인터넷 뉴스 팀과 포털 에디터들이 거의 같은 내용의 기사를 제목만 바꿔서 올린다. 왜? 피브이를 늘리려고. 왜? 광고주가 피브이에 민감하니까. 이런 일을 '어뷰징(abusing)'이라고 한다. 우리 언론의 수준을 단적으로 보여 주는 예, 라고 말할 순 없지만, 꽤 많은 걸 보여 주긴 한다.

언어학자이자 사회학자인 놈 촘스키(Noam Chomsky, 1928~)의 말을 훔쳐 오면, 언론은 광고에 의존해야 하기 때문에 그 제도가 근본적 한계를 갖는다(포털도 물론 마찬가지다). 이해 관계가 밀접히 연결된 국가 권력에도 종속되지 않을 수 없다. 이런 한계 안에서도 언론은 많은 일을 해 왔다. 사명을 충실히 이행하려고 하는 직업인들이 있었기 때문이다.

종이에서 웹으로 메인 스테이지가 바뀌면서 언론은 질이 떨어졌다. 종이는 21세기의 주된 뉴스거리였다. 종이가 어떤 운명을 맞을 것인가는 웹이 영역을 어느 정도까지 확장할까와 관계된 얘기처럼 보였다. 이제 와서 보면 논의했어야 하는 핵심은 매체가 변한다는 것이 아니라 그러한 변화가 여러 문제를 수반한다는 것이었다.

중학교 교과서에서 배운 게 맞다면 언론은 중립적이고, 비판적이다. 두 가치가 양립한다. 언론은 정치를 견제할 수 있는 몇 안 되는 수단이다. 그래서 그들의 중립성은 비판의 성격을 갖고 있고 그래야 한다. 이런 말 자체가 사족이다. 사족이어야 한다. 그런데 새삼 다시 적고 있다. 그런 시대이기 때문이다.

지금 이 시간 인터넷 언론사인 뉴데일리의 메인 기사 중 하나는 제목이 "국민 절반이 '4대강 사업 계속 추진해야'"다. 프레시안의 메인 기사 중 하나는 제목이 "쓰레기가 되지 않으려면 귀를 열어라, 제발!"[조지프 스티글리츠(Joseph E. Stiglitz)의 책 『끝나지 않은 추락(Freefall)』에 대한 기사]다. 한 줄의 제목으로 두 언론사의 성향을 알 수 있다. 언론사가 성향을 갖는 것은 물론 중요하다. 하지만 객관성을 망각해도 될 만큼 중요할까? 국민 절반이 4대강 사업을 찬성한다는 것은 진실일까? 대통령은 쓰레기가 되지 않도록 귀를 열어야 할까? 두 사실이 동시에 참일 수 있나? 누가 거짓말을 하고 있지?

중학교 교과서에서 흑백논리란 단어를 배웠다. 경계해야 한다고 배웠다. 왜곡된 지지가 그르다면 무조건인 비난도 그르다. 조선일보가 얼마나 멍청한지는 안다. 그러나 지금의 조선일보가 문제라면 한겨레 역시 마찬가지다. 이들 언론사가 자신들의 정치 성향과 반대되는 사안을 객관적으로 보도하려고 애쓰는지 의심스럽다. 비판과 비난을 혼동해선 안 된다.

아, 지금 한 언론사 홈페이지에서 읽은 기사의 제목은 "속옷 광고 커플 이택근 윤진서 결별 왜?"이다. 언제부터 둘이 속옷 광고 커플이 됐을까? 속옷 광고 같이 찍으면 속옷 광고 커플이 되나? 헤어진 사람들에게 이렇게 멋진 작위를 수여할 만큼 피브이가 대단한가?

인터넷은 독자들의 즉각적이고 적극적인 반응을 가능하게 만들었다. 언론의 수준과 방향은 이 열성적이고 극성스러운 반응에 영향을 받지 않을 수 없다. 언론은 독자들에게 정보를, 정보를 가장한 어떤 것을 제공한다. 이 과정을 수행하는 데 언론은 언뜻 주체적으로 보이지만, 실은 독자들이 원하는 것을 독자들이 원하는 수준으로 제공하고 있을 뿐이다. 결정은 독자의 것이다. 독자는 불특정 다수이고 불특정 다수인 그들이 늘 현명하다고 말할 순 없다.

앞에서도 굳이 적었듯 이건 별로 중요한 얘기가 아니다. 천지가 개벽해도 언론의 수준이 그다지 높아지진 않을 것이다. 이건 매우 부정적인 얘기다. 우리는 하루에도 몇 번씩 기사 제목에 낚인다. 별로 기분 나빠할 일도 아니다. 몇 걸음 뒤로 물러나 보면 안다. 그 원인은 불특정 다수라는 우리이다. 천지가 개벽하면 우리가 똑똑해질까?

대한민국 최초의 민간 신문이자 한글 신문은 독립신문이다. 서재필(徐載弼, 1864~1951)이 민중을 계몽하고 정치 의식을 고양하기 위해 만들었다고 한다. 1896년 4월이니까 백 년도 더 된 일이다. 원래 신문은 그런 거였나 보다.

퀴즈의 답은 월드 와이드 웹 안에 있다. 피브이를 늘려 주기 위해, 낚여라, 독자!〔『아레나 옴므 플러스 코리아』, 2010.12.〕

[2-11]　오락실에 다녔다

　　　　아홉 살 때, 오락실에서 '버블버블'을 하고 있는데 갑자기 뺨이 얼얼했다. 무엇인가 내 안면을 후려친 것이다. 뭐지? 고개를 돌려 올려다보니 엄마가 서 있었다. 엄마는 나를 끌고 집에 가서 한 시간 동안 때렸다. 내가 그렇게까지 맞을 짓을 했어? 라고 지금은 생각하지만, 그때는 엉엉 울면서 빌었다. 다시는 안 그러겠다고. 내가 뭘 잘못했냐면, 두 가지인데, 하나는 오락실에 간 거, 다른 하나는 엄마 지갑에서 천 원짜리를 몰래 꺼낸 거. 물론 그 천 원으로 오락을 했다. 1989년이었다. 엄마 돈 훔친 건 잘못한 게 맞는데, 오락실 간 건⋯⋯ 그게 잘못한 건가? '당연하지, 우성아, 잘못한 거였단다. 시대가 변해서 네가 지금 그딴 생각을 하는 거란다' 지금 나는 나에게 말하고 있다.

전자오락 기계가 서울에 처음 등장한 것은 1970년 초다. 일부 호텔 등에서 외국제를 수입했다. 서울시는 1971년 1월 25일 처음으로 전자오락실 허가를 내 주기 시작, 1973년 12월 26일 보건사회부로부터 허가 중지 지시를 받을 때까지 모두 43개 영업소에 허가를 내 주었다.

『경향신문』 1980년 5월 1일 자에 「무허 전자오락실 구제 되나⋯ 안 되나⋯ 생업 보호와 불요불급⋯ 엇갈린 명암」이라는 기사가 실렸다. 무허가 오락실이 늘어나고 있는 게 문제였다. 기사에서는 이렇게 적는다.

"일반인이나 학생층에서 전자오락실을 이용하는 사람이 날로 늘어나는 기현상을 보였고, 이 같은 수요 급증 추세에 따라 곳곳에 무허가 전자오락실이 들어서기 시작했다." '기현상'이라는 단어가 인상적이다. 왜 '기현상'이지? '오락 기계'라는 신문물이 등장했으니, 그걸 하러 가는 게 당연하지 않나? 하지만 당시 주된 인식은 달랐다. 오락실은 '몹쓸 것'이라는 취급을 받았다.

"지난 해 여름 청소년, 특히 학생들의 전자오락실 출입이 사회 문제로 등장, 교육적으로 이롭지 못하다는 여론이 일고, 곳곳에서 이로 인한 학생들의 탈선 행위가 빚어졌다. 학부모들도 자녀들의 올바른 성장을 위해 무허가 전자오락실을 강력히 단속해 달라고 당국에 진정하기에 이르렀다."

수십 년 전 초창기의 전자오락이란 게 음…… 도대체 얼마나 유해했을까? 약간 웃음이 나온다. 요즘 낮에 PC방은 '초딩'들이 점령한다. 이 아이들이 곧 사회 문제를 일으키고 탈선하는 것일까? 설마.

나는 그날 엄마한테 몸 여기저기 피멍이 들도록 맞았다. 엄마는, 내가 그렇게나 걱정됐던 것이다. 어마어마한 고통을 줘서라도 아들이 다시는 오락실에 가지 못하도록 하겠다, 남의 지갑에 손을 못 대게 하겠다, 결심했던 것이다. 그 덕에 내가 잘 자라서, 훌륭한 지면에 이렇게 글을 쓸 수 있다고 적으면 좋으련만, 그것은 사실이 아니다. 그 후에도 나는 오락실에 갔다. 열심히 갔다. 갤러그도 하고, 버블버블도 하고, 스트리트 파이터도 했다. 스트리트 파이터는 너무 잘해서, 동네에서 유명했다. 100원만 들고 오락실에 가면 30분은 충분히 놀 수 있었다. 동네 형들도 나랑 붙으려고 줄을 서고 기다렸다. 그때 엄마가 이 사실을 알았으면 나를 또 매우 쳤으려나. 하지만 엄마 지갑에서 더 이상 돈을 훔치지 않았으니까, 그건 정말 좋은 일이지 않나? 그게 다 내가 게임을 잘했기 때문이다. 하지만 엄마는 음······ 이런 일로 칭찬을 해 주진 않았겠지.

기사의 마지막 문장은 이렇다. "따라서 현재로선 이들 무허가 업소에 대한 구제의 가능성은 전혀 없다고 말할 수밖에 없다."

당시 서울시는 감사원, 국세청, 검찰, 시교육위원회, 공업진흥청, 한전 등과 함께 회의를 열고 무허가 전자오락실을 뿌리 뽑는다는 계획을 세웠다고 한다. 내가 태어나기 한 달 전, 대한민국에 이런 일이 있었다. 그깟 오락실 잡으려고 저 무슨 무슨 정부 기관의 높은 양반들이 모여서 회의를 했다는 게 신기하다. 무허가 오락실이 들어서 있는 건물에 단전, 단수하는 방침까지 세웠다고 한다. 좀 치사하지 않아? 그러나 시대는 다시 변한다. 대한민국 검찰도 그건 못 막는다. 불과 4년 뒤인 1984년 9월 26일 『경향신문』에는 「무허 전자오락실 양성화」라는 기사가 실렸다. 이즈음 무허가 전자오락실이 서울시에만 5천여 개에 이른다. 서울시는 보건사회부와 협의해 전자오락실을 허가한다. 물론 전제는 있다.

"전자오락 기구는 모두 보사부로부터 제조업 허가를 받은 업체에서 제작된 것이어야 하고 오락 프로그램의 내용도 보사부가 고시한 프로그램만 사용해야 한다."

1980년대 후반, 그러니까 엄마한테 뺨을 맞았을 때, 내가 무허가 오락실에 있었던 것은 아니라는 말이다. 뭐, 그땐 그런 건지 저런 건지 몰랐지만, 십오 년쯤 시간이 지나고, 내가 PC방이라는 데를 간다는 걸 엄마가 알았을 때, 여전히 엄마는 엄청나게 큰 일이 생겼다고 믿었다. 나를 때리진 않았지만 붙잡아 앉혀 놓고 길게 연설을 하셨다. 그때 내가 말했다. "엄마, 한 시간에 천 원이야." 그후로 엄마는 더 이상 내가 PC방에 가는 것 가지고 뭐라고 하진 않으셨다. 왜지? 엄마, 그건 왜야?

모든 변화가 발전은 아닐 것이다. 게임이 유해한가에 대한 논의는 여전히 있다. 어떤 게임은 약간 나쁜 영향을 미치기도 하겠지. 어쩌면 많이 미칠 수도 있다. 하지만 어릴 때 오락실에 다녔던 꼬마들이 지금 다 범죄자가 된 건 아니다. 아마…… 나를 봐도 그렇고, 심하게 빠져들지 않는 것, 이게 중요하다. 엄청 유익한 것이라고 해도 심하게 즐기면 나쁜 게 되곤 하니까. 하지만 이런 뻔한 얘기로 글을 맺고 싶지는 않다.

엄마는 요즘 스마트폰으로 게임을 한다. 고스톱도 치고, 벽돌도 부순다. 엄마는 말한다. "우성아, 게임이 치매를 예방해 준다고 하네." 시대는 분명히 변한다. 그리고 엄마는 늙는다. 나도 아저씨가 되었고.

〔국립민속박물관 웹진, 2016.05.〕

:

〔그러고 보면, 오락실의 그 커다란 오락 기계를 스마트폰 안에 넣었다. 인류가 정치 빼고는 발전하고 있다는 증거.─2022.11.〕

[2-12] 그 남자의 이름

'피카소 옹 별세' 1973년 4월 9일 『경향신문』은 20세기를 대표하는, 사실 이 정도 수식으로는 감당이 안 되는 천재 예술가의 죽음을 알린다. 그렇다, 피카소(Pablo Ruiz Picasso, 1881~1973)가 사망한 것이다. 나와는 단 하루도 동시대를 살아 본 적이 없다는 뜻인데…… 뜬금없는 얘기지만, 그건 조금 아쉽다. 기사에 따르면 정확한 시간은 '8일 하오 7시 40분께'라고 한다.

또 뜬금없는 얘기지만, 『경향신문』은 피카소에게 꽤 관심이 많았나 보다. 이튿날에는「예술가는 돈 거래 않는 법」이라는 기사가 이어서 실린다. '프랑스의 휴양 도시 니스의 재단사 미셀 사폰 씨는 피카소가 양복 값을 현금으로 지불하지 않'았다고 술회한다. 그럼 뭐로 냈어? 피카소는 이렇게 말했다고 한다.

"나는 예술가요, 그리고 당신도 또한 예술가요. 예술가는 서로 돈을 주고받지 않는 법이오. 우리는 서로 작품을 교환하기로 합시다."[미셀 사포네(Michel Sapone, 1912~1999). 이탈리아 출신으로 니스에 정착했다. 피카소뿐만 아니라 아르퉁, 자오우키 등 많은 현대 미술가들의 양복을 맡았고 말년에 자신의 컬렉션으로 후손들과 함께 갤러리(Galerie Sapone)를 열었다.—편집자]

와, 진짜 멋있다. 나는 시인이기도 한데, 그래서 예술가라면 예술가인데, 그래서 주변에 예술가가 많다면 많은데, 요즘 예술가들에겐 저런 인식이 없다. 저런 말했다간 정신 나간 놈 소리 듣는다. 시대가 달랐구나. 불과 40년 전인데, 그때만 해도 낭만이 있었구나. 그런데 피카소가 손해 아닌가. 내가 알기에 피카소의 그림〈꿈(Le Rêve)〉(1932)은 2013년 한 개인 컬렉터에게 1억 5,500만 달러에 팔렸다. 당시 환율로 우리 돈 1,626억 2,000만 원이었다. 피카소의 그림은, 그것이 어떤 것이든 비싸다. 내가 100년 전에 태어났다면 재단을 열심히 배워서 니스의 양복쟁이가 됐어야 하는 건가? 나쁘지 않은 삶일 것만 같다.

|

2016년 6월 21일, 피카소의 그림〈앉아 있는 여인(Femme Assise)〉(1909)이 런던 소더비 경매에서 우리 돈 733억 원(4,320만 파운드)에 낙찰됐다. 애초 예상가는 510억(3,000만 파운드)이었다. 무려 223억이라는 격차를 전문가들은 영국의 유럽 연합 탈퇴, 즉, 브렉시트의 영향이라고 분석한다.

|

"딜러와 경매 업체 임원들은 경제적 혼란을 부를 브렉시트 우려 때문에 작품을 경매에 내놓지 않는 위탁자들이 있었다고 밝혔다. 미술품은 금처럼 경제 상황에 영향을 덜 받는, 상대적으로 안전한 자산으로 간주돼 위기가 예견될 때 수요자가 많아지는 경향이 있다." 〔『연합뉴스』 2016년 6월 22일〕

|

보통 이런 기사에는 '우리 집에 저런 거 걸려 있으면 이사 갈 때 버리고 간다'라는 댓글이 몇 개는 달린다. 그림 한 장에 억도 아니고 수백억이나 하는 게 말이 안 된다고 생각하기 때문일 것이다. 그림을 그림으로만 보면 그렇게 생각하는 게 영 일리 없진 않다. 하지만 피카소라는 천재 예술가를 함께 염두에 두어야 한다. 주요 일간지를 통해 그의 사망 소식이 전해졌다. 프랑스 시골 마을에서 조용히 숨을 거둔 한 사

람을 대한민국 사람들이 왜 알아야 할까? 왜 그런 사실을 보도했어야 할까? 심지어 양복 값을 그림으로 지불했다는 것까지.

기아에 허덕이는 몇몇 나라를 제외하곤 대부분의 나라의 대부분의 사람들이 피카소라는 이름을 알 거다. 그가 무엇을 그렸는지는 모르더라도, 그가 무엇인가를 그렸다는 것은 안다. 그 그림이 무슨 뜻을 내포하고 있는지를 설명하지 않아도, 그저 피카소의 그림이라는 이유만으로 사람들은 그것이 꽤 가치가 있다고 생각한다. 피카소의 그림이기 때문이다. 물론 그림 값은 여러 요인에 의해 결정된다. 하지만 그 모든 것을 종합해서 결론을 내리면 한 가지로 귀결되는데, 바로 얼마나 많은 사람이 그의 이름을 아는가, 이다. 그러니까 이 그림 한 장이 왜 이렇게 비싼가?라는 질문에 이렇게 대답할 수 있다. 당신이 피카소의 이름을 알기 때문에. 또한 이러한 사실은 피카소가 인류에 끼친 영향이 얼마나 대단한지를 증명한다. 그의 죽음은 단순히 그의 가족에게만 중요한 사건이 아니었다. 또 뜬금없는 얘긴데, 아까 그 재단사 아저씨는 도대체 어떤 그림을 받았을까?

한국에서 피카소의 사망 소식은 (지금 내가 찾아볼 수 있는 지면으로는) 『경향신문』과 『동아일보』에 실렸는데, 두 신문 다 '피카소 옹'이라고 표기하고 있어서 흥미롭다. '20세기 최대 화가'라고도 적었는데, 1970년대 초까지만 해도 사람을 평가할 때 '최고'가 아니라 '최대'라는 표현을 썼다는 것도 흥미롭다. 하기는 요즘도 훌륭한 사람을 설명할 때 '큰 사람'이라는 표현을 쓰는 걸로 봐선 '최대'로 사람을 수식하는 게 영 어색하진 않다. 피카소는 친구인 브라크(Georges Braque, 1882~1963)와 함께 입체파의 시대를 열었다. 그런데 이러한 사실은 기사에 적혀 있지 않다. 그저 최대 화가라고만……. 왜 최대 화가인지는…… 몰랐나? 1973년이었으니까. 물론 피카소는 그때도 이미 한국에 꽤 알려져 있었다. 하지만 뭐, 기자들은 피카소라는 이름은 알아도 어떤 그림을 그렸는지는 몰랐을 수도…… 있을까?

두 신문의 기사에 의하면 피카소 '옹'은 죽기 직전까지 창작 활동에 정열적으로 매진했다고 한다. 그때 그는 아흔 살이었다. 그가 죽은 지 수십 년이 지났는데, 우리는 자주 피카소 이야기를 듣는다. 피카소는 여전히 세계 여러 나라의 매체에 일상적으로 등장하는 인물이다. 어쩌면 꽤 많은 사람들이, 오래 만나지 않은 친구보다는 피카소를 훨씬 더 자주 생각하거나 이야기하지 않을까? 마치 피카소가 아직 살아 있는 것처럼. 그리고 피카소는 아직 태어나지 않은 미래의 내 아이가 나와 함께 공유하게 될 이름 중 하나일 것이 분명하다. 단언하건대 내 아이의 먼 미래의 아이는, 그러니까 내 손자나 손녀 역시 내 아이와 그 이름을 공유할 것이다. 위대한 이름은 영원히 살기 때문이다. 20세기는 예술의 시대였다. 앞으로 수백 년이 지나도 20세기처럼 화려하게 혁명적이었던 예술의 시대는 다시 오지 못한다. 안타깝지만 어쩔 수 없이, 거의 사실이다. 인류는 오래도록 20세기 예술의 자장 안에서 살 것이다. 20세기에 수많은 예술 영웅들이 있었다. 그들 중에서 피카소가 가장 위대했는가는 단정할 수 없지만, 피카소라는 이름이 가장 유명한 건 사실이다. 심지어 내 친구 이름처럼 친근하게 들리는, 그러나 우리가 만난 적 없는, 그 남자의 이름.〔국립민속박물관 웹진, 2016.07.〕✌🖒

:

〔몇 번 청탁을 받아서 여러 차례 글을 썼는데, 이 글을 쓸 때 수정 요청이 있었다. 요지가 뭐냐면, 2015년 9월 14일 서울옥션 스페이스에서

열린 고서 경매에 다산 정약용(茶山 丁若鏞, 1762~1836)의 『하피첩(霞帔帖)』이 출품됐다. 보물 제1683-2호(『정약용 필적 하피첩』)다. 낙찰가 7억 5,000만 원에 국립민속박물관이 『하피첩』을 소유하게 됐다. 이 얘기를 끼워 넣어 달라는 게 요지였다. 박물관 높은 양반이 굳이 이 글에 그 이야기를 같이 싣고 싶다고 요청을 했다는데, 나는 아무리 궁리를 해 봐도 두 이야기가 엮이지 않았다. 거절 의사를 나타냈지만, 담당자가 곤란해 했다. 그 사람은 뭔 죄……인가 싶어 억지로 끼워 맞춰서, 글을 다시 보냈다. 그 후로는 청탁이 오지 않는다.

언제나 문제는, 자기 실적을 드러내고 싶어하는 저 쓸모없는 기관장 같은 양반들이라고, 무지 강하게 믿는다.—2022.11.〕

[2-13] 문학상이 더 생긴다면

자금난 때문에 있던 문학상도 없어질 판이라지만,
이다음 언젠가 문학도 중 한 명이
대부호가 돼 새로운 문학상을 만든다면
고려 대상에서 이들을 빼선 안 된다.

김종삼(金宗三, 1921~1984) 애초에 김종삼문학상은 있었고, 1회 수상자는 황동규(1991)였다. 그러나 자금난으로 상이 없어졌다. 김종삼 전집(나남출판사)을 엮은 시인 권명옥은 "한국 시의 웃음에 서정주가 있다면, 울음엔 김종삼이 있다'고 했다. 김종삼이 온전하게 평가받지 못하는 건 한국 문학 이해의 수준이 아직 미흡하기 때문이란 말도 덧붙였다. [2018년 '김종삼 시문학상'으로 부활했다. 제2회 수상자는 박상수였다. ─편집자]

박상륭(朴常隆, 1940~2017) 박상륭이 받은 문학상이 '김동리문학상'뿐이란 건, 시인 최승자가 문학상을 하나도 타지 못한 것만큼 이상하다. [최승자는 2010년 대산문학상을, 2017년 편운문학상을 수상했다. ─편집자] 다만 우리의 공경은 이런 것이다. 『죽음의 한 연구』(1975)로 최초이자 최후의 소설 세계를 보여 준 작가에게, 그를 기리는 문학상을 만들어 주는 것. [2018년 박상륭상이 제정되었다. 2019년 제1회 수상자는 장현. ─편집자]

김현(金炫, 1942~1990) 김현은 권력이었다. 좋다, 나쁘다, 라는 그의 한 줄은 작가를 살리고 죽였다. "우리 선생님이 김현 선생보다 나이가 많은데, 새해 인사를 하러 갔어요." 이름을 밝히지 말아 달라는 한 작가의 증언. 그러나 세상을 떠난 그를 여전히 많은 작가와 평론가들이 그리워하는 건 작품에 대한 관점이 이견을 달 수 없을 만큼 정확했기 때문이다. 김현 이후 등장한 평론가 중 김현의 영향을 받지 않은 이가 있을까?〔2015년 작고 25주기를 맞아 김현문학패가 제정되었다. 1회 수상자는 시 부문 성기완, 소설부문 한유주였다.—편집자〕

조세희(趙世熙, 1942~)『난장이가 쏘아올린 작은 공』은 한국 모더니즘 소설에 지대한 영향을 미쳤다. 안타깝게도 지금 그는 1970년대의 음지처럼. 몸이 아프다. 전화로 그는 "『GQ』에서 예전에 『난쏘공』을 크게 다뤄 준 걸 우리 애가 갖다줘서 봤어요. 아주 고맙게 생각해요"라고 말했다. 고마운 건 우리다.

김춘수(金春洙, 1922~2004) 중학생 때 국어 선생님이 에디터의 손바닥을 때리며 외우게 하지만 않았더라도 「꽃」을 더 일찍 사랑했을 텐데. 서정시가 고루하게 되풀이되고, 미래파가 미래파를 흉내내는 요즘 시의 한 면과 마주할 때면, 「꽃」이 얼마나 아름다운 꽃인지 새삼 생각하게 된다. 김춘수는 무의미 시로서의 문학적 기여가 지대하다. 〔2015년 김춘수시문학상이 제정되었다. 통영시에서 통영 출신 문학인들을 기려 2000년부터 선정해 오던 청마문학상이 분화되어, 시 부문에는 2015년부터 김춘수 시문학상을 시상하기 시작했으며, 첫 수상자는 김이듬이었다.—편집자〕

김승옥(金承鈺, 1941~) "너 하나의 탄생을 위해 전후 문학은 십 년을 기다려야 했다." 한 원로 작가의 말. "전후 한국 문학은 감히 김승옥 이전과 이후로 나눠도 될 만큼 그의 출현은 향후 문학에 중대한 지각변동을 가져온 일종의 문학사적 사건이었다." 문학 평론가 남진우의 말. 너무나도 당연하게, 작가로서의 일생은 글을 쓴 세월의 길고 짧음에 의해 평가받지 않는다.〔KBS 순천방송국이 2013년에 제정. 제1회 수상자는 이기호였다. 재정난으로 중단되었다가 2018년 제4회부터 문학동네에서 주관하고 있다.—편집자〕

이청준(李淸俊, 1939~2008) 이청준이 문학사에 어마어마한 업적을 세웠다고 생각하진 않는다. 그가 존경받아야 한다면 『당신들의 천국』(1976)이 보여 준 서늘함, 「서편제(西便制)」(1976)의 비극미 때문이 아니라, 일평생, 소설의 가치를 온몸으로 실현한 작가 정신 때문이라고 나는 생각한다. 세계를 향한 투쟁으로 일가를 이룬, 이런 소설가를 우린 다시 못 만날 수도 있다.

최인훈(崔仁勳, 1934~2018) 최인훈은 『광장』(1960)으로 한국사의 이념 소설을 완전히 평정했다. 남북한 이데올로기를 동시에 비판한 소설, 더이상 전후 문학이 양산될 필요가 없음을 주지시킨 소설로서 『광장』은 빛나고 또 빛난다. 그 자신은 "소설가보다 희곡 작가로 남고 싶다"고 말했지만 위대한 작품은 영원한 것이다.〔『지큐 코리아』, 2008.11.〕

[2-14] 영웅들

감격스런 찰나와 사 년이란 시간 사이엔
환호와 눈물과 탄식이 그리고 위로가 있었다.
2012 런던 올림픽의 위대한 영웅들에게
『아레나』가 헌사를 달았다.

조준호(유도 남자 66kg 이하급 동메달) 조준호는 두 주먹을 꽉 쥐고 포효했다. 포효는 짧았지만 깊게 울렸다. 조준호는 패자 부활전에서 이겼고 동메달 결정전에서 이겼다. 그는 관중과 심판들에게 승리를 보여 주고 싶었을 것이다. 메달의 색은 의미가 없었다. 남자 유도 66킬로급 8강전에서 조준호는 일본의 에비누마 마사시(海老沼 匡)와 붙어 처음에 이겼고 나중에 졌다. 경기는 한 번 치렀지만 심판은 판정을 두 번 했다. 심판 전원이 조준호의 승리를 알리는 깃발을 들자 관중석에서 야유가 나왔다. 관중석은 일본인이 채우고 있었다. 심판위원장은 심판들에게 판정을 다시 내리라고 명령했다. 조준호가 졌다. 심판위원장 후안 카를로스 바르코스(Juan Carlos Barcos)는 일본 언론과의 인터뷰에서 유도 정신을 지키기 위한 결정이었다고 말했다. 그러나 유도 정신은 조준호의 포효 속에 있었다.

박태환(수영 남자 자유형 400m, 200m 각각 은메달) 박태환을 주시하던 많은 눈들이 있었다. 잘하길 바라는 눈도 있었고 그렇지 않은 눈도 있었다. 그러나 한 명의 심판을 제외하곤 박태환이 왜 실격을 당해야 하는지 몰랐다. 경기를 중계하던 방송사 해설위원들도 마찬가지였다. "아무것도 못 봤다(Looking at that start with the naked eye, I don't see anything in it)." 영국 공영 방송 BBC에서 남자 자유형 400m 예선전의 수영 해설을 맡았던 전직 수영 금메달리스트 이언 소프(Ian James Thorpe)가 말했다. 박태환의 입수 장면은 TV 화면과 사람들의 마음속에서 반복되었다. 판정은 번복되었고 심판의 일은 그것으로 끝이 났다. 하지만 선수에겐 바로잡아지지 않는 것이 있다. 그 불가항력을 견뎌내야 해서 삶의 대부분을 물속에서 지냈던 건 아니다. 남자 자유형 400미터 결승전, 무너지지 않기 위해 가까스로 서 있던 청년은 매일 그래왔듯 물속으로 뛰어들었다. 그것만이 지나온 시간을 미래로 잇는 길이라고 믿어서.

김재범 (유도 남자 81kg급 금메달) 김재범은 몸을 대가로 시간을 견뎠다. 그의 몸은 성한 데가 없었다. 그는 금메달을 딴 이후의 날이 존재하지 않을 것처럼 살았다. 그에게는 오직 하루만이 있었다. 김재범은 간절함으로 버텼고 간절함으로 이겼다. 베이징 올림픽 때 그는 은메달을 땄다. 그에겐 의미 없는 메달이었다. 당시 그는 이원희, 왕기춘과 같은 73킬로그램급이었지만 올림픽에 출전해 최강자가 되기 위해 81킬로로 체급을 올렸다. 갑자기 등장한 김재범 때문에 국가 대표에서 탈락한 건 이번 올림픽 유도 90킬로그램에서 금메달을 딴 송대남이었다. 김재범 때문에 송대남도 체중을 올렸다. 김재범은 사 년 전에 자신에게 유일한 패배를 남긴 독일의 올레 비쇼프(Ole Bischof)를 결승전에서 다시 만났다. 그리고 마땅한 영광이 그에게 찾아왔다. 몸에게 바치는 승리였다.

오진혁 (양궁 남자 단체전 동메달, 개인전 금메달) 오진혁은 형이었다. 세계 최강자인 임동현보다는 다섯 살이 많고, 대표팀 막내인 김법민보다는 열 살이 많다. 활은 동생들이 더 잘 쐈다. 임동현은 걸핏하면 세계 신기록을 갈아치웠고 김법민은 한국 양궁을 짊어질 기대주로 각광받았다. 남자 양궁 단체전은 미국에게 패해 결승에 진출하지 못했다. 남자 양궁 개인전 16강에서 에이스 임동현이 탈락했다. 8강에선 김법민이 탈락했다. 형만 남았다. 형은 김법민에게 역전승한 중국의 다이샤오샹(戴小祥)과 4강에서 붙었다. 역전승으로 이겼다. 결승에서 만난 일본 선수는, 오진혁의 적수가 될 수 있을지 몰라도 형의 적수는 못됐다. 압도적인 승리였다. 한국 남자 양궁이 올림픽 개인전에서 금메달을 딴 건 이번이 처음이다. 남자의 승리이기 이전에 형의 승리였다.

양학선 (체조 도마 남자 금메달) 결선 1차 시기, 양학선은 자신의 이름을 딴 기술 '양1'을 신청했다. 공중에서 1,080도를 회전한 후 착지했다. 두 걸음을 전진했다. 그렇다고 해도 공중에서 세 바퀴를 돌고도 착지할 수 있는 건 우주에서 양학선뿐이다. KBS의 여홍철 해설위원은 괜찮다고 말했다. 진심이 아니었다. 그는 안절부절못했다. 양학선의 점수는 16,466이었다. 일등이었다. 물론 여홍철도 알았다. 1996년 애틀란타 올림픽 때 여홍철은 도마의 최강자였다. 결선 1차 시기를 마쳤을 때 그의 이름은 가장 높은 곳에 있었다. 2차 시기를 마쳤을 때는 그의 이름 위에 한 명의 이름이 생겼다. 그때 그는 자신의 이름을 딴 기술 '여2'를 뛰었다. 양학선의 결선 2차 시기가 끝났을 때 양학선과 코칭 스태프는 전광판을 보지 않았다. 모든 선수들과 관중들도 마찬가지였다. 확인할 필요가 없었던 것이다. 그들 모두 최강자가 누구인지 알고 있었기 때문이다.

김지연 (펜싱 여자 사브르 개인전 금메달) 김지연은 메달 후보가 아니었다. 8강전에서 그녀는 세계 랭킹 4위인 그리스의 바실리키 부지우카(Βασιλική Βουγιούκα)를 이겼다. 역전승이었다. 하지만 그때까진 이어서 일어날 일을 정확히 예측하는 사람이 없었다. 여자 사브르 세계 최강 미국의 매리얼 재거니스(Mariel Zagunis)는 모든 게 순조로웠다. 그녀는 이번 올림픽 개막식에서 미국 팀의 기수를 맡았다. 지난 올림픽에선 이 종목에서 우승했다. 2연패를 눈앞에 둔 4강전에서 김지연을 만났다. 1엔드에서만 6점을 앞섰다. 누구나 결과를 예측할 수 있었다. 15대 13으로 경기가 끝났다. 13이 매리얼 재거니스의 점수였다. 김지연이 결승에 올라갔다. 상대는 세계 랭킹 2위인 러시아의 소피아 벨리카야였다. 경기는 15대 9로 끝났다. 9가 소피아 벨리카야(Со́фья Вели́кая)의 점수였다. 펜싱 사브르 시상대의 가장 높은 곳에 한국 여자 선수가 올라갔다. 그 현실을 상상한 사람은 단연코 없었다.〔『아레나 옴므 플러스 코리아』, 2012.09.〕

아주까리 수첩 006
이우성 산문집

좋아서

제3부
아무튼 달린다

[3-15] 공기가 바람이 될 때

　　　　초등학생이었을 때, 달리기 시합에 나가면 늘 1등을 했다.
학교에서 가장 잘 달린 건 아니고, 반에서 가장 잘 달린 것도 아니었
다. 7~8명이 조를 이뤄 달리면 거기에서 1등을 하거나……. 솔직히
적자면 가끔 2등도 하는, 그 정도였다. 그런데 어쩌다가 학교 대표로
큰 대회에 나갔다. 왜 그렇게 됐지? 선생님이 "이우성, 너가 나가!"
라고 하신 게 기억난다. 그때 나는 지금의 나만큼 컸다. 그러니까 그
때는 컸고 지금은 작다. (음, 덩치가 커서 대표로 뽑혔나?)

나는 200미터 달리기에 출전했다. 다른 학교 대표 애들은 대부분 나
보다 컸다. 그때 성장이 멈추었더라도 지금도 크다, 라고 말할 수 있
을 정도로. 그리고 몇 명은 스파이크를 신고 있었다. 그렇긴 했지만
7~8명이 조를 이뤄 달리는 거라서 당연히 상위권에 들 거라고 믿었
다. 탕 소리가 났다. 모두 안쪽으로 파고들었다. 나는 몇 미터 달리지
못하고 넘어졌다. 결국 가장 늦게 결승선을 지나갔다. 꼴찌……. 생
애 첫 번째 꼴찌. 그날 이후 30년을 더 살았는데 한 번도 꼴찌를 한 적
이 없다. 꼴찌를 한다는 거, 생각보다 쉽지 않다. 같이 대회에 나간 친
구들에게 말했다. "넘어져서 꼴찌한 거야." 솔직히 꼭 그런 것만은
아니었다. 안 넘어지고 달렸더라도 꼴찌를 했을 것이다. 다들 나보다
압도적으로 빨랐으니까. 일어나서 혼자 달리면서 나는 슬프고 화가
나고 무서웠다. 모래 바람이 불었다. 앞서 달린 애들이 너무 빨랐기
때문이다. 나는 뒤에서 모래를 코로 들이마시며 쫓아갔다. | 그날, 아
빠가 왔었다. 다른 애들은 부모님이 아무도 안 왔는데, 우리 아빠는

왔다. 그래서 우리 아빠만 아들이 꼴찌하는 걸 봤다. 대회가 끝나고 체육 선생님이랑 친구들이랑 다 같이 중국집에 가서 짜장면을 먹었다. 딸기도 먹었다. 선생님이 말했다. "여러분, 딸기는 여기 앉아 계신 우성이 아버님께서 사 주신 거예요. 다 같이 감사합니다, 라고 말해 볼까?" "감사합니다." 아이들이 한 목소리로 말했다. 나는 다신 달리기 같은 거 안 할 거라고 속으로 말했다. 짜장면도 딸기도 맛있게 먹었다. 그러지 않으면 아빠가 슬퍼할 것 같아서.

중학생이 되고 고등학생이 되고 대학생이 되었다. 나는 가끔 집 근처 공원을 달렸다. 누가 달리라고 시킨 적도 없고 다이어트를 해야겠다고 생각한 적도 없다. 그냥 뛰었다. 그러면서 알게 된 사실이 한 개 있다. 나는 언제나 한 걸음 더 뛸 수 있는 사람이었다. 같이 달리던 누군가 지쳐 주저앉아도, 나는 한 걸음 더 뛸 자신이 있었다. 삶이 힘들게 하고 바람이 얼굴을 사정없이 때려도 나는 더 뛸 수 있었다. 나는 주저앉지는 않는다. 점점 빨리 가는 것에 관심이 없어졌다. 다만 오래 달리고 싶었다. 나는 이기기 위해 달리지 않게 되었다. 그저 누구도 가 본 적 없는 곳으로 달려가고 싶었다. 나보다 덩치 크고 빠른 운동부 애들도 갈 수 없는 곳에 언젠가 가고 싶었다. 아마도 그곳은 내 안에 있는 어떤 세계일 것이다. 마음이 차갑고 외로울 때 나는 밖으로 나간다. 그리고 조용히 달린다. 달리면 나는 거의 지워질 것 같다. 그 감각을 사랑한다. 나는 늘 달렸고 여전히 달린다. 나는 빠르지 않고 열심히 달리지도 않는다. 빨라지고 싶지 않고 열심히 달리고 싶지도 않다. 달리면 공기가 바람이 된다. 내 얼굴을 만지고 지나간다. 그때만큼 행복한 시간이 나에게는 음…… 드물 것이다. 지금 나는 『러너스월드』를 만든다. 한 걸음 한 걸음 더 달려서 이곳에 온 것 같은 기분이 든다.〔『러너스월드 코리아』, 2018.04, 편집장 글.〕

[3-16] 그들 사이, 이봉주

작년(2017) 뉴욕 마라톤에 참가했을 때 이봉주도 달렸다. 레이스 도중 만난 건 아니고, 누군가 SNS에 올린 동영상을 나중에 봤다. 설마 이봉주가 아직 달리고 있을 리 없어, 라고 생각했는데 분명히 이봉주였다. 30킬로미터를 지난 지점에서도 그는 망설이지 않았다. 더 세게 달린다는 의지가 팔과 다리 그리고 얼굴에서 느껴졌다. 존경스러웠다. 존경까지 할 일이야? 라고 물으면, 뭐, 꼭 그런 건 아니겠지, 라고 지금은 대답할 수도 있다. 그러니까 내 말은, 그 영상을 보고 왜 그런 감정이 들었는지 모르겠다는 것이다. 은퇴한 야구 선수가 사회인 야구단에 들어가서 게임을 하는 것과 비슷한 거니까. 그렇지 않아? 그렇지, 그렇다. 그런데 자꾸 아니야, 그건 아니야, 라고 말하고 싶어진다.

달리기가 뭔지 내가 뭘 알겠어. 그런데 나는, 고백하자면, 약간은, 달리기를 신성한 어떤 것이라고 믿고 있기는 하다. '신성' 씩이나? 어, 네. 그러니까 내게 달리기란 어떤 느낌이냐면, 목적지를 찾아 떠나는 여정이라기보다, 멀리, 저 멀리 있는 '나'를 향해 가는 힘난한 여정 같다고나 할까. 멀리, 저 멀리 있는 '나'는 지금 여기 있는 나보다 훨씬 멋지고 대단하다. 어쩌면 그 '나'는 여기 있는 내가 꿈꾸는 나이고, 그런 면에서 나의 이상이며, 진정한 나이다. 내가 아직 한 번도 되지 못한 나. 그래서 나에게 달리기, 즉 러닝은 내가 나를 발견하는 과정, 마침내 내가 나다워지는 과정이다. 호흡이 가쁘고, 다리가 아픈 것은 어쩌면 당연하다. 이런 힘든 순간을 기꺼이 받아들이고 오히려 즐겁게 느끼는 이유를 나는 말할 수 있다.

다시 이봉주의 이야기로 돌아가자면, 그가 너무 빨라서 마주 보며 이야기하기가 쉽지 않았다. 편집장인 나로선, 이런 표현을 쓰는 게 유쾌하지 않다. 인터뷰를 하자고 했더니 바로 그러자고 했다,라고 적어야『러너스월드』가 돋보일 테니까. 하지만 이 사안에서만은『러너스월드』의 권위보다『러너스월드』의 진심을 적는 게 낫다는 생각이 든다. 이봉주를 인터뷰하기로 한 담당 기자는 매니지먼트 측에 수 차례 연락을 했으나 바빠서 어렵다는 연락을 받았다. 그러다가 이봉주 선수가 일요일에 한 대회에 참가할 예정이니 일단 와서 어떻게든 해 보라는 이야기를 전해 들었다. 담당 기자는 그러겠다고 했다. 당일 현장은 소란했다. 이봉주 선수 주변으로 사람들이 모였다. 사진을 찍고 싶어하는 사람도 있고, 이야기를 나누고 싶어하는 사람도 있고, 악수를 하고 싶어하는 사람도 있고…….그래서 뭘 어떻게 해 볼 도리가 없었단다. 대회가 시작되고 이봉주가 달려 나갔다. 담당 기자도 따라 달렸다. 이봉주는 여전히 빨라서 쫓아갈 수가 없었다. 그렇게 이봉주를 떠나보냈다.

이야기를 전해 듣고 담당 기자에게 말했다. 네가 만난 이봉주, 네가 단 몇 미터라도 함께 달린 이봉주에 대해 적어. 그걸로 충분해. 이봉주가 여전히 달리고 있으며, 달리기가 여전히 그의 인생에서 중요하다는 점, 그가 즐거워하고 있다는 사실을 기록하는 것으로『러너스월드』의 소임은 끝나기 때문이다. 그런데, 그러고 나면 '달리기가 이봉주에게 무엇이기에?'라는 질문이 남는다.

이봉주를 통해 마주하게 된 이 질문을 러너들 각자에게도 대입할 수 있다. 러닝은 나에게 무엇일까? 당신에게 러닝은 무엇인가? 우리는 왜 달릴까? 나는 기록을 단축하는 것보다 이 질문에 대한 자신의 답을 갖는 것, 적어도 그 답을 찾아가려는 것이 중요하다고 믿는다. 기록을 단축하려고 달리기 시작한 게 아니다. 궁극적으로 우리는 가 보지 못한 곳에 가고 싶어한다. 그 세계에 다다른 '당신'을 만나고 싶어한다. '달리기'의 신성함은 그 세계를 향한 우리의 탐구, 그 자체에 있다.

담당 기자는 포기하지 않았다. 기어코 인터뷰 날짜를 받아 냈다. 그는 이봉주를 만났다. 이봉주가 어떤 사람인지 여기 적는 건 의미가 없다. 이봉주는 그동안 여러 매체에서 접한 이봉주와 똑같았다. 맑고, 잘 웃고, 선했다. 승부욕이 불타는 근성의 사나이처럼 보이지는 않았다. 그러나 그의 역사는 대한민국 육상의 역사에 오롯이 남아 있다. 그의 인터뷰를 읽으면 그가 여전히 달리고 있다는 사실이 약간 의아하기까지 하다. 그는 과거로 돌아가고 싶지 않다고 말했다. 현재가 훨씬 행복하고 즐겁다고 했다.

나는 이 말을 며칠 동안 생각했다. 인터뷰도 여러 번 읽었다. 그리고 내 전제가 잘못됐다는 것을 알았다. 이봉주가 여전히 달리고 있다는 말은 정확하지 않다. '여전히'를 지워야 한다.『러너스월드』에는 이 한 단어를 지우는 과정, 그 속에서 마주친 고뇌가 담겨 있다. 그러나 괴로운 순간들은 아니었다. 좋은 러너가 되고 싶은 마음, 그러기 위한 노력의 과정과 비슷하다고 할까? 영하의 날씨에도 바깥에서 달리고 있는 불굴의 러너들에게 이봉주와의 대화를 선물로 건넨다. 이봉주는 바로 그들 사이에 있다. 물론 달리고 있다.〔**『러너스월드 코리아』**, 2018.02, 편집장 글.〕

[3-17] 러닝은 나를 주인공으로 만든다

2017년 11월 5일에 뉴욕시티 마라톤이 열렸다. 어쩌다 보니 출발선에 나도 있었다. 42.195킬로미터, 미국 사람들 단위로 26.3마일을 달려야 했다. 심장이 뛰었다. 나처럼 평범한 사람이 여기 와도 되는 거야?

뉴욕시티 마라톤(New York City Marathon)에 출전한다고 했을 때 러닝에 관심 없는 친구들도 부러워했다. '뉴욕'에 가니까. 나한테 그보다 중요한 건 '뉴욕에서 열리는 마라톤'이라는 점이었다. 뉴욕시티 마라톤은 보스턴 마라톤, 베를린 마라톤 등과 함께 세계에서 유명한 마라톤 대회다. 그래서 어느 날, 가자, 라고 마음먹었다. 생각해 보니 못 갈 이유가 없다. 러닝은 늘 해 왔고, 비행기를 안 타 본 것도 아니고, 결심하니 간단해졌다. 훈련을 한다. 비행기를 탄다. 끝.

그런데 내가 나가겠다고 하면, 네, 오세요, 이렇게 말하는 대회가 아니다. 기준이 까다롭다. 참가 신청서를 내는 사람이 어마어마하게 많기 때문이다. 마라톤 출전 경험, 기록 등을 고려한다. 내가 마지막으로 마라톤 대회에 출전한 건 10년 전이다. 다행히 나같이 부실한 러너들을 위해 '추첨'이라는 제도가 있다. 그렇게 해서 가을을 앞둔 8월 중순, 운 좋게도 뉴욕러닝협회(NYRR)로부터 '네, 오세요'라는 메일을 받았다. 온몸을 부르르 떨며 좋아한 게 정말 오랜만이었다.

새벽에 메일을 확인하고 바로 접수 절차를 진행했다. 번역기를 돌려서 누리집의 영어 문장을 읽었다. 하프코스를 신청하려고 했다. 풀코스를 뛰려면 연습을 괴로울 정도로 해야 하고, 대회 때도 마찬가지로 괴롭기 때문이다. 나는 늘 이런 마음으로 러닝을 해 왔다. 자기 자신과의 싸움에서 패배하는 것. 한계에 도전하지 않는 것. 굳이 러닝을 하면서까지 한계를 시험하지 않아도, 나는 늘 시험대 위에 놓인다. 회사에서 일을 할 때도, 집에 돌아와 혼자 식탁 테이블에 붙어서 시를 쓸 때도. 달리기는 어쩌면 내가 유일하게 게으르게 하는 행위일지 모르겠다. 아무튼 완주 예상 시간을 기록하는 칸이 있어서 2시간 45분이라고 적었다. 뭐, 이 정도면! 그리고 석 달 동안 열심히 연습을 했다. 일주일에 두어 번 정도 달렸다. 느리게 먼 거리를 한 번에 달리는 훈련과 빠르게 짧은 거리를 여러 차례 나누어 달리는 훈련을 번갈아 했다. 완주할 자신은 있고, 기록은 안 중요하니까 연습을 대강해도 되지만, 연습을 많이 할수록 피니시 라인에 들어올 때 기분이 좋을 것 같아서 했다.

비행기 티켓은 왕복 92만 원에 끊었고, 숙소는 마침 뉴욕에 갈 일이 있는 친구들과 함께 에어비앤비(Airbnb)를 잡아서 하루에 10만 원도 들지 않았다. 다행히 이 정도 돈은 있는 사람이었다. 그런데 뉴욕으로 출발하기 이틀 전, 곰곰이 생각해 보니 신청 접수를 할 때 '하프코스'와 '풀코스'를 선택하는 항목이 있었는지 기억이 안 났다. 뉴욕마라톤협회 누리집에 들어가 자세히 보니 어디에도 그런 항목이 없었다. 뭐지? 그때부터 뉴욕시티 마라톤에 대해 조사했다. 결론은 뉴욕시티 마라톤은 봄가을에 열리며 봄엔 하프코스, 가을엔 풀코스만 모집한다. 머리가 아프고 심장이 뛰고 다리가 저려 왔다. 같이 달리기를 하는 친구들에게 메시지를 보냈더니 부러워했다. 풀코스를 완주하는 게 더 의미 있지 않겠냐며……. 아, 스트레스. 하지만 곧 기분이 산뜻해졌다. 나에게 승부사 기질이 있었나, 싶을 정도로. 아니면 미쳤거나.

어찌 됐건 뉴욕에 갔다. 갔더니 상황이 더 안 좋았다. 하프코스 목표 기록으로 적어 둔 2시간 45분이 풀코스 목표 기록으로 설정돼 있었으므로, 나는 엘리트 선수들이 출발하고 난 후에 바로 출발해야 한다는 것이었다. 일반인 러너 중에선 가장 앞에서 달리는 셈이다. 풀코스를 2시간대에 뛰는 부지런한 토끼들 속에서 마지막 풀코스를 10년 전에 뛴 게으른 거북이가 달리는 꼴이라니. 심지어 그때 기록이 4시간 24분 24초였다. 함께 간 친구들이 자꾸 엄지손가락을 세워서 부러뜨려 주고 싶었지만, 그 힘조차 아껴야 했다.

긴장이 돼서 며칠 동안 큰 볼일을 못 봤다. 대회 전날 아침에 변비약을 먹었다. 밤이 되도록 신호가 없었다. 대회가 열리는 날 새벽, 마침내 화장실에서 주먹을 불끈 쥐었다. 그리곤 다시 잠을 이루지 못했다. 뜬눈으로 아침을 맞았다. 대수롭지 않게 여기려고 애썼다. 달리다 힘들면 걸을 거니까. 걷다가 힘들면 포기할 거니까. 그냥 나는, 그 순간에 뉴욕에 있고, 어찌 됐건 무엇엔가 도전하고 있으며, 최소한의 준비나마 하기는 했다는 사실이 기뻤다. 게다가 나는 꽤 행복한 나날을 보내고 있었다. 한국의 낮이 이곳의 밤이라는 점 덕분에 비로소 일에서 해방되었기 때문이다. 회사에서 업무 관련 메시지를 보내다가 내가 답을 제때 안 하니 포기해 버렸다.

대회가 열리는 스태튼 아일랜드(Staten Island)의 집결지에 도착하니 전쟁터였다. 뉴욕주 방위군이 출동해서 출발 지역 근처를 봉쇄했다. 긴장이 됐지만 러너들을 보니 기분이 좋아졌다. 대회를 앞두고 다들 행복해 했다. 음악을 틀어 놓고 춤을 추는 러너도 있었고 바닥에 누워서 잠을 자는 러너도 있었다. 제멋대로였다. 한국에서 열리는 대회랑은 분위기가 달랐다.

마침내 출발선 앞에 섰다. 옆에 있는 할아버지 러너가 내 어깨를 치더니 악수를 청했다. '굿 잡!' 그래, 굿 잡이다. 해보는 거야!

출발을 알리는 총성이 울릴 거라고 생각했는데, 대포가 터졌다. 여기저기서 깜짝 놀라는 사람도 있었다. 부지런한 토끼들이 우르르 달려 나갔다. 베라자노-내로스 다리(Verrazano-Narrows Bridge)를 건너 브루클린으로 넘어가는 코스였다. 다리가, 높았다……. 거의 1마일 정도가 줄곧 오르막길이었다. 비가 왔고 바람이 세차게 불었다. 그렇게 긴 오르막길을 한 번에 달려 본 적이 없었다. 춥고 배가 아팠다. 가까스로 다리를 건넜다. 2마일 지점에서 화장실에 갔다. 나는 집 화장실에서만 큰 볼일을 본다. 학교에 다닐 때도 회사에 다닐 때도 그랬다. 그 날 12마일 지점까지, 매 마일마다 화장실에 갔다. 매 마일마다 이동식 화장실이 있었기 때문이다. 0.5마일마다 화장실이 있었다면 그 화장실을 전부 들렀을 것이다. 2마일 지점에서 사실상 레이스는 끝났다. 미치도록 힘들었다. 그래도 관성으로 갔다. 달리다 걷다 결국 하프코스에 닿았다. 화장실에 가도 몸에서 더 빠져나갈 게 없었다. 걷다가 힘들면 서 있었다. 서서 많은 것을 보았다. 휠체어를 타고 달리는 사람도 보았고, 시각을 잃은 '워커'도 보았다. 그들은 자원 봉사자들과 함께 조금씩 앞으로 나아갔다. 나를 앞질렀고 그대로 멀어졌다.

거리는 온통 축제였다. 응원하는 사람들이 노래를 불렀다. 시끄러웠다. 그저 그들은 그들의 노래를 즐겁게 부른 것이었다. 나도 어깨를 흔들며 약간의 예의를 표했다. 그 와중에도 웃음은 나왔다. 한 꼬마가 나와 눈을 마주치며 하이파이브를 해 주었다.

가면서 남은 마일을 계산했다. 킬로미터가 아니라서 불편하고 성가셨다. 이렇게 많이 왔는데 남은 마일이 또 이렇게 많다는 게 믿을 수 없었지만, 그 계산을 틀릴 만큼 바보는 아니었다. 몸을 조금 휘청거렸나, 달려가는 아주머니를 밀쳤다. 그녀도 힘들게 오고 있었기 때문에 가까스로 중심을 잡았다. 미안하다고 말하려는데 그녀가 먼저 말했다. "돈 스톱. 무브.(Don't stop. Move.)" 눈물이 나올 정도는 아니었지만, 서럽고 고맙고 아팠다. 그래서 더 갔다. 브루클린, 퀸스, 브롱스를 지나 맨해튼으로. 누군가 바나나를 주었는데 먹을 힘이 없어서 쥐고만 있었다.

결승선이 있는 센트럴파크에 도착하자 23마일을 알리는 표지판이 보였다. 3.3마일이 남았다. 그때부터 레이스를 처음부터 다시 시작하는 기분이 들었다. 거리가 줄지 않았다. 24마일 표지판을 확인하고 25마일을 향해 가는 길이 가장 힘들었다. 가도 가도 표지판이 안 보여서, 아 이제 결승선까지 표지판이 없나 보다, 라고 확신했다. 그렇게 가고 있는데 25마일 표지판이 나타나서 완주고 뭐고 그 길로 집에 가고 싶었다. 서럽고 화났다. 눈물이 났다. 쏟아졌다. 간신히 추슬렀다. 그때는 그저 힘들어서 우나 보다 여겼는데, 지금 와서 돌아보면 힘들다고 이야기할 대상이 나 자신밖에 없어서 울었던 것 같다. 달릴 때 길 위에선 나밖에 없다. 다른 사람 눈치를 보거나 다른 사람 이야기에 휘둘릴 필요가 없다. 내 레이스는 100% 내 몫이기 때문이다. 게으른 러너지만 그럼에도 러닝을 좋아하는 이유는 바로 이 점 때문이라는 사실을 그 순간 막연히 깨달았던 듯싶다. 러닝은 나를 주인공으로 만든다.

밤이었다. 응원하는 사람은 더 많아졌다. 박수 치고 힘내라고 소리쳤다. 그들이 내 레이스를 존중한다는 게 느껴졌다. 온 힘을 다해 달렸다. 걸어가는 사람도 나를 앞질렀다. 상관없었다. 나는 나만의 레이스를 펼칠 뿐이었다. 드디어 '피니시 라인'이 보였다. 공중에 설치된 시계에 5시 28분이라고 적혀 있었다. 9시 50분에 출발했으니 7시간을 넘게 달리고 있었다. 형편없는 기록이었다. 친구들 목소리가 들렸다. 모국어, 나의 언어로 나를 부르는 소리였다. 나는 엉엉 울었다.

〔『한겨레』 esc, 2017.11.16.〕

[3-18] 아플 거 같아

　　요즘은 일주일에 30km 이상 달린다. 50km를 달릴 때도 있다. 아무도 시키지 않는다. 좋아서 달린다. 뱃살이 빠지면 행복하겠어, 혼잣말을 하지만 다이어트가 목적도 아니다. 빠지지도 않는다. 지난 달에 한 대회에 참가했는데, 날씨 때문인지 평소보다 더 힘들었다. 달리면서 이런 생각이 들었다. 아, 내가 달리기를 좋아하는 건, 달리기가 힘들기 때문이구나. 뭐, 여러 이유가 있겠지만 매우 결정적인 이유 중 하나일 거다. 그날, 무척 덥고 습했는데 페이스를 늦추진 않았다. 1분 정도 더 빨리 피니시라인에 들어올 수 있었지만…… . 아, 아니다, 대회 끝나고 이딴 생각하는 것도 습관이지. 못했으면 못한 거다. 아무튼 기분은 좋았다. 대회에 나가면 낯익은 얼굴을 많이 본다. 조용히 다가가서 고개를 숙여 인사하거나, 먼발치에서 눈빛만 주고받거나, 끌어안고 웃거나, 못 본 척 흘기며 지나간다. 그들 모두를 좋아한다, 러너니까.

　그런데 다리가 아프다. 정확하게는 발바닥 여기저기가 아프다. 특히 아치가 너무 아프다. 쉬어야 하나. 돌아보면『러너스월드』창간 이후 한 해 반 동안 쉬지 않고 달려왔다. 나뿐 아니라 편집부 모두. 여름이 되어서일까, 기자들도 부쩍 힘들어 보인다. 힘들면 일하는 속도도 늦어진다. 그러니까 편집장인 나는 하루에도 몇 번씩 기자들을 닦달할 수밖에 없다. 그러느라 나도 더 힘들다. 너희만 힘들고, 난 안 힘들어, 라고 적으면 착한 편집장처럼 보이겠지만 그럴 마음 없다. 나도 힘들다. 내가 더 힘들다고 말하긴 어렵지만, 사람들이 일반적으로 기자가 편집장보다 더 힘들 거라고 속단한다는 점을 감안하면, 나는 힘들기만 한 게 아니라 외롭기까지 하다. 그래서 지금, 아치가 아프다. 외로워서 더 아프다. 그러나 나는 멈출 생각이 없다. 달리기 자체는 물론이고, 일로서의 '달리기' 역시 마찬가지다.

차영우는 『러너스월드』 막내 기자다. 최근에 진지하게 퇴사하고 싶다고 이야기했다. 여러 이유가 있지만, 근본적인 이유는 지쳤기 때문이다. 영우는 글을 쓰는 게 힘들다고 했다. 나는 네가 가진 재능으로 그깟 장애물 따위 넘어 버리라고 했다. 헛소리였다. 위로가 되지 않았을 것이다. 다만 나는 영우를 놓치고 싶지 않다. 영우는 정교하고 창의적이다. 그리고 열망이 강하다. 누가 그런 후배를 잃고 싶을까?

김지혜는 몇 달째 회복 중이다. 최근에 다시 달리기를 시작했지만, 몸이 받아들이지 못한다. 달리고 나면 지혜는 늘 아프다. 나는 지혜에게 걸으라고 말한다. 지겨워질 때쯤 조금 뛰고 다시 걸으라고 말한다. 지혜는 조급하다. 지혜가 처음 아프다고 말했을 때 나는 『슬램덩크』 강백호가 떠올랐다. 지혜는 순식간에 달리기를 배웠고, 일취월장했다. 부상도 빨리 찾아왔다. 지금 지혜는, 본인이 생각하는 것보다 훨씬 더 아프다. 나는 견디면서 달리라고 말하고 싶지 않다. 묵묵히 참고 기다리는 게 지혜에겐 훈련일 것이다.

윤성중은 『러너스월드』의 팀장이다. 그는 무적이다. 회사를 떠날 마음도 없고 몸도 안 아프다. 하지만 나한테 이달 내내 혼났다. 부족하거나 잘못해서 혼난 게 아니다. 내가 편집장이고 그가 팀장이기 때문에 나는 혼을 내고 그는 혼이 난다. 팀장은 그런 사람이다. 나는 이따위 사람이고, 성중이가 며칠 전에 나에게 '제가 가진 능력이 부족해서'라는 문장이 적힌 메일을 보냈다. 나는 괴로워서 울었다. 그 문장은 사실일 것이다. 윤성중은 능력이 부족할 것이다. 그걸 도대체 어쩌란 말인가? 하지만 나는 안다. 그래서 우리가 달리는 것이다. 능력이 넘쳐나는 사람은 없다. 이건 상투적인 위로가 아니다. 나는 우리 안의 작은 우주를 믿는다. 그 우주 안에서 우리는 무한대다. 나는 성중이가 마침내 그것을 발견할 것이라고 믿는다. 나는 기다릴 것이다.

세 명의 후배들보다 나은 게 나는 없다. 빈말이 아니다. 나는 편집장을 할 만한 사람이 아니다. 누군가 나에게 어떤 일에 대해 기대감을 나타낼 때 나는 늘 문제없다고 말한다. 문제가 보여도 문제없다고 말한다. 극복해 내는 게 내 일이기 때문이다. 나는 무패 복서가 아니다. 이길 때보다 질 때가 더 많다. 나는 그저 나의 달리기를 할 뿐이다. 내가 더 갖춘 능력이란 게 있다면 그건 정직하게 경험을 쌓아 왔다는 것뿐이다. 그런데 감히 누군가에겐 이겨 내라고 말하고, 누군가에겐 여유를 가지라고 말하고, 누군가에겐 우주를 발견하라고 말한다. 내가 편집장이기 때문이다. 이들이 고생한 시간을 모아 세계를 만들어야 하기 때문이다. 나는 책임져야 한다. 아치가 아파도 달려야 한다. 순식간에 회복하고 다시 달려야 한다. 나는 두렵지 않다. 두려워도 두렵다고 말하지 않는다. 사실 나는 그런 사람이 되고 싶은 것이다.

요즘 내가 강하게 확신하는 한 가지는, 수 년이 지난 후에 우리 넷이 어디에서 어떤 일을 하고 있든, 우리가 함께 일했던 시간들을 기어코 기필코 돌아보게 될 것이라는 사실이다. 나는 우리가 잘하고 있다고 생각한다. 우리가 하는 일들이 아름답다고 생각한다. 여름이라서 더 힘든 게 아닐 것이다. 쉬지 않고 달려왔기 때문에 힘든 게 아닐 수도 있다. 같이 『러너스월드』를 만들며 더 잘하고 싶어서, 그만큼 간절해서 아픈 것일 수도 있다. 잡지는 늘 독자에게 바쳐져야 한다. 그러나 이 달, 감히, 편집장의 작은 권능으로 8월호 『러너스월드』를 세 명의 기자들에게 바친다. 부디 이들의 열망이 그 누구도 아닌 이들 자신에게 닿기를.

고맙습니다.〔『러너스월드 코리아』, 2018.08, 편집장 글.〕

[3-19]　　엄마도 글을 씁니다

　　"아들, 소설은 어떻게 쓰는 건가?" 엄마는 언젠가 물었다. 그런 걸 엄마가 묻는 건 이상하다고 생각했다. "엄마가 알아서 뭐하게?" 내가 대답하고, "그런가? 죽기 전에 소설을 한 번 멋있게 써 보려고." 엄마가 다시 말했다.

　　엄마는 내가 대학생 때 중학생이 되었다. 엄마처럼 중고등학교를 나오지 못한 성인들이 다니는 학교에 입학했다. 당연한 얘기지만 중학교에 입학하기 위해선 초등학교를 졸업해야 한다. 엄마는 자신이 초등학교를 졸업했다는 것을 증명하기 위해 여기 저기 서류를 떼러 다녔다. 엄마는 다행이라고 말했다. 국민학교는 나와서…….

　　그런데 나는 엄마가 쉰이 넘은 나이에, 굳이 왜 중학교를 가려고 하는지 이해할 수 없었다. 엄마는 아침마다 정말 중학생처럼 책가방을 메고 등교했다. 어린 중학생들과 함께. 내가 가끔 오전 수업을 지각하고 느지막이 학교에 갈 때 식탁 위에 도시락이 놓여 있곤 했다. 엄마가 놓고 간, 엄마의 도시락이었다. 중학생 엄마의 도시락. 이걸 가져다 줘, 말아.

　　수업을 마치면 나는 늘 학교에 남아 시를 썼다. 어두워지면 인문관 앞을 걸어서 스쿨버스를 타러 갔는데, 가끔은 혼자 거기 앉아 한참을 있었다. 어디로 가야 하지, 라는 의문이 들었기 때문이다. 그것은 삶에 대한 질문이었고, 동시에 시에 대한 질문이었다. 어둠이 가득하다는 거, 삶과 시의 공통점이었다.

그때 그 시간, 엄마는 집에서 공부를 하고 있었다. 나처럼 엄마도 매일 막막함과 싸웠다. 작은 상을 펴 놓고, 눅눅한 김처럼 구겨진 채, 엄마는 공부를 했다. '아들, 언제와? 중학교에 괜히 갔다. 하나도 모르겠어.' 문자 메시지가 오면 나는 다시 정류장에서 일어나서 걸음을 옮겼다. 엄마에게 내가 필요했기 때문이다.

"예쁜 꽃들의 모임이 왜 집합이 안 되는 거야?" "엄마, 기준이 모호하잖아. 꽃이 다 예뻐?" "꽃은 다 예쁘지. 꽃이 안 예뻐?" "예쁘지. 그래도…… 그건 집합이 아니래." "왜?" 엄마는 집합을 유난히 이해 못했다. 나도 집합을 유난히 못 가르쳤다.

엄마는 대학에 갔고 졸업까지 했다. 나는 시인이 됐다.

졸업하고 얼마 지나지 않았을 때 엄마는 소설을 쓰고 싶다고 말했다. 엄마는 여전히 글을 쓰고 있다. 엄마는 많은 것을 걸고, 진지하고 아프게 글을 쓴다. "이거라도 하지 않으면, 내가 살아 있을 이유가 없는 거야. 숨을 쉰다고 사는 게 아니야." 엄마는 말했다. 엄마는 존재를 증명하고 싶은 것이다. 엄마는 '존재를 증명'하는 게 무엇인지, 그게 무슨 말인지도 모른다. 하지만 엄마는 쓰고 싶은 것이다. 자신의 존재가 흐릿해지는 걸 직감했기 때문이다.

지난 8월 1일에 '이우성 작가를 읽다' 토크 콘서트가 열렸다. 브런치팀에서 준비한 행사였다. 이우성은 나다.

행사가 열리기 2주 전에 담당자가 찾아왔다. 처음에 나는 사람들에게 무엇인가 말할 자격도 능력도 없다고 했다. 담당자는 글쓰기에 관심 있는 사람들이 많고, 무척 진지하게 글을 쓴다고 말했다. 그 분들을 만나고 싶어졌다. 글쓰기에 관심이 있고, 무척 진지하게 글을 쓰는 건, 바로 나이기 때문이다. 그리고 내 엄마이기 때문이다. 무엇인가 한 마디라도 해 주고 싶었다. 어쭙잖은 말이라도 도움이 될까 하고.

그날 나는 오히려 배웠다. 괜한 겸손 같은 게 아니다. 그분들은 정말 진지했다. 그건 굉장한 힘이다. 글을 어떻게 써야 할까, 어떻게 써야 좋은 글이 될까, 늘 고민한다. 위대한 작가들도 매일 이런 고민을 했을 것이다. 만약 답이 정해져 있다면, 누구나 위대한 작가가 됐겠지.

답은 없다. 글은 고유한 것이고, 자기 자신의 것이며, 은밀하다. 진지하게 자기 자신의 세계를 들여다 볼 수 있다면…… 만약 그렇다면, 당신은 굉장한 재능을 갖고 있는 거예요, 라고 말해 주고 싶어서, 이 글을 쓴다. 진지하다면 당신이 옳고, 진지하다면, 이미 어떤 글의 상태를 향해 나아가고 있는 거라고 말해 주고 싶어서. 그날 이 말을 못 해 줬다. 그 때는 나도 몰랐으니까.

지금 엄마의 꿈은 동화를 쓰는 것이다. 아들에게 아이가 생기면 그 동화를 소리 내어 읽어 주는 것이다. 아들은 나다. 엄마는 내 문우(文友)다. 〔브런치, 2015.08.〕

〔3-20〕 엄마의 엄마 : MY MOM's MOM

엄마와 엄마는 이별을 준비하고 있습니다.
누구도 피할 수 없는
긴 숙제 같은 이별이지요.
새삼스럽지 않은 우리의 일생입니다.

 엄마의 엄마는 수원에 살아요. 혼자요. 그러니까 우리 할머니는 15년째 혼자 살고 계신 거죠. 5년 전인가, 6년 전인가 엄마랑 아빠랑 나랑 할머니 집에 갔는데, 할머니가 엉뚱한 얘기를 하시더라고요. 아빠가 소주를 마시고 싶다고 하니까 할머니가 맥주병을 들면서, "소주 여기 있네." 이러시는 거예요. 할머니가 치매라는 걸 우리 가족은 그때 알았어요. 치매는 전조가 있대요. 그 일이 있기 수 년 전부터 할머니는 크고 작은 증후를 보여 왔을 거예요. 그러나 엄마도 아빠도 나도 그 사실을 몰랐어요. 할머니는 혼자 살았으니까.

아마 할머니는 반지하방에서 벽을 바라보며 날마다 멍하니 앉아 계셨을 거예요. 손자랑 딸이랑 사위가 보고 싶어도 말을 안 하셨을 거고요. 할머니에게 가족은 엄마뿐이에요. 내가 고등학생이었을 때 엄마는 말했어요. "우성아, 외할아버지는 엄마의 진짜 아빠가 아니야. 외할아버지 가족은 이북에 있어. 원래 엄마는 할머니랑 둘이 살았어." 그 전에 할머니는 어린 딸만 데리고 집을 나와야 했었대요. 왜? 나는 묻지 않았어요. 할머니와 엄마가 견뎌야 했을 고통이 어떤 것인지 상상도 할 수 없었으니까.

어느 날 이북에서 온 한 남자가 모녀와 살게 됩니다. 우리 외할아버지예요. 엄마가 꼬마였을 때 할아버지는 엄마를 데리고 다니면서 동네 사람들에게 "우리 아들이에요"라고 말씀하셨대요. 아들이 갖고 싶으셨나 봐요. 하지만 할머니와의 사이에서 아이는 낳지 않았어요. 엄마 말에 의하면 외할아버지는 3.8선이 금방 무너지고, 북으로 돌아갈 수 있다고 생각하셨대요. 엄마가 결혼하고 형을 낳았을 때 할아버지는 동네를 뛰어다니며 소리치셨대요. "우리 순옥이가 결혼해서 아들을 낳았어요. 아들을." 순옥이, 이름 예쁘죠? 우리 엄마 이름이에요. 예쁜 우리 엄마는 형을 낳고 또 이렇게 막내아들을 낳았죠. 막내아들은 바로 나예요.

그리고 올해 2월 막내아들이 독립을 했어요. 큰아들은 진작 결혼해서 따로 살고 있고, 엄마랑 아빠랑 나랑 셋이 살았는데 갑자기 엄마랑 아빠만 살게 된 거죠. 엄마는 외로워졌어요. 엄마는 자주 할머니와 비슷한 표정을 지었어요. 엄마를 두고 누군가 떠나는 것, 그 감정을 비로소 알게 된 사람처럼. 신세 한탄을 자주 하고, 왜 살아야 하는지 모르겠다는 말도 했어요. 독립하고 석 달쯤 됐을 땐가, 오랜만에 엄마랑 둘이 점심을 먹다가 내가 말했어요. "엄마, 병원에 가 보자. 요즘은 건강한 사람도 병원에 가서 정신 검사를 받아. 엄마 나이 때는 당연한 거야." 엄마는 울었어요. 엄마는 할머니처럼 어느 순간 치매에 걸릴까봐 무섭다고 했어요. 엄마도 느꼈던 거예요. 엄마가 이상하다는 걸. '엄마, 절대 엄마가 그렇게 되도록 내버려 두지 않을게.' 나는 속으로 말했어요.

그래서 엄마와 병원에 갔습니다. 엄마는 결심해 놓고도 몇 번이나 안 가겠다고 말했어요. 그러나 엄마가 용기를 낸 건 나와 형 때문이었을 거예요. 치매에 걸린 할머니를 볼 때마다 엄마 마음이 수백 번 수천 번 찢어졌으니까. 형과 나에게 혹시라도 그런 슬픔을 주게 될까봐. 엄마가 의사 선생님과 상담을 하러 들어갔어요. 저는 엄마를 기다리면서 생각했어요. 사람은 왜 외로울까? 우리 엄마는 왜 남매도 자매도 없을까? 슬픔이란 도대체 무엇일까?

엄마가 나와서 나를 보고 눈물을 닦았어요. 간호사가 말했어요. "보호자분, 들어오세요." 엄마 보호자는 나였어요. 의사 선생님은 엄마의 상태에 대해 말했어요. 엄마가 외롭고, 혼자 있는 할머니 때문에 스트레스를 많이 받아서 우울증이 생긴 것 같다고. 그러니까 우울증 약을 먹어야 한다고. 그리고 늘 함께 있으면서 신경을 써야 한다고. 그러니까 엄마의 지금 상태가 이어지면 언젠가 외할머니처럼 치매에 걸릴 수 있는 거라고. 눈물이 왈칵 쏟아지려고 했는데 참았어요. 왜냐하면, 이제 엄마를 지켜야 하니까. 엄마의 진짜 보호자가 되어야 하니까. 엄마가 할머니의 보호자인 것처럼.

엄마는 중계동에 살아요. 아빠랑 둘이 살지요. 엄마는 2주에 한 번 지하철을 타고 수원에 갑니다. 세 시간이나 걸린다고 항상 불평이에요. 엄마는 할머니를 목욕시키고, 할머니가 머리 아플 때마다 마시는 판피린을 사고, 할머니의 화장실을 청소하고, 할머니가 좋아하는 감도 사서 냉장고에 넣어 놓고, 할머니랑 저녁을 먹지요. 엄마와 할머니는 자주 말다툼을 해요. 하지만 친한 친구 같아요. 할머니에게 엄마가 있고, 엄마에게 할머니가 있어요. 엄마는 우울하고, 자주 뭘 잊고, 멍하니 울지만, 할머니랑 있을 때는 내가 어렸을 때 보았던 엄마랑 똑같아요. 엄마의 외로움과 슬픔의 근원은 할머니지만, 엄마가 생을 살도록 견디게 하는 것도 할머니예요.

옛날에 옛날에 할머니가 건강하셨을 때, "할머니, 갈게요." 라고 인사하면 할머니는 "그래, 잘 가라."라고 말씀하셨어요. 언제나 똑같이 그렇게. 그때 할머니 표정은 지금 늘 할머니가 짓는 표정이에요. 지금도 내가 할머니랑 있다가 인사하고 돌아서면 같은 말씀을 하세요. 그래, 잘 가라. 치매에 걸렸어도 평생을 살며 반복적으로 행한 이별의 순간을 깊이 기억하시나 봐요. 치매에 걸리기 직전, 할머니의 생생한 마지막 기억이 혹시 그 이별의 순간이었을까요? 잘 가라, 할머니의 말을 떠올릴 때마다 우리에게 남아 있는 더 큰 이별을 생각해요.

할머니는 여든여섯 살입니다. "엄마, 이제 나랑 가서 살자"라고 엄마가 말해도 싫다고 말합니다. 할머니의 가족은 기억 속에 있으니까. 아직 남아 있는 기억 속에 그 마을이 있고, 마을 안에는 젊은 엄마와 어린 나와 형이 있으니까. 그리고 외할아버지가 있으니까. 할머니는 다 잊어도 그 기억만은 붙들고 있는 게 아닐까, 나는 생각해요. 아직도 내가 가서 "할머니." 라고 부르면 나를 알아보니까. 내가 손을 잡으면 "응, 응." 이라고 작게 대답하니까. 하지만 엄마는 내게 자주 말합니다. "할머니가 혼자 방에 있다가 돌아가시면 어떡하지?"

여기까지가 우리 엄마와 할머니의 이야기입니다. 우리 엄마랑 할머니랑 어쩜 좋아요? 엄마와 할머니는 남아 있는 큰 이별을 향해 조용히 걸어가는 중이에요. 누구도 무엇도 이 이별을 막을 수가 없지요. 나는 겨우 조금 알 것 같아요. 언젠가 할머니와 어린 엄마가 둘이서만 살아야 했을 때 어떤 심정이었을지. 남겨지는 슬픔을 나도 이제 알아요. 그런데 엄마, 내가 있어. 엄마가 죽을 때까지. 엄마를 사랑하는 내가. 할머니가 죽어도 엄마는 살아야 하고, 엄마가 혼자서 슬퍼하고 외로워하지 않게 내가 옆에 있을 거야. 할머니는 글을 읽을 줄 몰라요. 하지만 엄마와 할머니에게 이 글을 선물로 드리려고요. 그리고 나의 간절한 바람은 엄마와 할머니의 마지막 기억이 그 많던 이별의 장면이 아니라 함께 있는 서로의 모습이었으면, 마주 잡은 서로의 손과 멀뚱히 바라보는 서로의 얼굴이었으면.〔『A.round』, 2015.〕

[3-21] **달려가서 옆에 있어야지**

　　　　집에서 석계역까지 2km다. 요즘 밤마다 달려간다. 주머니에 500원 동전 두 개를 넣고, 코인 노래방으로. 엊그제는 4분 20초 페이스로 달렸다. 평소 가볍게 달릴 때 페이스가 5분인 걸 감안하면 아주 빨랐다. 숨차면 천천히 뛰어야지, 생각했는데, 힘들지 않았다. 종종 그런 날이 있다. 컨디션이 좋은 것도 아닌데. 바람이 기분 좋게 불 때, 순풍이든 역풍이든 상관없이, 도시의 풍경이 선명하게 아름다울 때, 하늘을 나는 것처럼 훨훨 뛸 수 있다. 그리고 부르고 싶은 노래가 있다. 나에게 달리기를 사랑하는 재능이 있다는 사실이 행복하다. 2km쯤 가뿐하게 달려가서 노래 부를 수 있으니까.

도착해서 부른 노래는 최악으로 별로였다. 중학생 때 별명을 '발라드의 황제'라고 나 스스로 붙였는데. 하긴 25년 전이지…만 이 정도로 못 부르다니. 유난히 잘 달리는 날이 있는 것처럼 유난히 노래를 못 부르는 날도 있는 건가 생각했는데, 별로 의식을 못했을 뿐 전날에도 그 전날에도 노래를 매우 못 불렀던 것 같기도. 그래서, 사랑하는 사람에게 노래 녹음 파일을 메시지로 보내려는 계획은 며칠째 실패. 내일 또 와야지. 지하 노래방 계단을 걸어서 올라간 후, 다시 달리기 시작한다. 돌아갈 때는 멀리 둘러 간다. 운동하러 나왔는데 4km만 뛰고 들어가면 아쉬우니까. 언제든 10km 정도는 가볍게 뛸 수 있다. 그냥 그렇게 되고 싶었던 때도 있었다. 거듭, 그냥. 아, 아주 '그냥'은 아니고, 10km를 가볍게 뛰면, 20km도 30km도 가볍게 뛸 수 있을 것 같고, 언제든 풀코스 마라톤도 준비 없이 뛸 수 있을 것 같아서. 하지만 몸이 '그냥' 그렇게 되지는 않는다. 그래서 달리기가 즐거운 거겠지. 달린다는 건, 나에겐, 매일 하는 도전이니까. 요즘은 매일 부르는 노래!

10km를 아무렇지 않게 달린다는 것이 나를 자부심 느끼게 하긴 한다. 이 정도 거리는 보통 차를 타고 다니니까. 하지만 차 없이도, 언제든 달려서 갈 수 있다고 생각하면, 두려움이 사라진다. 무엇에 대한 두려움인지 모르겠지만, 사라진다. 누구도 무엇도 나를 막을 수 없을 것 같다. 한 줄 위에 '모르겠'다고 적었지만, 알게 되었다. 이건 정말 처음 말하는 건데, 내 안의 두려움의 원천은, 그러니까 나라는 사람에게 두려움이 시작되는 지점은, 사랑하는 사람 곁으로 갈 수 없다는 느낌이었다. 달리기를 하는 이유는 여러 가지겠지만, 나도 몰랐던 이유 중 하나는 아마도 이것이었을까? 이 글을 쓰면서도 생각해 보았는데, 역시 그런 것 같다.

사랑하는 사람에게 가고 싶다. 나는 갈 수 있다. 비가 오나 눈이 오나, 차가 없고, 몸이 아파도, 달려서 갈 수 있다. 얼마나 다행이야! 그런데 사랑하는 사람이…… 지금은, 없네. 달리기에 대한 글이 갑자기 외로운 드라마가 되어 버렸다. 하지만 뭐 '지금'이라고 했으니까. 달려서 다시 찾아갈 거고, 도망쳐도 다시 달려서 옆에 있어야지! 꼭 붙들고 있어야지. 〔『포바 라이프』, 2022, vol.16.〕

〔3-22〕 **착각일 수도 있지만**

        2017년 5월 6일 이탈리아 몬자 레이싱 트랙에서 나이키 '브레이킹 2' 프로젝트가 열렸다. 엘리우드 킵초게(Eliud Kipchoge, 1984~), 렐리사 데시사(Lelisa Desisa Benti, 1990~), 제르세네이 타데시(Zersenay Tadese, 1982~)가 참가했다. 풀코스 마라톤을 2시간 안에 들어오는 게 목표였다. 군집을 이룬 페이서들이 교대로 선수들 앞을 달리며 바람을 막았다. 그 외에도 기록 달성에 도움이 되는 여러 환경이 갖춰진 대회였다.

그때 나는 그곳에 있었다. 선두에 선 킵초게가 레이싱 트랙을 발로 17바퀴 달리는 동안 내내 관중석에서 지켜보았다. 그는 2시간 25초의 기록으로 레이스를 마쳤다. 종전 세계 신기록을 넘어선 기록이었다. '브레이킹 2'를 달성하진 못했지만 현장은 축제 분위기였다. 도전 자체가 무모했고, 한편으로는 그래서 위대했기 때문이다. 게다가 목표가 이루어질 수도 있었다. 경기가 끝나고 기자 회견장에서 킵초게는 말했다. "인류에게 겨우 25초가 남아 있을 뿐입니다." 그 순간, 마라톤의 역사에 깊이 각인될 위대한 러너가 탄생한 것은 아닐까, 나는 생각한다.

마라톤 선수로 데뷔한 이후 엘리우드 킵초게는 참여하는 대부분의 대회에서 우승했다. 그런데 나는 그가 달리는 모습을 볼 때마다 마치 깊은 명상에 빠진 승려를 보는 듯한 기분이 든다. 그는 평정심을 유지하며 원대한 세계를 꿈꾼다. 달리기 위해 존재하는 게 아니라, 낯설고 광활한 어떤 세계에 첫 발을 내딛기 위해 달리는 것처럼 보인다. 달릴 때 그는 인상을 쓰는 법이 없고, 표정의 변화도 많지 않다. 그는 미소를 띠며 달린다. 그 모습을 오래 보고 있으면 그가 이미 '마음'에서 다른 선수를 이겼다는 생각이 든다. 하지만 그는 다른 선수들을 이기기 위해 달리는 게 아닐 것이다. 그는 마치 이곳, 이 세계의 러너가 아닌 것만 같다. "인류에게 이제 겨우 25초가 남아 있을 뿐입니다"라는 언어는 그저 한 문장이 아니다. 이 말에는 '미지'가 담겨 있고, 그곳에 가장 가깝게 다가간 사람은 킵초게 자신이다. 그는 여기 없다.

이듬해 9월 16일 킵초게가 베를린 마라톤 대회에서 2시간 1분 39초의 기록으로 풀코스 세계 신기록을 달성했다. 그러나 내게 놀라운 건 이런 결과가 아니다. 기록은 언제든 깨질 수 있었다. 연습 레이스 때 킵초게는 여러 차례 세계 신기록보다 빨리 달렸다고 알려져 있다. 한 해 전 베를린 마라톤 대회에서 우승한 이후 킵초게는 대회에 출전하지 않았다. 1년 만에 같은 대회에 참가한 그는 자신이 마땅히 가야 할 자리에 돌아가는 사람처럼 보였다. 그의 목표는 우승이 아니었다. 하프 코스를 지난 시점에서 그의 우승을 의심하는 사람은 없었다. 그의 목표는 세계 기록을 달성하는 것도 아니었다. 그는 초반부터 종전의 세계 신기록 페이스보다 빨리 달렸다. 페이스를 유지한다면 새로운 세계 기록이 달성되는 것은 당연한 일처럼 보였다.

킵초게가 싸운 시간은 완전히 낯선 세계로 가는 시간이었다. 우승, 세계 신기록은 그를 제외한 사람들이 입에 올리는 것들이다. 그는 그저 자신의 고요한 마음속으로, 그 광활하고 낯선 우주로 얼마나 더 깊이 더 멀리 갈 수 있는지 도전하고 있었다. 숭고하고 위대한 몸짓이었다. 역사 앞에서 마라톤 선수는 기록으로 평가받는다. 그의 이름보다 그의 기록이 더 많이 회자된다. 그러나 내가 보기에 킵초게는 자신의 한계를 극복하려고 투쟁하는 러너는 아니다. 물론 이건 매우 성급한 판단일 것이다. 그래도 달리는 모습을 자세히 오래 지켜보고 있으면 느껴지는 것들이 있다. 어떤 선수는 신체의 한계, 자신의 의지력과 투쟁한다. 몸을 이겨내야만 목표를 달성할 수 있다. 그들 틈에서, 아니 그들 앞에서 한 명의 선수는 몸과 화해하며 자신의 의지와 대화를 나눈다. 마치 명상을 하듯이 달린다. 이런 모습들은 기록되지 않는다.

그래서 나는 다시 나에게 묻는 것이다. 나는 어디로 가기 위해 달리는가. 나는 더 좋은 사람이 되고 싶었다. 어떤 일이든 거뜬히 해 내는 사람이 되고 싶었고, 나 자신의 무기력을 미래로 가는 에너지로 만들고 싶었다. 그리고 가끔은, 아니 어쩌면 매일 밤, 나를 둘러싼 현실에서 도망치고 싶었다. 그래서 달렸다. 나는 어디에 와 있을까? 이 물음에 답하고 싶다. 가을이 되었고, 요즘은 종종 바람의 손을 잡고 달린다. 고백하자면 나는, 달리기에 어떤 의미나 목적을 부여하고 있는 나 자신을 발견할 때마다, 아니야, 그럴 필요는 없고, 너는 그저 달리고 있을 뿐이야. 뱃살이 좀 빠지겠지, 라고 웃어넘긴다. 그러나 모든 달리기가 겨우 그 정도 행위일 거라고 생각하진 않는다. 내가 아무리 과소평가해도 나는 어딘가로 분명히 가고 있을 것이다. 킵초게가 그랬듯. 착각일 수도 있지만, 착각이 아닐 것이다.〔『**러너스월드 코리아**』, 2018. 10, **편집장 글**.〕

아주까리 수첩 006
이우성 산문집

좋아서,

제4부
사람들

[4-23] 프로듀서 신원호

신원호 PD는 칭찬을 들으면 심드렁하게 응답한다. 또한 그는 무척 수평적인 사람이다. 노무현 대통령을 존경하며, 함께 일하는 후배들의 경험을 존중한다. 그를 에이어워즈(A-AWARDS)〔남성 패션지 『아레나 옴므 플러스 코리아』가 매해 각 분야에서 가장 활약한 인물을 선정하는 시상식. 2006년부터 시행했다.〕의 수상자로 선정한 건 〈응답하라 1997〉(2012)의 시청률 때문이 아니다.

신원호가 〈남자의 자격〉(KBS, 2012)을 그만두고 CJ E&M으로 옮긴다는 소식이 알려졌을 때 어떤 기자들은 〈남자의 자격〉이 금세 사라지기라도 할 것처럼 요란스런 기사를 써댔다. 이런 소음은 신원호가 존재감이 뚜렷한 PD라는 사실을 새삼 증명하는 것이었다. 그가 CJ E&M의 채널에서 처음 연출하는 작품이 버라이어티 예능이 아니라 드라마라는 점은 그의 이적만큼 놀라운 소식이었다. 그의 표현에 의하면 예능에서 '승률'은 케이블에 방영될 드라마를 만드는 그에게나 그의 섭외 전화를 받은 배우들에게도 의미가 없었다. 그는 KBS라는 든든한 지원 사격 없이 혼자, 아니 그가 신뢰하는 〈남자의 자격〉의 메인 작가인 이우정과 함께 〈응답하라 1997〉을 만들었다. 둘 중 누구도 드라마를 만든 경험이 없었다. 둘은 앞으로 쏟아질 어마어마한 흥분을 예측하지 못했다.

드라마가 의외로 잘 됐다. '케이블'에서 시청률 나오기 쉽지 않은데. 윗사람들한테 칭찬 많이 들었겠다. 비싼 돈 주고 영입한 스타 PD니까. — 🎤 방송이 나가는 기간을 포함해 그 전에 촬영 기간까지 서너 달 회사에 못 갔다. 내가 촬영을 다 하고, 편집도 내가 하니까. 그래서 피부로 못 느꼈다. 다 끝내고 컴백을 하고 나서 칭찬을 들었는데 뭐 그렇게…….

편집까지 직접 할 필요가 있나? — 🎤 욕심인데, 버라이어티를 하면서 내가 가진 최고의 강점은 편집이지 않나 생각했다. 편집에서 모든 게 비롯된다. 편집을 해 봐야 찍을 줄 알게 되고, 찍을 수 있어야 구성을 할 수 있고, 구성할 수 있어야 기획을 할 수 있다. 그걸 알기 때문에 못 놓는 거다. 아마 제작비 상으로 1억 정도 세이브했을 거다. 편집 기사한테 주는 돈도 꽤 쎄거든.

그거 아낀다고 회사가 알아주나 뭐. — 🎤 그렇지. 나중에 생각하니까 좀 억울하더라고. 이걸 티를 내고 알려야 하는데. 그런데 제작비가 없었다. 제작비에 여유가 있었다면 젊은 친구들이라도 구해서 순서 편집이라도 해 놓으라고 시켰을 텐데.

배우는 찍고 가 버리면 끝이지……. — 🎤 그래서 연기자도 그렇고 예능인도 그렇고, 어떤 PD를 만나느냐가 굉장히 중요하다. 현장에서 뽑아낸 결과물이, 어떤 PD가 만지냐에 따라서 굉장히 달라진다. 연기 못하는 사람도 별 티가 안 나게 만들어 줄 수 있다. 물론 본질을 바꿀 순 없다.

서인국을 좋아하지만 연기를 잘하는 건 아니라고 생각했는데…… PD의 마법인가? — 🎤 연기자들은 커트를 많이 잡아야 연기를 잘 보여 줄 수 있다고 생각하는 경향이 있다. 그런데 실제로 대화할 때 우리는 그렇게 얘기 안 하잖아. "밥 먹었어?" "아니" 이러면 끝인데 "밥...... 먹었어?" "......아니." 두세 배나 시간이 더 걸린다. 물론 이걸 완전히 바꾸긴 힘들다. 커트라는 게 현실적으로 필요하고, 시청자들도 전개가 너무 빠르면 잘 못 따라잡는다. 그래도 그런 시간을 최대한 줄이고 싶었다. 카메라 동선에 의해 어쩔 수 없이 생기는 동작, 가령 길을 가다 전화가 오면 멈춰서 받는 건 카메라가 못 따라가는 상황이기 때문이다. 그래서 전화가 오면, 괜히 길거리에서 멈추고, 감정 다 보여 주고, 끊고, 그런 다음 다시 걸어간다. 그런데 우리가 실제로 이러진 않잖아. 걸어가면서 통화하지. 나도 콘티를 짜다 보면 카메라 동선이 안 나와서 멈추게 할 수밖에 없는 상황이 생긴다. 대신 최대한, 멈춘 이유를 만들려고 한다. 가령 운동화 끈을 맨다든지. 최대한 리얼 라이프에 가까운 그림과 동선과 대사로 드라마를 이끌어 가면 좋겠다고 생각했다. 특히 은지가 내가 얘기한 톤을 많이 살려 줬다. 연기를 안 해 봤기 때문에 기존의 톤이 몸에 안 배어 있었다. 물론 그래서 답답한 부분도 있다. 근데 그건 가르치면 그만이다. 인국이는 연기 경험이 한 번 있어서 기존의 톤이 조금 붙어 있어 있긴 했지만 금방 수정했다. 인국이가 센스가 있다. 아무나 그렇게 할 수 있는 게 아니다. 은지원 씨, 호야(이호원)도 연기를 안 해 본 사람들이다. 그런 면에서 덕을 봤다. 그래서 TV에서 잘 안 봤던 연기, 실생활에 가까운 연기, 거기에 사투리가 합쳐져서 드라마가 잘 뽑힌 것 같다.

서인국과 정은지가 일차 캐스팅이 아니었던 걸로 알고 있다. 누구였나? — ● 딱히 그 사람이다, 라고 했던 사람은 없었다. 많은 이름이 나열되고 A+++, A++, A+, A0, A-, B+, B0, B-, C+, C0, C- 이렇게 쭉 내려왔다. 인국이랑 은지는 등급도 없었다. 연기를 안 해 본 애들이니까. 지상파였으면 쉽게 섭외가 끝났을 거다. 그런데 케이블은 정말 아무도 안 한다. 지상파면 아무도 안 했을 리는 없을 텐데. 그전까지 KBS가 나를 지탱해 줬는데, 케이블이라는 데는…… 아무도 전화를 안 받고. 다들, 그러니까 욕심은 나는데, 뭔가 사람들을 끌 만한 미끼가 있어야 하는데, 그러려면 적어도 B + 정도 하는 사람이 나와야 하지 않을까…….마지막까지 붙들고 있던 게 예를 들면 B-, C + 정도 되는 분들이었다.

그게 누군가? ─ 🎤 급을 이야기했는데 이름을 말할 순 없지. 그 분들의 연락을 기다리다, '얘 누군지는 아는데, 얘가 나온다고 사람들이 드라마를 볼까?' 이런 의문이 들었다. 결론은 안 본다, 였다. 왜 지금 우리가 이 고민을 하고 있지, 여기 분명히 정확히 캐릭터를 소화해 줄 은지랑 인국이가 있는데. 지금 생각하면 쉬운데, 그때는 혁신적인 결정이었다. 메인 작가인 이우정한테 전화를 하니까 "잠깐 있어 봐. 내일까지만 생각해 보자." 전화를 끊고 다음날 우정이가 "그래 하자." 그래서 내가 또 "잠깐만 하루만 더 생각해 보자." 그렇게 계속 핑퐁을 했다. 그러다가 "그래 하자. 애들밖에 없다." 걔들밖에 없었다. 그 연령대 사투리 쓰는 분, 고향이 그쪽이신 분은 더더욱 그렇고 웬만한 좋은 분들한테 다 까였다. 거의 다. 지금 생각하면 너무 당연하다. 드라마를 한 번도 안 해 본 놈이 드라마 하겠다고 설치는데 나 같아도 안 하지. 그것도 tvN에서 한다는데, 예능에서 승률이 어땠는지 그런 게 하나도 안 중요하겠지.

드라마인데 예능처럼 한순간도 눈을 못 돌리게 하는 장치가 많았다. 정말 새로운 드라마였다고 생각한다. ─ 🎤 그거를, 그러니까, 안 해 봤던 놈들이니까. 처음에는 막막했다. 회의하려고 앉았는데 우리가 나눈 대화가 "드라마 어떻게 하는 거냐?" 서로 멍하니 보다가 "야,

"드라마 작가들한테 전화해서 물어 봐. 나도 PD 선후배들한테 물어 볼게" 이런 거였다.

전화해서 물어 보면 반응이……. — 🎤 한숨 푹 쉬지. "작가는 있냐?" "이우정 작가. 〈남자의 자격〉 했던 팀이 만드는 거야." "드라마 안 써 봤을 거 아냐?" "우리는 어차피 다 모여서 죽어라 밤새 회의하니까." 이런 대화나 하고. 드라마 쪽은 이런 시스템을 이해 못한다. 시놉시스를 공유한 다음 작가 분이 써서 넘기는 대본을 보고 그걸 찍는 방식이니까. 우리는 예능 때 했던 방식 그대로 했다. 무식하게 그냥 작가랑 PD랑 다 같이 앉아서 콘셉트는 뭐가 좋을까? 캐릭터는 뭐가 좋을까? 무슨 이야기해 볼까? 에피소드를 수십 개 짜서 칠판에 붙이고. 밤새도록 대사 한 줄 가지고 재미없는데, 맛없는데, 하면서 한 마디가 뽑힐 때까지 비효율적이고 무식하게 붙들었다.

PD들이야 그렇다 치고 작가들이 그걸 좋아해? 작가들한테 돈도 많이 안 주지 않나? — 🎤 미안하지. 내가 주는 거면 줄 텐데. 같이 오래 일하면서 나만 그런지 모르겠는데 회의가 재밌었다. 백 마디가 농담 따먹기거든. 누가 한마디 던졌을 때 응? 잠깐 생각하고, 누군가 또 한마디를 던졌을 때 그게 합쳐지고, 그렇게 합쳐져서 뭔가 하나가 나오는데…… 물론 한심하다는 생각은 하고 있다. 반면에 그 방식대로 한 게 다행인 건, 우리가 하고 싶었던 게 밀도 있는 예능처럼 한순간도 채널 안 돌아가게 하는 거였으니까. 그러려면 예능에서 했던 방식대로 하는 게 말이 될 거 같다. 요즘 시청자들은 에피소드가 쉴 새 없이 터지는 걸 좋아한다. 한 사람 머리로는 도저히 그렇게 못 만든다. 사십 분 분량의 드라마 안에서 수많은 에피소드와 대사를 엮고, 사건과 사건을 교묘하게 연결시키고 반전을 일으키려면 공동 브레인 작업을 할 수 밖에 없다. MBC, KBS 드라마 높으신 분들, CP분들, PD분들이 이우정 작가한테나, 나한테 연락해 온다. 일한 방식이 궁금한가 보다. 드라마 만드는 선배가 나한테 그런 얘기를 했다. 이게 기념비적인 작품이 될 수도 있다고. 잘 만들어서가 아니라 희한한 방식으로 만든 작품이 '터지면서' 지금까지와 다른 방식의 드라마가 생기는 분기점이 될 것 같다고. 어쨌건 새롭다는 이야기니까 기분이 좋다.

정치적인 얘기는 아니고, 나는 안철수 후보가 수평적으로 이야기하고 행동하는 모습이 젊은 층한테 호응을 얻었다고 생각한다. 그게 창의적인 무언가를 만들어 내는 방식이라고 믿는다. — 🎤 아이디어를 뽑기 위한 가장 좋은 방식이다. 그런데 자리잡기까지 오래 걸린다. 잡담하다 시간 다 보내고, 너무 편하다 보니 권위도 없어진다. 서로 농담하다 보면 기분 나빠질 때도 있다. 속으로 저게 미쳤나? 생각하고. 그래서 나는 후배 PD를 새로 받으면 말한다. 내 프로그램에 들어오면 다 똑같다. 네가 내 후배 PD건, 막내 작가건, FD건, 난 누구 편도 안 든다. 모두 이 프로그램을 위해 온 놈이기 때문에 이 프로그램의 지분을 N분의 1씩 가지고 있다고. FD라고 네가 무시할 것도 아니고, 막내 작가와 무슨 일이 생겼다고 해서 내가 네 편을 드는 것도 아니라고. 제일 존경하는 사람이 노무현 대통령이다. 그 분의 권위 없음을 좋아한다. 그게 쉽지 않다. PD 나부랭이도 쉽지 않은데, 대통령이 권위를 내려놓고 검사 나부랭이들이랑 맞장 뜨고, 그걸 그냥 참고 넘어간다는 게…… 대단한 거다.

이 드라마는 수평적인 리더십의 결과물인가? — 🎤 총체적으론 그렇긴 하다. 막내 작가의 경험담부터 시작해서, 막내 PD 경험담, 내 경험담, 그 모든 것들이 어우러졌으니까. 막내가 낸 의견이라고 묵살했다면 그런 드라마가 안 나왔겠지. 재미없는 노땅들 경험담만 가득했을 거고. 처음에 아이돌 팬클럽 이야기 들을 땐 한심했다. 그런데 가만히 듣고 있다 보니 점점 웃겼다. 그렇게 하나둘 듣고 물어보다가 그들의 철학도 알게 되고, 생각 없이 그 짓을 한 게 아니라는 걸 알게 됐다. 나중엔 설득당해서 너희 완전 재밌었겠다고 말했다. 지위에 상관없이 들어 주고 설득당하는 분위기가 돼 있어서, 그 과정에서 얻은 아이템이 많다.

그걸 당신이 진두지휘했다. 당신도 대단한 사람이다. 시즌 2가 나오니 마니 말이 많다. 결정했나? — 🎤 하기 싫다. 욕먹을 걸 너무 잘 안다. 빤하잖아. 합창단도 욕을 얼마나 많이 먹었는데. 나는 할 생각이 없었다. 위에서 압박이……. 내가 노조에서 쫓아내려고 애썼던 인간까지 나를 찾아와서 박칼린이랑 같이 만나자고 했다. 시즌 2는 애초에 약점을 안고 시작하는 거다. 겁이 좀 난다. 그걸 넘어설 수 있을 정도의 아이템 있다면 하겠지만 쉽지 않다. 그만큼 〈응답하라 1997〉에 다 쏟아부었다. 뭐가 또 남았지……? 우정이랑 앉아서 회의를 해 봐야 알 것 같다. 내년 초에나 그런 자리를 가질 것 같다.〔『**아레나 옴므 플러스 코리아**』, 2012.12.〕🎤

[4-24]   이정재라고 불리는 남자

디올 옴므의 2013년 봄여름 컬렉션은
영화 배우 이정재의 몸에 맞춘 옷 같다.
현실의 이정재는 〈도둑들〉(2012)의 뽀빠이와
〈신세계〉(2013)의 이자성보다 멋있다.

이정재는 인터뷰가 싫을까? 기자들이 제멋대로 기사를 써서? 연초에 이정재가 『보그』와의 인터뷰 [『하드보일드 맨』, 『보그 코리아』 2003년 2월호] 에서 한 발언을 둘러싸고 벌어진 작태를 떠올리면 인터뷰와 기자를 싫어한다고 해도 이상하지 않다. 하물며 〈모래시계〉(1995) 이후 18년이 지났으니 인터뷰를 얼마나 많이 했을까. 지겨울 만하지. 아닌가? 이정재는 인터뷰도 기자도 싫어하지 않는데 『아레나』에서 온, 자기 못지않게 잘생긴 기자만 싫었던 걸까? 정확히 적자면 그는 심드렁했다. 좋아하거나 싫어하거나를 논할 정도도 아니었다. 하지만 그건 배우의 사정이고 인터뷰이는 나름대로 임무를 완수해야 한다. 이정재와는 〈도둑들〉이 천만 관객을 목전에 두고 있을 때도 인터뷰를 했다. 그는 기억을 못하지만 몇 년 전에도 인터뷰를 했었다. 그때는 어땠지……. 기억이 안 난다. 그런데 그때나 지금이나 또렷하게 떠올릴 수 있는 게 있다. 이마와 미간. 스타일리스트가 준비한 옷을 입고 카메라 앞에 선 모습. 이정재 정도의 외모를 가진 배우가 이정재 정도의 연기를 하며 이정재 정도의 존재를 증명하는 경우가…… 있나? 어느 볕 좋은 오후에 이정재가 하늘색 셔츠의 단추를 두 개 풀고 청담동 거리를 걷고 있었다. 마침 나도 푸른색 셔츠를 입고 단추를 하나 풀고 걷고 있었다. 그래서 하나를 더 풀었다. 곧 다시 채웠다. 이정재는 오롯이 이정재여서. 그래서 그가 심드렁하든 지루해 하든 상관이 없다. 자기 못지않게 잘생긴 기자를 순식간에 평범한 사람으로 만들어도 괜찮다. 외모 따위가 이정재를 빛나게 하는 게 아니니까. 이정재는 이정재다. 그리고 이십 년에 가까운 시간 동안 이정재는 이정재가 되었다. 시간의 가치를 증명하는 좋은 사례처럼. 디올의 남자 옷을 입고 카메라 앞에 선 이정재는 자신이 이정재라는 걸 너무 아는 이정재 같았다. 그와 나 사이의 공기는 그에 관한 모든 것을 수긍하라고 말했다. 그건 별로 어려운 일이 아니었다. 혹시 그가 선민의식을 갖고 있다면 그는 그것을 모른다. 그를 보는 이들이 만들어 낸 것이다.

|

방금 디올 담당자랑 이야기했는데 당신이랑 화보를 찍어서 좋다고 했다. 홍콩에서도 디올 관계자가 왔다. 역시 이정재다. 비꼬는 거 아니다. 수트를 입고 거울을 보면 스스로도 멋있다고 생각하나? —👤 제일 좋을 때를 아니까. 수트가 사실 되게, 뭐라고 해야 하지? 예민하다고 할까? 색, 포켓 위치, 허리 라인, 피트, 단추, 많이 보는 사람은 원단이 몇 수인지도 본다. 나는 그렇게까지는 안 보는데, 내 몸에 어떤 옷이 잘 맞는지는 안다. 고급 브랜드의 옷이어도 내 보디 라인에 안 맞는 경우가 있다.

|

좋을 때를 안다는 말이 좋다. —👤 내 몸하고 옷이 딱 맞을 때, 어 이거 오늘 내가 좀 괜찮아 보이는데, 이런 생각이 든다. 잘 맞는 브랜드가 몇 개가 있다.

|

디올도 그런 브랜드 중 하나인가? —👤 그렇다. 내가 몸이 벌키하지

않아서 그런 것 같다.

원단의 색, 포켓, 허리 라인, 피트, 단추까지 이야기하는 남자가 많지는 않다. — 🗣 많이 입어 봤으니까. 경험에서 나오는 거지.

성격이 예민한가? 옷과 성격은 별개지만 옷을 대하는 태도에는 성격이 드러난다……. 추측하는 거다. — 🗣 남자는 디자인이 많이 들어가 있는 옷을 입을 기회가 별로 없다. 멋을 부릴 수 있는 레인지가 짧다. 그러니까 그 안에서 디테일한 부분을 신경쓰게 되는 거 아닐까? 글쎄, 모르겠다. 예민하다기보다는 눈에 보이는 거를 이야기하는 거다. 이게 왜 멋있는지에 대한 이유, 이게 왜 나와 안 맞는지에 대한 이유가 보이는 거다. 조금 더 안다는 거, 그거하고 성격이 까다로운 거하고는 별개인 거 같다.

왜 물어 봤냐면, 〈도둑들〉 개봉하고 나서도 우리가 인터뷰를 했다. 나는 그때도 지금도 당신과 이야기하는 게 편하지 않다. 잘 안 그러는 편인데 겁먹었다. — 🗣 왜 그럴까? 난 잘 모르겠는데.

〈신세계〉를 보고 나서 묻고 싶은 게 생겼다. 나랑 친구랑 이자성에 대해 이야기를 했다. 그러다 의문이 들었다. 감독들은 왜 이정재에게 절제하라고 할까? 왜 폭발하게 내버려 두지 않을까? 황정민이 맡았던 정청 배역을 가지고 싶진 않았나? — 🗣 모르겠다. 근데 실제로 정청 같은 캐릭터를 만나기가 쉽지는 않다. 정민이 형도 정청만큼 화려한 에너지를, 여러 감정을 표현할 수 있는 캐릭터를 몇 번 안 해 봤을 거다. 다른 배우들도 마찬가지고. 나도 연기를 오래 했지만 아직도 안 해 본 캐릭터가 많다. 더 해야지. 그리고 절제하는 캐릭터도 〈모래

시계〉 이후로 별로 없었던 거 같다.

〈도둑들〉에서도 뽀빠이가 마카오 박이랑 더 격하게 부딪쳤어야 하는 거 아닌가? 나만 아쉬워하나? — ● 많은 분들이 그런 이야기를 하셨다. 왜냐하면 영화 초반부에 뽀빠이가 '마카오 박의 꼴통을 한번 부수러 가야 하나', 호기 있게 말을 했거든. 그래서 관객 분들이 뽀빠이하고 마카오 박하고 뜨는 건가? 언제 붙지? 기대를 했다. 초반에 그런 대사가 없었다면 후반에서 오는 아쉬움도 없었겠지. 하지만 연출의 의도가 그랬다. 기대를 변칙하는 반전, 스토리를 확 틀어버리는 거였다. 결국 마카오 박의 목적은 아버지의 복수니까. 원래 시나리오가 그래서 내가 할 수 있는 말이 없다. 그런 면에서 보면 이정재를 캐스팅하면 안 됐었다. 기대감이 덜 한 배우가 맡았어야지. 뽀빠이랑 마카오 박이랑 안 붙어도 덜 아쉽게.

그런 배우가 맡았다면 뽀빠이라는 캐릭터가 완전히 가라앉았겠지. 하지만 그래도 여전히 마카오 박과 정청을 짓누르는 힘…… 까지는 아니더라도, 둘에 뒤지지 않는 혈기를 이정재에게서 보고 싶었다. — ● 그거는 연출자가 그렇게 했어야지 나하고는 별 상관 없는 거 같은데. 왜 이정재를 그렇게 밖에 안 썼는지, 감독하고 인터뷰해야지.

〈신세계〉 결말 부분에 이자성이 골드문을 접수하고 이사들 앞에서 담배 연기를 내뿜을 때, 아, 저 순간의 극적 효과를 위해 이자성을 절제하게 했구나, 란 생각은 했다. 그 역할을 할 수 있는 건 황정민도 박성웅도 아니니까. 이정재뿐이지. — ● 음, 뭐.

그래서 또 궁금하다. 〈신세계 2〉〔아직 실현되지 않았다.—편집자〕는 십 년 전으로 돌아간다고 들었다. 십 년 전에도 정청과 이중구는 〈신세계〉와 비슷한 성격일 것 같다. 캐릭터에 변화를 줄 여지가 있다면 이자성이 아닐까? 이자성이 어떤 캐릭터이면 좋겠나? ― ◉ 시나리오가 안 나왔는데 어떻게 알아. 그런데 〈신세계〉 마지막에 짧게 드러난 육 년 전의 에피소드를 보면 둘이 어떤 캐릭터였을지 충분히 알 수 있다고 생각한다. 자성이가 시장통을 걸어가면서 자기 형인 정청한테 "아, 빨리 오라고" 소리 지르면서 재촉을 하잖아. 형은 뭘 하러 가는지는 모르는데 따라가고. 젊었을 때는 자성이가 저 일을 꽤나 즐겼다는 것을 알 수 있다. 거침이 없는 사람이었다는 것도. 〈신세계〉의 메인 스토리에서 형님인 정청한테 어느 정도 예의는 지키려고 하는 거에 비하면 캐릭터의 차이가 있다. 나도 그때 이렇게 찍을까 저렇게 찍을까 궁리를 했다. 메인 스토리에서 나온 이자성과 이질감을 느끼게 하지 않은 범위 안에서 젊은 시절의 자성을 표현해야 했으니까. 지나고 보니 그 정도가 적당했던 것 같다. 너무 다르면 캐릭터가 깨지니까. 만약 더 보여 주고 싶다면 2편에서……. 그런데 2편 나오나?

정청이 자성을 왜 용서해 줬는지 아직 아무도 모르니까 2편이 나와야겠지. 〈범죄와의 전쟁〉〈베를린〉 등을 히트시킨 제작자 한재덕 대표와 함께 작업한 소감은 어떤가? ― ◉ 엄청난 내공을 가진, 마이더스의 손이다. 역시 사람은 줄을 잘 서야 한다. 현장에서 연출자들은 한 컷, 한 컷 찍는 것에 민감하게 반응한다. 감정은 물론이고, 동선, 카메라 무빙, 동시 녹음 사운드까지 다 맞아떨어져야 오케이 사인을 한다. 그런데 한 대표님은 요 앞의 수뿐만 아니라 저 뒤의 뒤의 뒤 수까지 본다. 그래서 감독에게 제안을 많이 한다. 엉뚱한 데 시간 버릴 바에야 무시할 건 과감히 무시하고 다른 장면을 하나라도 더 찍자고.

감독이 혼자 진두지휘하며 영화를 찍는 시대는 끝난 걸까? ― 🗣 예전에는 감독만 모든 일의 과정과 내용을 알았다. 근데 지금은 감독뿐만 아니라 제작자, 프로듀서 중에 판단이 굉장히 빠른 분들이 생겼다. 웬만한 신인 감독보다 훨씬 많은 경험을 한 분들이다. 반면에 혼자서 전체를 잘 꾸려 나갈 수 있는 감독들이 많지 않다. 제작자나 프로듀서 들의 도움을 많이 받는다. 현장에서 다 같이 만든다. 나아진 방향으로 가고 있는 거라고 생각한다.

그런데…… 어떤 질문 받으면 좋나? 답변도 표정도 시니컬해서 마음 편히 질문을 할 수가 없다. ― 🗣 긴장하지 말고.

긴장 엄청 했다. 지금은 어떤 영화 찍고 있나? 긴장하니까 질문도 이렇게 진부한 거다. ― 🗣 〈관상〉(2013)이라는 작품 찍고 있다. 여름 지나서 개봉할 것 같다.

마지막 질문을 하겠다. 영화를 본 사람도 속 시원하게 대답을 못한다. 석 회장은 누가 죽였나? 이중구가 아닐 것 같아서 묻는 거다. 정청도 아니고. ― 🗣 왜 정청이 아닌 거 같아? 난 정청이 죽였을 것 같은데.

자살인가? 의외로 이자성은 아닐까? 당신이 죽였지? ― 🗣 난 몰라. 난 아니야.

자, 그럼 다시 디올을 위한 시간이다. 오늘 촬영 어땠나? 옷이 잘 맞아서 좋았어요, 이런 대답도 있으면 디올이 좋아할 거 같다. ― 🗣 그런가? 하하. 옷이 홍콩에서 왔다던데 내 몸에 맞춰서 보낸 거 같다.

그렇지? 핏이 정말 정말 좋더라고. 디올이라서 그렇다. ― 🗣 그런가 보다.

긴장했으니까 전형적으로 마무리를 하겠다. 화보 찍는 걸 숱하게 봤지만 오늘처럼 빨리 끝난 건 처음이다. 역시 모델과 의상이 훌륭해서겠지? 이런 클로징 어때? ― 🗣 원하신다면.

끝까지 긴장하게 한다. ― 🗣 뭐.〔『아레나 옴므 플러스 코리아』, 2013.05.〕

[4-25] 무섭냐? : 황현희

황현희가 쓰지 말라고 한 얘기가 있다.
그래서 안 썼다.
응원하고 싶었다.

황현희는 정치적이다. 황현희도 안다. 그리고 황현희도 다른 개그맨처럼 '정치적'이란 수식어가 부담스럽다. 하지만 황현희는 어쩔 수 없이 정치적이다. '소비자 고발' '집중토론' 같은 코너가 우연히 나온 게 아니다. 말투와 목소리, 관심, 성격, 습관, 행동이 투영된 것이다. 무엇보다 가장 정치적인 상황은 황현희마저도 '정치적'이란 감투를 버거워한다는 것이다. 이게 오로지 당대만의 무게인지 오래 바라볼 필요가 있다.

당신은 사회 문제에 관심이 많은 개그맨이다. 당신의 개그는 그걸 감추지 않는다. — ◉관심 많다. 난 염세주의자다. 비판적인 시각으로 바라보려고 노력한다. 그대로 받아들이지 않고 한 번 꼬아서 받아들인다.

삐딱선 타는 것과는 다른가? — ◉삐딱선이라기보다, 나는 내 생각이 확고하다. 그런데 그런 이미지를 깨 보려고 시작한 게 '위대한 유산'이다. '위대한 유산'에는 일부러 내가 당하는 설정을 넣었다. 신발에 키 높이 깔창 넣는 얘기도 나오고. 지적인 이미지가 강한 게 개그맨으로서 좋은 일만은 아닐 것 같았다.

황현희를 보면서 정치적 성향은 어떤지 궁금했다. 난 반MB다. ─🎤
좌파구나. '사마귀 유치원' 좋아하겠네. 나는 '사마귀 유치원'을 좌
마귀 유치원이라고 부른다. 좌파 성향이 강해서.

당신은 뭔데? ─🎤 정치를 하고 싶은 생각은 없지만 정치를 되게 좋
아한다. 대한민국에서 똑똑하다는 사람들이 모여서 그들끼리 머리
싸움을 벌이는 게 너무 재미있다. 각각의 장단점이 있겠지만, 왼쪽은
선동하는 경향이 있다. 오른쪽은 지나치게 그들만의 리그다. 근데 정
치에 관한 인터뷰는 기사에 쓰면 안 된다.

우리 나라에서 일어나는 최근의 어떤 상황에서 지지하는 것과 지지
하지 않는 것은 뭔가? ─🎤 (황현희는 한참 이야기했다.) 그런데 이
거 절대 쓰지 마라.

아⋯⋯ 알겠다. ─🎤 나는 정치적 성향이 뚜렷하다. (황현희는 또 한
참 얘기했다.) 하지만 이런 얘기 함부로 하면 난리난다. 요즘 선거 때
문에 민감해서 정치 얘기는 아예 안 하려고 한다. 이런 적도 있다. 아
는 사람이 밥이나 먹자고 해서 갔더니 후원금 모집하는 자리였다. 사
회 봐 달라고 해서 갔더니 정치인 출판 기념회였다. 바로 나와 버렸
다.

성향이 뚜렷하고 관심도 많은데 개그에선 자유롭게 드러내지 못하
니 답답하겠다. ─🎤 전 세계적으로 공통적으로 재미있는 개그 소재
가 정치랑 섹스라고 생각한다. 그런데 그 두 개를 못하게 하니까.

그래도 요즘 비교적 자유로워지지 않았나? ─🎤 전혀 자유롭지 않

다. 일본과 미국에 비하면 전혀 자유롭지 않다. 옛날보다는 나아졌지만.

이미지를 바꾸려고 '위대한 유산'을 했다고 말했지만 "이거 어디 갔어"라고 외칠 때조차 황현희 보이스는 다큐멘터리적이다. 그래서 웃기다. 개그 프로그램에서 진지한 목소리로 말하니까. —🎤 '소비자 고발' '범죄의 재구성' '집중 토론' '남보원' '불편한 진실' 이런 코너들이 다 진지한 코드다. 나는 개그가 가장 웃긴 상황은 진지할 때라고 생각한다. 그러니까 내가 나를 안 거다. 내 목소리 톤에 어울리는 개그가 뭔지 생각을 많이 했다. 내가 뭘 잘하는지 고민도 많이 했다. '범죄의 재구성'에서 "조사하면 다 나와"라고 말할 때도 나는 무대에서 절대 웃지 말아야지, 라고 다짐했었다.

그러고 보니 황현희가 한 코너는 전부 고발의 성격을 갖고 있다. 동료 개그맨들이 너는 왜 늘 진지해? 왜 늘 비틀어서 봐? 라고 얘기 안 하나? —🎤 나도 평소에는 장난 많이 친다. 그렇다고 내가 굳이 여기 와서까지 그럴 필요가 있나?

하지만 웃지도 않고 무뚝뚝해서 당황했다. —🎤 말이 많은 편은 아니다. 개그맨을 가볍게 보는 사회적 분위기가 있다. 난 그게 싫다. 개그맨을 너무 불쌍하게 생각한다. 난 불쌍하지도 않고 어렵지도 않다.

안다. 핸드폰 광고도 찍었다. —🎤 난 LG를 찍었는데 SK의 모델은 원빈하고 신민아였다. 내가 생각해도 웃기더라고. 사실 일본이나 미국에선 개그맨들이 천재 대우를 받는다. 그런데 우리 나라에서는 광대, 딴따라, 이렇게 생각한다. 길을 가다 보면 사람들이 나를 보고 놀라는 게 아니라, 웃고 지나간다. 기분 되게 나쁘다. 보고 웃어 주면 기분이 좋아야 하는데, 기분이 나쁜 거다.

에이, 그 사람은 장동건이 지나가도 웃을 거다. 하지만 기분 나쁜 거 이해한다. 충분히 이해가 되는 사회적 분위기가 있으니까. — ● 인식이 바뀌면 좋겠다. 나조차도 그런 인식을 당연하게 받아들이곤 했다.

개그맨들이 사업도 많이 하던데 당신은 안 하나? — ● 관심 없다. 개그가 좋다. 개그만 잘해서 개그를 오래하고 싶다. 음반 내는 것도 연기하는 것도 관심 없다. 가끔 카메오로 드라마에 출연하는 건, 돕는 거다. 조연으로 연기를 한다든가 이런 거 흥미 없다.

주연을 하라고 하면 할 거지? — ● 더 안 한다. 재미가 없는데. 사람이 재미있는 거만 하면서 살 순 없지만 나만큼은 그렇게 하고 싶다.

이런 말 어이없는 거 아는데, 개그맨인데 자존심이 세고 철학도 있다. — ● 자기 직업에 대한 자부심도 없으면서 그 일을 하는 건 무의미하다.

그래, 그렇긴 한데 어떤 개그맨은 개그를 다른 일을 하기 위한 징검다리로 생각하는 것 같다. — ● 그런 개그맨이 있다. 개그맨이 되고 싶어서 이쪽에 들어온 게 아니라 연예인이 되고 싶어서 들어온 애들 몇 명 있다. 어쭙잖게 트위터나 이용하려고 하고. 자기 홍보에 중점을 두는 애들 있잖아. 나는 직구를 던지는 정통파 친구들이 들어오면 좋겠는데 자꾸 기교파, 변화구를 던지는 친구들이 들어온다. 그런데 그런 친구들은 잊힌다. 개그판에서 못 버티고 빠져나간다. 왜냐하면 이 일은 개그를 사랑하지 않으면 버틸 수가 없다. 개그는 고도의 두뇌 플레이다. 동선과 대사의 토씨 하나하나를 일 초마다 맞춰 가면서 오 분에 달하는 작업을 하는 건데, 그걸 매주 하려고 해 봐.〈나는 가수다〉도 매주 노래를 바꿔 부르니까 가수들이 죽어 나잖아. 그러다 보니 명예 졸업도 생기고. 개그맨들은 그 작업을 매주 한다. 오 분을 위해서. 지금〈개그 콘서트〉는 오디션 프로그램이랑 똑같다. 합격 못하면 방송에 못 나온다. 그러니까 기교로는 못 버틴다.

|

눈빛이 무섭다. 승부욕도 강할 것 같다. ─ 🎤 나는 여섯 살짜리 조카랑 씨름할 때도 이긴다. 봐 주는 법이 없다. 하지만 선할 땐 한없이 선하다.

|

버라이어티 프로그램 나가서 MC를 해도 잘 할 것 같다. ─ 🎤 내 캐릭터가 통하려면 내 나이가 서른여덟 살쯤 돼야 할 것 같다. 편하게 후배들이랑 장난이나 치면서 말도 두서없이 해야 하는데 지금 나이는 어정쩡하다.

|

그럼 그때까지 살아남아야겠다. ─ 🎤 살아남는다는 표현보다, 그냥 재미있게 해야지. 그런데 이렇게 얘기해 놓고 당장 내일 버라이어티 MC를 할 수도 있다. 재미있으면 하는 거다. 사람을 웃기는 일이면 안 할 이유가 없다.

|

짐승을 웃기는 일도 할 것 같다! ─ 🎤 개들을 어떻게 웃겨.〔『아레나 옴므 플러스 코리아』, 2012.03.〕 🎤

[4-26]   **자우림이 변했나?**

8집 앨범 『음모론』(2011)을 낸 자우림을 만나 뉴스와 음반평, 회색 분자와 〈나는 가수다〉에 대해 이야기를 나눴다.

매니저가 새 앨범의 가사만 보내 줬다. 음원을 보내야지. 인터뷰를 어떻게 하라는 건가? —**구태훈** 유출될 수도 있으니까. 못 믿어서 그런 게 아니라 혹시나 하는 마음에 그런 거다.

그게 못 믿는 거다. —**구태훈** 아니다. 맞나?

그래서 가사만 여러 번 읽었다. 언어로 감동을 조장하지 않아서 좋았고, 하고자 하는 말이 분명해서 좋았다. —**이선규** 그게 정상인 거다. —**김진만** 거의 다 그렇지 않나?

반응이 그게 뭔가? 안 그런 뮤지션이 얼마나 많은데. 아무튼 가사를 읽다가, 이 사람들, 사회에 안타까운 게 많구나, 란 느낌을 받았다. —**이선규** 오히려 요즘 난 트위터를 보면서, 하고 싶은 말 참 많구나, 란 느낌을 받는다.

이상할 정도로 많다. —**이선규** 그렇지? 확실하지도 않은 정보를, 진짜인지 가짜인지도 모르고 리트윗한다. 그건 좀 문제다.

문제인지 모른다는 게 더 큰 문제다. — **이선규** 트위터를 금지시켜야 한다. — **김진만** 트위터하는 애들은 다 잡아넣어야 돼. 하하.

금지하고 잡아넣을 것까지야……. 신문이나 뉴스는 뭐 얼마나 정확한 정보를 주나. 다 마찬가지다. 이제 어떻게 할 수가 없다. — **이선규** 그건 또 그러네. — **김윤아** 핍쇼.

핍쇼? 아이거? — **김윤아** 새 앨범에 수록된 〈핍쇼(peep show)〉의 가사가 그런 내용이다.

가사 쓸 때 무슨 일이라도 있었나? — **김윤아** 난 단지 뉴스 마니아일 뿐.

뉴스 마니아라고? — **김윤아** 여덟 시 뉴스 보고, 아홉 시 뉴스 보고, 열두 시에 또 뉴스 보고, 스마트 폰으로 보고. 뉴스 보는 게 낙이다. 근데 여러 언론사에서 얘기하는 걸 종합해 보면, 사실만 전하는 매체는 없다. 예를 들면, 같은 사건을 두고도 정치 성향에 따라 이야기하는 내용이 다르다.

당신들은 어느 쪽인가? — **김윤아** 회색 분자다! 가장 위험한. 하하하. — **김진만** 난 빨갱이 같다. — **김윤아** 내 성향은 이렇다, 고 말하는 게 이 사회에서는 위험하다. 말과 행동이 의도치 않은 방향으로 해석될 가능성이 있다. 특히 우리처럼 다른 사람들이랑 소통하는 일을 하는 사람들은 더 그렇다. 오해받는 건 괜찮은데 그 오해가 음악까지 오해하게 만든다. 굉장히 비극적인 사회라고 생각한다. 그래서 우리 모두 정치적 성향에 대해서는 어느 쪽으로도 가고 싶지 않은 편이다.

그런 얘기는 선거할 때 표로 하면 된다.

당신들의 언어가 곧 당신들이다. 가사를 읽으며 안타까웠던 건, 왜 이들은 생각하는 문제에 대해 좀더 직접적으로 말하지 않을까, 하는 거였다. — **김윤아** 난 널 사랑하는데 넌 왜 날 버리고 간 거야! 나 망가져 버릴 거야! 이렇게 외치는 게 나는 싫다. 멤버들도 직접적으로 이야기하는 걸 좋아하지 않는다. 아마 자우림은 앞으로도 은유 뒤에서 놀고 있지 않을까. 문장들 사이에 진실을 숨겨 놓고.

사회 문제에 관심이 많은 건 윤아 씨만인가? 다른 멤버들도 그런가? — **이선규** 모여서 잡담하는 거 들으면 성향은 다 같다. 누구 한 명의 '뒷담화를 까기 시작하면' 넷이 다 깐다. 옹호하는 사람은 없다.

대답을 안 해 주겠지만 당신들이 뒷담화하는 누구가 어떤 사람들인지 궁금하다. — **김윤아** 여러분과 같다.

거기까지만 말해도 알겠다. '같은' 사람이 누군지는 적지 않겠다. — **김윤아** 적어야만 아나?

웃기려고 말한 거다. 용기 내서 말해 본 건데······. 아, 웃겼다. 웃고 있잖아. 며칠 전에 시나위의 신대철 씨를 인터뷰를 했다. 그가 말했다. 밴드의 멤버는 가족보다 더 친해야 한다고. 그래서 밴드가 정말 하기 어려운 거라고. — **이선규** 우리도 네 명이 멤버 안 바꾸고 계속 가는 건 그와 비슷한 이유 때문인지 모른다. 새로운 멤버를 만나서 지금처럼 할 자신이 없거든. 그리고 이제 가족이 돼 버렸고. — **구태훈** 건강해야지. — **김윤아** 맞아. 건강이 최고다. 얼마 전에 몸이 안 좋아서 병원에 누워 있었다. 그때 내내 생각했던 게, 아프면 안 되겠다는 거였다. 아프면 안 된다.

자우림 앨범에 대해선 평이 엇갈린다. 4집이 좋다는 사람도 있고, 1집과 2집이 좋다는 사람도 있다. 그런데 그거야 뭐, 인구가 서울에만 사천만 명인데 어떻게 그들 맘에 다 들도록 만들겠나. 내 기준은 두 개다. 하나는 자기가 좋아하는 것을 하고 있나, 다른 하나는 자기가 좋아하는 것을 계속 하고 있나. 앨범이 세 개가 나오든 다섯 개가 나오든 처음의 마음으로 음악을 하는가는 너무 중요하다. 말이 왜 이렇게 길지……. — **김윤아** 계속, 계속.

그러니까 그런 관점에서 자우림이 좋다. 주목을 많이 받고 주변에서 이렇다 저렇다 말도 많은데, 자우림은 그냥 좋아하는 걸 계속하고 있다는 느낌이 든다. — **김윤아** 에이, 너무 정답만 말한다. — **김진만** 우리가 그렇게 얘기한 것처럼 써 주면 안 되나? — **이선규** 상상도 못했던, 감당할 수 없을 만큼 큰 성공을 십오 년째 하고 있다. — **김진만** 우와. — **이선규** 예전에 우리 팬클럽을 주도했던 꼬마들이 지금다……. — **김윤아** 애기 엄마! — **이선규** 그들의 청춘을 우리가 작게나마 장식했다는 게 재미있다.

십오 년이 됐으면 자우림을 알아도 자우림 노래를 모르거나, 노래는 아는데 그게 자우림 노래인지 모르는 경우도 있겠다. — **이선규** 언제였더라? 어떤 여배우가 우리 공연을 보고, 이게 다 자우림 노래였어? 라고 했다고 말한 걸 전해들은 적이 있다. 그런 사람들이 늘었다. 몇 년 전까지만 해도 안 그랬는데.

〈나는 가수다〉볼 때마다, 눈물 흘리는 관중들…… 좋은데, 사실 좀 놀랍기도 하다. 실제 가서 보니 어떤가? ― **김윤아** 약간, 방향을 몰고 가긴 한다. 그런 건 다 알고 있잖아? ― **김진만** 그 공간이 살짝 북한 같다. ― **김윤아** 조작된 건 아닌데 원하는 방향으로 편집을 하니까. ― **김진만** 우리 지금 〈나가수〉를 까는 건가?

새 앨범 나오니까 홍보하려고 〈나가수〉에 나갔다고 말하는 사람도 많다. ― **김윤아** 그런 얘기가 쏟아진다. ― **김진만** 홍보하려고 나갔다.

네이버에 자우림을 검색했더니 누군가 지식인에 올린 질문이 보였다. 중학생인 것 같은데 자기가 만 오천 원이 있다고, 혹시 그 질문 봤나? ― **구태훈** 김윤아가 노래를 얼마나 잘하나요, 라고 물은 거?

그 질문 말고 다른 거. 자우림 앨범을 사고 싶은데 만 오천 원밖에 없어서 한 장만 살 수 있다고 한 거. 뭘 사면 좋겠냐고 질문을 올렸다. ― **김윤아** 아, 어떡하지? 나도 고민된다.

만 오천 원밖에 없다면 어떤 앨범을 사겠나? ― **김윤아** 8집! 아까부터 8집이라고 생각하고 있었다.

상업적인 발언이다. 새 앨범을 꼽다니. ― **김윤아** 사람마다 느끼는 게 다 다르다. 본인이 어떤 시기를 보내고 있는지에 따라서도 크게 좌우되는 것 같다. 자기에게 필요한 음악을 그 뮤지션이 때마침 제공했다면, 그게 최고의 앨범이 될 수도 있다. 인생의 비지엠이 되는 거지.

그래서 8집인가? — **김윤아** 아니, 그 얘기 한 거 아니다. 어떤 사람은 자우림 6집이 좋다고 하고 어떤 사람은 7집이 좋다고 하는데, 각각의 앨범이 나올 당시에 그 사람이 청춘의 절정기를 맞은 게 아닌가 하는 생각이 들 때가 있다. 앨범은 앨범일 뿐, 흘러갈 뿐.

그래서 8집이냐고? — **김윤아** 8집은 객관적으로 좋다.

하지만 인터뷰가 그럴듯해지려면 누군가 한 명은 다른 앨범을 골라야 한다. — **김진만** 난 4집(『Jaurim 04』, 2002).

이유는? — **김진만** 젤 많이 찍은 앨범이라서. — **김윤아** 4집은 자우림 사운드의 분기점이 된, 우리 팀으로서는 역사적인 앨범이다. 1, 2, 3집에서 구현하지 못했던 사운드가 4집부터 정립돼서 그 이후부터는 계속 그렇게 사운드를 만들고 있다. 그런데 그 차이 때문에 리스너들이, 믹스하는 방식이 달라진 걸 정확히 감지한 건 아니겠지만, 4집에 이질감을 많이 느꼈던 걸로 기억한다. 3집과 4집은 완전히 다른 대륙 같다. 4집 때 일했던 엔지니어랑 지금까지 일을 하고 있고, 8집에선 레코딩부터 전체를 그 엔지니어랑 했다. 4집에서 시작된 사운드, 즉 다른 방향으로의 시도가 8집에서 중간 정도 완성이 된 거다.

그 지점을 더 자세히 언어화할 수 있나? 그게 가능하다면 자우림 사운드에 대한 일부의 오해가 풀릴 것 같다. — **이선규** 내가 모니터한 바로는, 사운드가 왜 저렇게 개판이냐라는 얘기가 4집 때부터 나왔다. 그들 얘기를 듣자면 시원시원한 맛이 없다는 거다. 기타에 대해 많이 얘기하는데 나는 원래 미국 스타일의 시원시원한 기타 소리를 안 좋아한다. 아무튼 그때부터 일부 사람들한테 자우림 사운드는 발믹스, 개믹스란 소리를 들은 거다. — **김윤아** 그게 어떤 차이냐면, 아무래도 선규 오빠가 얘기한 것처럼 한국 대중 음악은 미국의 음악 스타일과 비슷한 방식으로 믹스를 하고 대중들도 그 사운드를 좋아한다. 밑에서 벙벙벙 울어 주고, 보컬과 기타는 짱하게 쏘면서 사운드의 공간감을 옆으로 확 넓히는 방식이다. 우리 넷은 그게 싫다. 우리는 네모난 고문틀 같은 데다 사운드를 다 넣고, 그걸 굉장히 적정한 비율로 나누는 방식으로 믹스를 한다. 목소리도 그렇다. 노래 잘하는 가수들은 시원하게 쏜다. 난 그런 소리가 싫다. 낯간지럽다. 목소리가 밴드 뒤에 숨어서 귀를 잘 기울여야만 들을 수 있는 정도가 되는 게 만족스럽다.

설명을 그렇게 하기가 쉽지 않은데. 그리고 자신감이 느껴진다. 일반적인 방식으로는 이미 만들 수 있고 부를 수 있으니까 넘어서서 다른 걸 하는 거 아닌가. 그래서 이야기 들으면서 막연히, 실력 있는 사람들이구나 생각했다. 입에 발린 소리 잘하는 나, 어떤가? — **김윤아** 최고다! 하하. 진만 오빠가 엔지니어 공부를 많이 해서 기술적으로 뛰어나다. 자우림의 회사인 사운드홀릭 레이블의 후배 밴드들의 믹스도 오빠가 맡아서 해 주고 있다. 선규 오빠는 프로듀서로 일을 많이 한다. 태훈 오빠는 레이블 사장이다. 정말 든든하다. — **김진만** 그래서 아까도 선규랑 나만 스튜디오에 갔다 왔다. 좀 있다 또 가야 한다. — **김윤아** 대신 숙제는 내가 제일 많잖아. — **구태훈** 내가 회사 꾸려 주시고, 홍보도 해 주시잖아.

막연히 느끼기에 남자 셋은 게으르고, 김윤아 씨 혼자 부지런할 것 같다. — **김진만** 그렇진 않다. — **김윤아** 그렇다. 내가 병이 난 이유다.

도대체 왜들 그랬나? — **구태훈** 쓰러질 줄 몰랐지. — **김진만** 천하무적인 줄 알았는데.

아까 이번 음반 정말 좋다고 말했다. 앞서 나온 일곱 개의 음반보다 확실히 더 좋은가? — **이선규** 그렇다.

어떻게 확신하지? — **이선규** 좋으니까 작업을 할 수 있었던 것 같다. 전보다 좋다는 확신이 없으면 작업이 재미없었을 거다. — **김윤아** 이건 좀 다른 얘기인데, 우리 앨범이 아니더라도 음악을 들을 때는 되도록 CD로, CD 플레이어도 웬만큼 괜찮은 걸로 들어야 재미가 있다. 나도 엉뚱한 플레이어나, 남의 MP3로 들어야 할 때가 생기는데, 내가 좋아했던 음악이 맞나 싶을 정도로 안 좋게 들린다. 소리 자체에서 오는 감동이 그만큼 크다. 공연장에 가면 가슴이 두근거리는 것도, 소리의 레벨이 크고, 질감이 그대로 다가오기 때문이다. — **김진만** 노트북으로 우연히 베토벤을 들은 적이 있은데, 베토벤, 음악 진짜 못한다. 노트북으로 들으면. — **김윤아** 노트북으로 들으면 런던 필하모닉 오케스트라도 음악을 못한다고.

'어떤 사람'이 그랬다. 언더그라운드와 오버그라운드를 두루 거친 이력을 자우림 스스로가 일부러 더 대수롭지 않게 여기는 듯한 포즈를 취한다고. 절대 내가 그런 건 아니다. — **김진만** 자꾸 물어 보니까 대답을 하는 거지. 우리는 인디도 아닌 것 같고, 메이저도 아닌 것 같다. 인디랑 메이저가 뭐가 어떻게 다른지 일단 모르겠고.

원래 인디는 인디펜던트의 인디다. — **김윤아** 사람들이 생각하는 인디는 배고프고, 저항적이고, — **구태훈** 홍대에만 있고. — **김윤아** 텔

레비전에 나오거나 돈을 벌 거 같으면 메이저라고 하고. 가난해야 착한 놈, 이라는 풍토가 있다. 그렇기 때문에 앞에서 나온 '어떤 사람'도 그런 의식을 가지고 자우림이 강하게 얘기했다고 느꼈을 수도 있겠다. ─ **김진만** 인디도 아니고 메이저도 아닌 게 아니라, 자우림은 인디면서 메이저다. ─ **김윤아** 인디니 메이저니, 모두 헤드라인이 필요해서 사용하는 표현 아닐까. ─ **김진만** 도대체 왜들 그러는 거야?

처음에는 긍정적인 의미였을 거다. 이 뮤지션이 작은 규모로 열악하게 시작했는데 이렇게까지 성장을 했어, 뭐 이런 맥락이었겠지. 그런데 그 얘기가 자꾸 재생산되다 보니 공허한 구분 짓기가 돼 버렸겠지. ─ **김윤아** 결국 다 통하는 건데, 자우림은 그런 의미에서 회색 분자다. 입장도 어정쩡하고 의욕도 어정쩡하고. 이건 좀 다른 얘긴데 〈나는 가수다〉에서 적응하기 힘들다. 그쪽에서는 확실히 이거다, 를 원하는데 우리는 그렇게 명확하지가 않다. 답을 주고 싶은데 거짓말을 할 순 없으니까.

딴지일보 김어준식으로 얘기하면, '여러분은 드라마가 없어요.' 〈나가수〉에선 드라마가 필요하다. ─ **김윤아** 자우림 최대의 문제다. 음악적으로도 그렇다. 앞에서 사운드에 대해 설명할 때도 말했잖아. 확 펼쳐 주고, 징징징징, 아아아아, 둥둥둥둥 이래야 드라마가 생기는데 그렇게 하는 건 다들 낯간지럽고 싫은 거다. 우리는 최대한 회색으로! 하하하하.

다행스럽게도 그런 당신들이 많은 사랑을 받고 있다! ─ **김윤아** 그래서 매일 착하게 살아야겠다고 생각한다. 착하게 산다는 말이 좀 웃기지만, 정말 진지하게 그렇게 생각한다. ─ **구태훈** 난 책 본다. 착하게 살려고. — 어떤 책? — **구태훈** 성경책.

8집 앨범은 어떤 평을 받을 것 같나? — **구태훈** 우리는 평에 별로 집착하지 않는다. 의미가 없다. — **김진만** 평가 절하되진 않는다. — **구태훈** 이상하다는 얘기는 안 들을 거 같다. 나도 리스너니까 우리 음반 듣잖아, 내가 들어도 좋거든. 내가 들어도 괜찮은데 그럼 좋은 거지. — **김진만** 그 사람들 사이에서 분명히 얘기 나온다. 김윤아의 비중이 커졌다, 김윤아 밴드냐…….

'그 사람들'은 누군가? — **김진만** 인디니, 메이저니 나누는 사람들.

그 사람들한테 하고 싶은 말이 있으면 해도 된다. — **김진만** 잘 부탁드리겠습니다. — **이선규** 앨범 평을 하는 분들 보면, 뭐라고 해야 하나, 나는 사실 비평가나 기자는 음악이 없으면 존재하지 않는다고 생각한다. 그런데 거꾸로 생각하는 분들이 있는 것 같다. 그야말로 재수가 없는 거다.

비판은 무조건 안 받아들이는 건가? 수용하는 것도 있겠지? — **이선규** 내 개인적 성향이다. — **김윤아** 그런데, 음악을 토대로 글을 쓰는 분들이 음악에 좌우돼서 글을 쓰는 건 당연하다는 생각이 드는데, 음악을 하는 사람이 비평에 좌우돼서 음악을 하는 건 말이 안 된다고 생각한다. 선규 오빠가 얘기한 대로, 그건 개인의 취향이니까. — **김진만** 오늘 윤아 말 진짜 잘한다! — **김윤아** 평소엔 아무도 나에게 질문하지 않잖아.

평소엔 주로 어떤 얘기 하나? — **이선규** 이런 나이 또래가 하는 증권 얘기 같은 거 말고, 이런 나이 또래보다 조금 어린 애들이 하는 말.

낮에 인터넷에 박정현 씨 사진과 김윤아 씨 사진이 나란히 떠 있고, '열창하는 박정현을 보며 긴장하는 김윤아'라는 타이틀이 적혀 있었다. ─ **김윤아** 핍쇼.

〈핍쇼〉 가사를 인터뷰에 전부 적어야겠다. ─ **이선규** 〈나가수〉가 그런 긴장 구도를 언제까지 우려먹을 수 있을까? 이제 식상하다.

지금 한 말은 인터뷰에서 빼는 게 낫겠다. ─ **김윤아** 써도 되지 않아? ─ **이선규** 알아서 하시고. ─ **김진만** 〈나가수〉의 문제를 말하는 사람이 없어서 시청률이 낮은 게 아닐까?

〈나가수〉에 나온 뮤지션들이 다 멋진 음악을 하지만, 그래도 경쟁이니까 떨어지면 기분은 나쁘겠지? ─ **김윤아** 우리는 빨리 떨어지고 싶다. ─ **김진만** 이거야말로 기사에 쓰면 안 돼. ─ **김윤아** 왜? 〈나가수〉에서 인터뷰할 때도 이렇게 말했어. 제작진도 알고 있어. ─ **이선규** 1등은 해 봤으니까. ─ **김윤아** 누군가 7등을 해야 한다면, 우리가 하고 싶다!

그래도 막상 7등하면 기분이 좋진 않을 거다. ─ **김윤아** 괜찮다. ─ **이선규** 1등이나 7등이나 종이 한 장 차이다. 예전에 방송을 볼 때도 왜 1등이고 왜 7등이지 계속 아리송해 하면서 봤다. ─ **김윤아** 〈나가수〉의 팬 여러분들은 드라마가 있고, 스케일이 큰 음악, 우리가 안 좋아하는 방향의 음악을 좋아한다.

이것도 기사에 써도 되나? — **김윤아** 이것도 이번 주 〈나가수〉 녹화 때 인터뷰에서 얘기했다.

그게 편집 안 되고 나올까? — **김윤아** 건 모르지. 히. — **이선규** 안 나오겠지. — **김윤아** 관객들은 웅장하고, 한 번 질러 주고, 울고 그런 걸 좋아하는데 자우림은 그런 거 못한다. 그런데 첫 주에 1등 했잖아. 정말 놀랐다. 왜냐면 그 곡은 기승전결이 없고, 너희 놀 거야, 안 놀 거야, 이것만 있었거든.

관객도 시청자도 정말 놀았다! — **김윤아** 그래서 의외였다. 우리가 생각했던 공식과 달랐기 때문에. 애초에 이 프로그램에 들어갈 때, 여러 상황을 종합해서 오케이했지만, 우리는 이 프로그램에서 원하는 음악을 줄 수 없는 팀이니까 오래 못 가지 않을까? 하고 예상했다. — **이선규** 처음엔 이 프로그램이 생긴다는 말을 듣고 코미디라고 생각했다. 음악에 등수가 웬 말인가. 그런데 시청자들도 그렇고, 거기 계신 분들도 그렇고, 올곧게 음악을 듣는다. 그게 좋아서 나갔다. 1등을 했건, 7등을 했건 우리 음악을 열심히 들어 주셨단 말이다.

오케이! 진심으로 그리고 애정 어린 마음으로, 빨리 떨어지길 기도하겠다. — **김윤아** 굉장히 바라는 바다. 〔『**아레나 옴므 플러스 코리아**』, 2011.09.〕

[4-27] **친구가 군대에 간다 : 이근호, 하대성, 백종환**

전화를 받았다.
"저랑 친한 축구 선수들이 군대에 가는데요,
가기 전에 같이 사진 찍고 이야기도 나누면 어때요?"
그래서 이근호, 하대성, 백종환을 만났다.

인생에서 축구란 뭘까……. 공을 쫓아 도망치듯 달리다 보면 문득 삶에 대해 생각하기도 할까? 그 순간 주변을 본다. 친구가 있다. 친구에게 공을 준다. 같이 달린다. 이근호, 하대성, 백종환은 초등학교, 중학교, 고등학교를 함께 다녔다. 셋과 이야기를 나누다 문득 이들이 여전히 한 팀에서 기나긴 경기를 하고 있다는 생각이 들었다. 함께 있을 때 힘이 된다는 말은 진부하지만 옳다. 이근호는 2012년에 아시아 최고 선수(AFC 챔피언스 리그 MVP)가 됐고, 하대성은 K 리그 최고 미드필더로 선정됐으며 백종환은…… 명성 있는 선수의 친구가 아니라, 당당히 한 팀(강원 FC)의 주축 선수가 되었다. 그는 팀을 구했다. 그리고 이제 군대에 간다. 같이 간다. 물론 계속 축구를 한다.

셋이 같이 입대하죠? — **하대성** 아니에요. 둘만 가요.

둘만? — **이근호** 대성이는 신의 아들이에요. — **하대성** 입구까지 같이 갑니다.

군대 가는데 여자 친구들이 기다려 준다고 하나요? — **이근호** 여자 친구는 저희가 군대 가 있는 동안 하대성 군이 준비하는 걸로.

계속 축구를 하겠지만 그래도 군대에 가니까 우울하죠? — **백종환** 그래도 혼자 가는 게 아니어서 위안이 되고요. 셋이 같이 가면 좋겠다는 생각도 했는데. — **이근호** 대성이는 엄청 싫어할걸. — **백종환** 열심히 돈 벌 친구를 한 명은 밖에 놔두는 것도 나쁘지 않겠다는 생각도 들어요. 이 년 동안 대성이가 열심히 벌어서 저희 먹여 살릴 거예요. — **하대성** 전화기 꺼 둘 겁니다. 농담이구요. 벌어야죠. 친구들한테 맛있는 거 많이 사 주려면.

백종환 선수에게 묻고 싶은 게 있는데요, 올해 강원 FC가 계속 강등권에 있었잖아요. 시즌 막바지에 와서야 강등권에서 탈출했고, '강등권 탈출골'을 직접 넣었잖아요. 한 건 하고 군대 가는구나, 하는 기분이 들었어요? — **백종환** 이 친구들은 강등권에 안 있어 봐서 모를 거예요. 저도 그렇고 감독님부터 코치 선생님들까지 마음고생을 정말 많이 했어요. 너무 힘들었어요. 잔류 확정된 거 알았을 때 진짜 홀가분했어요. 마음 편히 군대 갈 수 있겠다는 생각도 들었고.

강등권에서 고군분투하는 친구를 보면 어떤 기분이 드나요? — **하대성** 저는 솔직히 종환이한테 어차피 너는 군대 가니까 너무 마음 쓰지 말라고 했어요. 그런데 마지막에 쟤가 골을 넣고 우는 모습을 보고, 얘가 속으로 굉장히 의식을 하고 있었구나, 마음에 짐을 지고 뛰고 있었구나, 알았어요. 힘들었나 봐요.

셋이 정말 친한가 봐요. — **이근호** 5학년 때부터 친구였으니까. 알거 다 알고 더 이상 '깔 게' 없는, '까는' 것도 지겨운, 그 정도로 이제

음…… 예를 들어 이 친구들이 경기를 하면 항상 체크하게 돼요. 선발인지, 이겼는지, 골을 넣었는지, 사소한 것까지. 응원하게 되고, 힘이 돼 주고 싶고. — **하대성** 어릴 때부터 같이 운동하고 같이 자고 그랬으니까. 근호하고는 프로에 와서도 같은 팀에 있었고. 어떻게 보면 가족보다 서로에 대해 더 잘 알 거예요. 특히 여자 관계에 대해.

셋 중 여자를 가장 많이 만난 건 이근호 선수일 거 같아요. 아까부터 보니까 눈웃음을 치더라고요. — **하대성** 정답이에요. 맞습니다. — **이근호** 아니에요. 진정한 꾼은 대성이에요. 아까 사진 찍을 때 봤죠? 끼 부리잖아요.

이 문제는 일단 백종환 선수가 여자를 가장 많이 만난 건 아니다, 로 결론 내죠. 친구가 여자 말고, 축구로 아시아 최고가 되는 걸 지켜보는 기분은 어떤가요? — **백종환** 저는 근호를 어릴 때부터 봤으니까, 근호가 힘들어한 거, 고생한 거 다 알잖아요. 그런 거에 대해 보상받는다고 생각하니까 기분이 좋더라고요. (이근호가 백종환의 손을 잡으며 '오~'하는 입모양을 취했다. 그러자 백종환이 이근호를 보며 말했다.) — **백종환** 입금 시켜. — **하대성** 아시아 넘버 원 축구 선수한테 주는 거잖아요. 저는 받아 보겠다는 생각조차 못했거든요. 그런 상을 가장 가까운 친구가 받으니까 저까지 영광스럽고 뿌듯해요.

트로피를 보고 압도당했어요. 그렇게 큰 트로피는 처음 본 거 같아요. — **백종환** 미사일 나갈 거 같던데요. 기관총 같이 생겼더라고요. — **이근호** 저는 솔직히, 시상식장 가서, 물론 아시아에서 최고로 좋은 상인데, 감격스러웠다기보단 정신이 없었어요. 수상 소감을 영어로 해야 하거든요. 기뻐할 겨를도 없이 스피치 연습하면서 '틀리면

'안 된다, 틀리면 안 된다' 이 생각만 계속했어요. 결국 수상 소감 말하면서 엄청나게 더듬었어요.

그러니까 이제 영어도 잘해야 돼요. 다 조금씩 하시죠? — **백종환** little bit? 하하.

한 선수는 '강등권 탈출슛'을 쐈고, 한 선수는 아시아 최고 선수가 됐고, 다른 한 선수는 올해 K리그 최고 미드필더로 선정됐죠. — **백종환** 선정되는 게 마땅하다 생각했어요. (백종환이 하대성을 보며 멋쩍은 듯 말했다) 귀 막고 있어. 초등학교 때부터 봐 왔잖아요. 대성이 정말 잘했어요. 제가 여기까지 올 수 있었던 것도 이 친구 덕분이에요. 이 친구의 플레이를 내 플레이랑 비교하면서, 저만큼 해야겠다, 저 친구만 쫓아가야겠다, 생각했거든요. — **이근호** 제가 옆에서 지켜보면요, 대성이는 공격이었고 종환이는 수비였어요. 그런데 신체 조건이 비슷하니까 뭘 하든 같이 하게 되는 거예요. 훈련하다가 둘이 살벌해질 때도 있었어요. 지금 종환이 얘기를 들으니까 그때 왜 그랬는지 알겠어요. 대성이는 상상 못할 정도로 잘했어요. 지금도 마찬가지고요. 친구라서 하는 얘기가 아니고 제가 만약 감독으로 K리그 선수 중에 베스트 팀을 만든다면 하대성이라는 친구를 중심에 두고 다른 선수들을 뽑을 것 같아요. 그리고 선수로서, 제가 공격수니까, 나한테 도움이 되는 미드필더를 꼽으라고 하면 하대성 선수를 뽑을 거예요. 솔직히 말하면 저는 힘들 때까지 뛰어야 겨우 잘하는 것처럼 보이는 선수예요. 그런데 이 친구는 너무 공을 잘 차요. 감각이 좋죠. 부러울 정도로. — **백종환** 인터뷰가 끝나고 하대성이라는 선수가 이근호 선수에게 거액을 헌납할 예정입니다.

이쯤에서 K 리그 최고 미드필더에게 돌직구 하나 던질게요. 소속팀인 FC 서울이 우승했잖아요. 하대성 선수가 주장이고요. 그런데, 그런데…… 서울은 수원한테 왜 만날 지나요? — **이근호** 주장으로서 멘탈에 문제가 있지 않나……. — **백종환** 직접 들어 봐야죠, 뭐. — **하대성** 일단 축구장 밖에서까지 수원에 대해 언급해야 하는 게 기분 좋지는 않아요. 수원에 대해서는 얘기조차 꺼내고 싶지 않아요. 그만큼 좀…… 글쎄 뭐, 서울은 준비하는 과정이 일 년 내내 똑같아요. 어느 팀이라고 해서 더 특별하게 준비한다거나 그렇지 않아요. 수원은 우리랑 만나면 일주일 전부터 연습을 다르게 한대요……. 멘탈적으로 수원 선수들보다 저희가 부족한 게 아닌가? 라이벌 간의 싸움은 축구 실력을 겨루는 게 아니라 정신력이라든지 투지의 싸움이기도 하거든요. 그런 부분에서 우리가 부족하지 않나. 이렇게 얘기하면 안되겠지? 안 되는 걸 안 된다고 하면 안 되는데, 수원은 상대하기 껄끄러워요. 까다로운 상대라는 느낌이 들어요.

두 팀의 경기는 항상 격하잖아요. 그런데 서울이나 수원이나 상대 팀에 친한 선수도 있을 거 아니에요? 정말 누군가 진지하게 싫어지기도 해요? — **하대성** 경기장 안에서만 그러는 거예요. 경기 끝나면 전화해서 미안하다고 말해요. — **이근호** 엄청 웃겨요. 운동장 안에서는 죽일 거처럼 열받아 하다가, 운동장 밖에서 딱 마주치면 엄청 어색해 해요. 불편해 하고.

아, 웃겨. 둘은 서울과 수원이 경기하면 서울을 응원하나요? 이런 거 밝혀도 되나? — **백종환** 저는 서울을 응원하죠. — **이근호** 저도 서울.

이근호 선수가 소속된 울산 현대가 아시아 클럽 챔피언의 자격으로 클럽 월드컵이라는 큰 대회에 출전합니다. 북중미 챔피언 몬테레이와 경기를 하는데요. K리그가 끝나서 몸이 많이 가라앉아 있을 것 같아요. — **이근호** 음, 그럴 수도 있는데, 아시아 챔피언스 리그나 클럽 월드컵대회는 쉽게 접할 수 있는 대회가 아니어서 특별하게 느껴져요. 기다려지고, 빨리 경기 하고 싶고, 그래서 준비하는 과정도 다른 때보다 즐거워요.

그 경기를 이기면 첼시랑 붙는 거죠? — **이근호** 저희도 그걸 꿈꾸는데, 몬테레이라는 팀이 너무 강해요. 그래서 일단 그 경기만 생각하고 있어요.

선수는 확실히 팬들과 생각이 다르네요. 팬들은 첼시랑 붙을 것만 기대하고 있거든요. — **이근호** 첼시하고 붙기 전에 먼저 엄청 강한 팀을 이겨야 하는데 그 생각은 잘 안 하는 것 같아요. 저도 첼시랑 경기하고 싶죠…….

셋이 한 팀에서 뛰면 좋겠죠? — **백종환** 저는 프로 와서 이 친구들이랑 같은 팀에 있어 보지 않아서 모르겠는데, 일단 되게 좋을 것 같아요. 지금도 이렇게 재밌고 즐겁잖아요. (백종환이 하대성을 보며 말했다) 넌 (근호랑) 한 팀에 있어 봤잖아. — **하대성** 서울에서 셋이 같이 뛰면 좋겠어요. — **이근호** 강원 무시하냐? 울산 무시하냐? — **하대성** 아, 그런 거 아닌데, 다른 팀을 내가 잘 몰라서. FC서울은 생활하는 것도 그렇고, 훈련도 되게 즐거워요. 그래서 이 친구들이 서울로 와서 같이 훈련하면 즐거울 거 같아요. — **이근호** 그런 생각해요. 종환이가 공을 뺏어서 대성이한테 주면 대성이가 저한테 주고, 제가 마무리하는 거죠. 그런데 현실적으로 쉬운 일이 아니에요. 그래도 저는 대성이랑 한 팀에서 볼을 차 봤고, 내년부터는 종환이랑 한 팀에서 볼을 차니까 다행이죠. 대성이랑 볼 찰 때는 대성이랑 저랑 서로 너무 잘됐어요. 내년에도 종환이랑 같이 잘될 수 있게 해 보려고요.

관전 포인트네요. — **이근호** 그런데 대성이랑 있었을 때 단점이 있었다면, 대성이가 볼을 잡으면 희한하게 저한테 패스를 많이 했어요. 다른 사람들은, 제는 볼 잡으면 근호만 찾네, 라고 생각했을 수도 있어요. 감독님도 일부로 농담처럼 말하셨어요. "야! 너 근호만 준다." — **하대성** 나는 그런 거 못 느꼈는데 상황을 알고 나니까 나중에는 꼭 너한테 줘야 할 때도 일부러 다른 데로 줬다니까. 그런데 볼을 잡으면 보이는 사람을 주게 돼 있잖아요. 근호가 그만큼 활발하게 움직이고 좋은 위치에 있으니까 많이 줄 수밖에 없었던 거예요.

백종환 선수도 내년에 이근호 선수만 눈에 보이는 거 아닐까요? — **백종환** 기대돼요. 고등학교 때 이후로 십 년 만에 발을 맞추니까. — **하대성** 너 오른쪽 윙백 들어오면 진짜 근호만 줄 수도 있겠다. — **백종환** 그러네.

하대성 선수가 자원해서 입대하면 셋이 즐겁게 공을 주고받을 수 있어요. — **백종환** 그래! — **하대성**, **이근호** 하하하! (『아레나 옴므 플러스 코리아』, 2013.01.) ✍️

〔4-28〕 구자철의 발차기

구자철을 만나 공격수의 창의성,
세계적인 축구 선수와
평범한 축구 선수의 차이,
대한민국 대중 교통 KTX 이야기를 나눴다.

구자철은 특이한 축구 선수다. 한국 축구 선수 중에 뛰어난 공격수가 많았지만 대체로 '아시아의 왕자'에 머물러야 했다. 기본적으로 우리 나라 선수들은 큰 무대에 서면 머뭇거렸다. 실명을 거론하는 게 결례일 수 있지만 최용수나 이동국은 의심할 바 없이 뛰어난 재능을 가진 공격수였다. 하지만 우리는 그 선수들이 양손으로 머리카락을 쥐어뜯던 모습을 기억한다. 축구 전문가라는 사람들은 자주 한국 공격수들의 창의성을 거론한다. 전적으로 옳은 말은 아니다. K 리그를 몇 경기만 봐도 쉽게 어떤 선수의 돌발적인 움직임을 발견한다. 그러나 뛰는 무대가 바뀔 때 선수의 움직임 역시 달라진다. 홍명보 감독과 함께 올림픽을 경험한, 이른바 대한민국의 '브론즈 제너레이션'은 여유가 있다. 생각하고 공간을 만든다. 그게 축구의 기본이라는 건 누구나 알지만 누구나 그렇게 할 수 있진 않다. 이들 세대 중 몇몇 더 비범한 선수를 꼽는 건 쉬운데, 그중에서도 구자철은 돋보인다. 구자철은 도발적이다. 독일 분데스리가에서 자신이 축구의 신의 아들인 양 행세하는 유럽 선수들과 뛴다. 하지만 구자철이 이들 속에서 움츠러든 아시아인이 되는 경우는 없다. 그가 인터뷰 중 자주 사용한 단어 '미친'을 인용해서 말하자면, 그가 미친 날에는 경기장에서 스물한 명의 난쟁이와 하나의 커다란 창이 보인다. 구자철은 저돌적이다. 그는 좀처럼 백패스를 하지 않는다. 위험한 방식으로 상대편 골문 쪽으로 공을 보낸다. 이것이 축구에 대한 자신의 철학이라고 말한다. 그는 이 위태로운 공격 방식에 확신을 갖고 있다. 전반기를 마치고 한국에 들른 구자철을 만나 그의 확신, 철학에 대해 이야기를 나눴다.

부상 때문에 아쉽기는 했지만 복귀한 이후로는 인상을 강하게 남긴 전반기였다. 한국에 올 때 마음이 편했겠다. — ♣ 후반기 때 각오하고 있다. 뭔가 시작하려면 몸도 마음도 '프레시'해져야 한다는 주관이 있다. 한국에 와서 가족도 보고 친구도 만나고 맛있는 것도 먹는 게 긍정적인 결과로 이어질 거라고 믿는다.

촬영할 때 구체적인 컨셉트를 먼저 물어봐서 놀랐다. 런던 올림픽에 참가했던 축구 선수들을 몇몇 촬영한 적이 있는데 그때 그 선수들도 같은 걸 물었다. 예전에 선배 선수들은 웃으세요, 하면 웃고 손을 들어 보세요, 하면 손을 들었다. 그러니 이건 대단한 변화다. 이런 인식이 경기에 반영될 거라고 생각한다. — ♣ 시대가 바뀌고 환경이 바뀌어서 그럴 수 있다. 홍명보 감독님은 자율적인 분위기를 중요하게 생각하신다. 감독님은 선수들이 자신의 주장을 숨기는 걸 좋아하지 않는다. 뭐가 잘됐고 뭐가 잘못됐는지 대화를 통해 해결해 나가는 스타일이다. 그렇기 때문에 선수들 모두 주장을 펼칠 줄 알게 됐고, 자신의 매력을 표현할 줄 알게 됐다. 자신감도 더 생겼다.

말투가 주장답다. 팀과 감독과 선수들을 대변하는 말투랄까. — ♣ 성격이다. 원래 사람을 좋아하고, 힘을 합쳐 어려운 일을 해 냈을 때 느껴지는 보람을 좋아한다. 이왕에 할 거면 긍정적인 결과를 얻으려고 노력하는 편이다. 팀이니까 긍정적인 결과를 얻으려면 마음을 하나로 뭉쳐야 한다. 그 안에서 나는 주장이기 때문에 주장 구실을 해야 하는 거다.

기성용 선수가 여자한테는 인기가 더 많다. — 🎤 무언가를 바라고 내 역할을 하지는 않는다. 했을 때 즐겁고 행복하고, 더 발전할 수 있다면 한다. 경기에서 이기기 위해서는 자신을 알아야 하고 상대에 대한 준비를 해야 한다. 나는 내 능력을 믿는다. 내가 가진 능력을 보여 주기 위해 노력한다. 다른 선수보다 멋지게 보이고 싶어서 노력하는 게 아니다.

누군가 당신을 비판해도 초연한가? — 🎤 물론 안 그랬던 적도 있다. 하지만 신경을 쓸수록 스트레스를 받았다. 그러다가, 남 때문에 스트레스를 받는 건 시간 낭비라는 생각이 들었다. 누군가 나를 좋아할 수도 있고 싫어할 수도 있다. 그건 세상의 당연한 이치다.

성격이 원래 그렇게 바른가? — 🎤 바르다기보다는 나만의 철학을 갖고 사는 거다. 내 인생이니까. 내가 생각하는 철학을 믿고 그 철학을 어기지 않으면서 살기 위해 노력한다.

당신의 철학에서 가장 중요한 덕목은 무엇인가? — 🎤 환경에 따라 시간에 따라 사람의 성격도 변한다고 생각하는데, 중요한 건 초심을 어느 정도 유지하느냐인 것 같다. 축구가 좋아서 시작했지 돈을 벌려고 축구를 한 게 아니다. 그런데 어느 순간 그 마음을 잊고 돈을 보면 삶이 힘들어진다. 돈을 많이 벌든 적게 벌든 내가 보내야 하는 시간을 지켜내야 한다. 그래야 원하는 걸 가질 수 있다.

내가 뛰는 동네 축구팀에는 당신과 생김새도 비슷하고 체형도 비슷한 친구가 있다. 그런데 축구 실력은 비교가 안 된다. 신기하다. 당신이 특별히 더 강해 보이지도 않는데……. ─ 나는 되게 평범하다. 이번에 한국 와서도 KTX 타고 집에 왔다 갔다 했다. 그렇게 편리한 교통 수단이 있다는 게 얼마나 좋은 일인가.

사람들이 알아볼 텐데? ─ 알아본다.

잠은 못 자겠다. ─ KTX는 너무 빨라서 잠잘 시간도 없다.

FC 바이에른 뮌헨의 리베리(Franck Ribéry)와 싸운 게 [2012/13 DFB-포칼 16강전] 한국에서도 이슈가 됐다. 당신이 리베리에게 달려든 순간, 도발만 하고 멈출 거라는 느낌을 받았다. 구자철은 영리한 선수라는 이미지가 있다. 결국 리베리만 퇴장을 당했다. 당신에게 말려들기라도 한 듯. ─ 가서 한 대 치려고 했는데 애들이 말렸다. 쳐야지. 좋아하지 않는 선수다. 컵 대회 마지막 경기여서 탈락하거나 퇴장당해도 상관없었다. 그런데 잘 모르겠다. 정말 때릴 마음이 있었으면 애들이 말려도 끝까지 쫓아갔을 것 같기도 하고.

경기 중에 공이 갑자기 왔을 때 구자철은 이성과 감성이, 직관과 사유가 동시에 움직이는 것 같다. 과감하고 정확하다. 너무 오버해서 말했나? ─ 더 잘해야 한다.

가끔 이런 상상을 한다. 월드컵에서 유럽의 축구 강국과 붙어도 우리 선수 중 한둘이 유난히 컨디션이 좋으면 이길 수도 있을 것 같다는……. ― ♠ 누군가 미치면 정말 그럴 수도 있다. 나는 세계적인 선수들을 상대하고 있으니까……. 질 것 같다는 생각을 하면서 경기장에 들어가지는 않는다.

분데스리가에서 상대한 선수 중에서 강하다고 느낀 선수는 누군가? ― ♠ 리베리 잘한다. 그 다음에 뮌헨의 수비수 단테(Dante)(2012~2015년 FC 바이에른 뮌헨에서 뛰었다).

그런 선수들은 리그의 다른 선수들과 수준 차가 큰가? ― ♠ 차이가 많이 난다.

구체적으로 어떤 차이가 있나? ― ♠ 일단 실수가 적다. 그리고 자기 스타일이 있다. 경기에 영향을 크게 미친다.

자칭 타칭 전문가들은 세계적인 선수들의 경기를 보면서 '플레이가 창의적이다'라는 말을 자주 한다. 덧붙여 한국 선수들은 창의성이 부족하다고 말한다. 축구에서 창의성이란 뭘까? ― ♠ 축구 만화 보면 모든 걸 쉽게 한다. 그 쉬운 거를 현실에서도 해 내는 선수들을 창의적인 선수라고 할 수 있겠다. 그런데 아이러니한 게 많은 선수들이 더 잘하려고 한다는 거다.

더 잘하려고 하는 게 왜 아이러니한가? ― ♠ 예를 들어서 경기에서는 공을 몰고 빨리 상대편 진영으로 가면 된다. 간단한 거다. 그런데 상대 선수를 굳이 제치려고 한다. 그런 선수들이 굉장히 많다. 단순하게 하는 게 가장 좋은데 대개는 어렵게 한다. 축구는 골을 넣는 경기이기 때문에 공을 잘 차는 것도 중요하지만, 상대 진영으로 얼마만큼 패스를 하고 얼마만큼 침투하는지가 더 중요하다. 그런데 아이러니하게도 많은 선수들이 백패스와 횡패스를 더 자주 시도한다. 공을 뺏기지 않으려고 그렇게 하는 거다.

스스로, 분데스리가에서 뛰는 대부분의 선수들보다 축구를 더 잘한다고 생각하는 것 같다. ― 🗣 나는 지금보다 더 잘할 수 있다. 독일에서 뛰는 선수들이 K 리그에 오면 다 잘할까? 아마 절반은 그저 그럴 거다.

반대로 K 리그에서 뛰는 선수가 독일에 가면 어떨까? ― 🗣 성공할 확률이 절반보다 더 적을 거다. 문화도 다르고, 그렇게 때문에 당황도 많이 할 거고, 쫄 수도 있다. 축구는 유럽이 중심이다. 자기들이 최고라고 생각한다. 그 속에서 아시아 선수가 적응하는 게 쉬운 일은 아니다.

독일에서 이렇게 성공할 줄 알았나? ― 🗣 그렇다. 독일에 갈 때 한국에 돌아오겠다는 생각을 안 했다. 더 좋은 리그에 가겠다고 마음먹었다. 그런 마음가짐이면 독일에서도 내 축구를 할 수 있을 거라고 믿었다. 초반에 힘들었지만 버티고 버텨서 여기까지 왔다. 다른 리그도 도전할 거다. 어디를 가든 내가 원하는 결과물을 갖고 한국에 돌아올 거다. 나는 계속 도전 중이고 지금보다 큰 활약을 펼칠 수 있다.

구자철은 영어로 'why? why?'밖에 할 줄 모른다고들 말하는 사람들에게 한 마디! ― 🗣 영어를 잘하지 않아도 외국에서 행복하게 살 수 있다. 축구도 잘할 수 있고. 〔『아레나 옴므 플러스 코리아』, 2013.02.〕 ✒🍷

[* 구자철은 2010년 독일 VfL 볼프스부르크 소속으로 첫 유럽 클럽 생활을 시작했고 2011~2013년 FC 아우크스부르크로 임대 이적한 바 있다. 독일 FSV 마인츠(2013~2015년), FC 아우크스부르크(2015~2019년)에서 8년간 뛰고 카타르로 옮겨 알 가라파 SC(2019~2021년), 알 코르 SC(2021/22 시즌)에서 잠시 머문 후 2022년 제주 유나이티드 FC로 돌아왔다.]

[4-29] 아무도 박상륭을 모른다

독일에 괴테가 있고 러시아에 톨스토이가 있다.
우리나라엔 박상륭(朴常隆, 1940~2017)이 있다.
그가 신작『잡설품(雜說品)』출간(2008)을 위해 고국을 찾았다.
하지만 그를 제대로 아는 이 누구인가?

　　　　록밴드가 질러대는 괴성이 오후의 빛을 꺼 버릴 것처럼 불안한 카페 안에서 박상륭이 대답했다. "이제 죽어도 여한이 없습니다." 질문은, 한국 소설 사상 가장 형이상학적인 탐구인『죽음의 한 연구』를 완전히 갈무리한 심정이 어떠신가요, 였다. 순간 귀가 멍멍해졌다. 눈앞에 앉아 있는 백발의 노인은 모국어로 소설을 쓸 뿐 아니라 삶 자체가 이미 그 자신의 소설이다. '온몸으로 동시에 온몸을 밀고 나가는 것'이라는, 글쓰기에 관한 시인 김수영(金洙暎, 1921~1968)의 명제를 그는 몸으로 말하고 있었다.

사십 년 가까이 존재의 근원에 맞서 '글쓰기' 형식으로 고투를 벌여 온 작가, "기표는 많은 듯해도, 기의가, 전대인들의 것에서 별로 나아가지도, 다르지도 않았다면, 그 작가는, 글을 썼다고 풍문만을 전할 뿐, 한 편의 작품도 쓴 바가 없다고 해도 과언이 아니"(「박상륭 깊이 읽기」, 김사인과의 인터뷰에서 발췌)라고 말하는 작가, 인물의 몸 동작이나 심리를 묘사하는 소설적 장치를 못내 갑갑해 하는 작가, 철학적 사유와 서정적 고행을 언어로 쌓아올린 작가, 인류를 위한 글쓰기를 천직으로 여겼지만 '난해함' 때문에 대중과 소통하지 못한 작가.

좋은 인터뷰를 하려면 사전에 인터뷰이를 꿰뚫고 있어야 하는데 그 것이 박상륭에게도 가능할까?

날짜가 잡히고, 그와 관련된 것들을 닥치는 대로 읽었다. 그 과정에서 미약하게나마 갖고 있던 박상륭에 관한 인상은 여러 차례 수정되었다. 그중 어떤 것도 확신할 수는 없었지만, 박상륭의 정신적 지지자였던 문학 평론가 김현(金炫, 1942~1990)은 다음과 같은 기록을 남겼다. "그때 그는 「뙤약볕」(1965)을 막 발표한 뒤여서, 여기저기서 관심의 대상이 되고 있었는데, 그로서는 그것이 퍽 대견스럽고 기쁜 모양이었다. 사실상 그는 그 소설이 실린 잡지사의 편집장에게, 대낮에 그 흉악한 얼굴에 술기를 띠고, 걸작을 못 알아보는 잡지쟁이가 무슨 잡지쟁이냐는 투의 전투를 청한 적이 있었다." 체크 무늬 블레이저를 입은 그가 머그컵에 담긴 아메리카노를 마시며 웃었다. 『죽음의 한 연구』를 모두 갈음한 지금, 이제 삶에서 남아 있는 것은 고독과, 일생을 바쳐 탐구한 '죽음' 뿐이라고 말하며.

1963년 『사상계』에 「아겔다마」를 발표하면서 작품 활동을 시작한 박상륭은 줄곧 죽음을 통한 삶과 생명의 이해라는 주제에 집착했다. 1969년, 간호사인 아내와 함께 캐나다로 이주한 후에는—죽음을 연구하기 위해 공동 묘지를 순례하는 밀종파 스님처럼— 얼마간 병원 시체실 청소부를 하기도 했다. 문학과 지성사에서 박상륭의 갑년을 기념하여 출간한 『박상륭 깊이 읽기』(2001)에서 그는 다음과 같이 말하고 있다. "저는 원래, '문학적' 이었기보다는 '종교적' 편향이 있었던 듯하다고 뒤돌아보게 되는데, 회피할 수 없는 처지에 처했을 때마다, 노쇠했었을 뿐만 아니라 몹시 병약한 어머니를 통해, 죽음의 공포를 당해 왔었다는 얘기를 주억거려 왔더랬습니다만, 그때부터 죽음은 저에게, 변강쇠의 등짝에 붙어 버린 북통 모양의 시체 같은 것 이었습니다." 무엇을 이야기하려고 그는 일생을 죽음 곁에서 살았을까? "구원이지요. 인간은 누구나 죽음을 두려워 해요." 정신 나간 록 밴드가 스피커를 뚫고 나올 것만 같았다. 시를 쓸 때, 에디터도 매번 무엇에 대해 쓸 것인가 고민하지만 일생을 바칠 주제를 탐구해 본 적은 없다. 굳이 그래야 할 필요도 느끼지 못했는데 하물며 인류의 구원이라니! 그건 오히려 신의 영역이거나 시대를 대표하는 몇몇 철학자들만의 화두가 아니었나?

1975년 『죽음의 한 연구』를 시작으로, 탈고하는 데 이십 년이 걸린 『칠조어론』(1991~1994)을 거쳐 이번에 출간된 『잡설품』까지, 이로써 작가의 일생을 바친 대작이 비로소 완성된다. 종교와 동서고금의 철학, 신호를 넘나드는 그의 글은 거대한 산처럼 쉽게 정보를 허락하지 않는 걸로 유명하다. 높고 험해서만 아니라, 길은 셀 수 없이 많으나 모든 길이 복잡하게 얽히고 설켜 있고 어디쯤에서 어떤 길로 옮겨 가야 하는지 좀체 갈피를 잡을 수 없기 때문이다. 고작 몇 줄을 겨우 읽은 사람들은 간혹, 글의 골격이 되는 종교와 신화들이 오히려 그가 쓰고자 혹은 전하고자 하는 이념을 속박하지 않을까 우려하기도 한다. 본디 종교와 신화 같은 것들은 민족 혹은 역사적 특수성과 무관할 수 없다. 그러나 박상륭에게 그것은 하나의 보고이지 가시밭이 아니다.

사실, 소설 형식과 언어라는 기존의 관념 자체를 전복한 문학사적 업적을 차치하고라도, 우주를 이루는 관념의 총체들을 체화해 자신의 사상 속에 녹여 냈다는 건 대한민국 문학사를 고대 시대까지 통튼다 해도 없을 일이다. 그는 이것을 스스로 '잡설'이라고 폄하한다. 종전의 인터뷰, 혹은 자전 에세이에서도 "전대인들이 흘린 그 이삭 줍기 짓이지요." 같은 표현들을 자주 볼 수 있다. 그러나 이와 같은 겸손의 언어들에선 역설적인 자신감과 대중들에게 환영받지 못하는 데서 오는 허무함이 동시에 읽힌다. 평생을 투신해 쓴 글에 스스로 고작 이 모양입니다, 라고 말하기는 매우 어려운 일일 터다. 서운한 마음이 없는 건 아니지만, 굳이 스스로 높이거나 누군가 알아주지 않아도 진정한 가치는 언젠가 빛을 발할 거라 믿어서일까? 그는 혹시 그 자신 소설가인가 사상가인가의 문제를 우려하는 건 아닐까?

그러나 그는 한 번도 소설가입네 자처한 적이 없다. "소설도 아니고 경전도 아니고 그 중간쯤 되니까 잡설이라고 불러야 옳지 않을까 생각을 했습니다." 그에게 소설은 하나의 좋은 수단이다. 소설의 양식은 어떤 이야기를 효과적으로 전달하기에 용이하지만 그가 기존의 소설 양식을 전복시켜온 건 새로운 형식에 대한 시도로서가 아니라, 하고자 하는 이야기를 전하는 데 기존 방식으론 어림없다고 생각했기 때문 아닌가. 그러나 그가 소설가로서, 구원을 위한 삶을 살아 온 것인지, 구원을 위해 소설가로 살아 온 것인지 판단이 잘 서질 않았다. "평생을 걸고 써야 할 주제를 찾았다면 그것에 대해 연구를 해야지요. 누구보다 많이 알고 거기서 몇 걸음 더 나아가야 전대의 작가들이 썼던 것을 답습하지 않을 겁니다." 그는 그것이 위대한 작가가 가져야 할 덕목이라고 했다. 그 자신이 그 위대한 작가라고 말하진 않았지만 부정하는 눈빛도 아니었다.

『잡설품』 출판 기념회에서 박상륭은 문학 평론가 김윤식이 작년 (2007) 10월 『한겨레』에 기고한 칼럼 「차라투스트라 박상륭을 기다리며」가 이번 책을 집필하는 정서적 동기가 됐다고 밝혔다. 그 칼럼은 박상륭의 글을 이해하지 못하는 독자들을, 혹은 관심조차 갖지 않는 독자들을 '귀먹은 중생' '무지한 중생'으로 표현했다. 난해함 때문에 박상륭의 글이 대중들에게 받아들여지지 못한 건 사실이다. 그러나 그의 글이 외경의 대상인 건 비단 대중들 사이에서만이 아니다. "김윤식 교수의 표현은 지나친 자기 우월 의식으로 보여요." "모든 것을 구상화하는 서양의 사고 방식이 과학을 발전시켰지만, 반대로 인간의 지적 능력은 떨어졌습니다. 그렇지만, 기자 분께서 그 말에 반감을 가지셨다면 그건 그 나름대로 훌륭한 겁니다." 이어서, 구상화로 대표되는 서양적 사고 방식으론 인류를 구원할 수 없다고 이야기했다. 동양적 사고 방식이 해결책이란 말도.『잡설품』은 이러한 사유를 바탕으로 쓰여졌다.

"세상에는 두 종류의 잡설이 있어요. 하나는 니체(Friedrich W. Nietzsche, 1844~1900)가 쓴 『차라투스트라는 이렇게 말했다』(1883~1885)고, 나머지 하나가 내 글이죠. 첫 번째 잡설은 몰락의 축에서 쓰여진 것이고, 백 년 후에 한국이란 나라에서 두 번째 잡설이 상승의 축에서 쓰인 거지요. 개인적으로 서양 철학이 니체에서 끝나지 않았나 생각해요. 니체가 신의 종말을 선언한 후로 세계가 급작스럽게 몰락했어요. (나는) 서구의 사고에서 벗어나 추상적 이미지, 즉 마음속의 우주에 대해 이야기하려고 했어요." "마음을 통해서 인간이 구원받을 수 있다는 말씀이신가요? 그 말씀이 너무 추상적이라고 느끼는 건, 제가 모든 걸 구상화하는 서양식의 사고 방식에 익숙해져 있기 때문인가요?" "동양의 사고에선 마음이 곧 우주예요. 니체는 신이 죽었다고 말했지만 나는 마음속에 신이 있다고 말하고 싶어요. 구원을 밖에서 찾으려 하지 말고 몸과 마음속에서 찾아야 한다는 것이지요." "책에 나온 자벌레처럼요? 서양적 사고 방식에 한계가 있고 동양적 사고 방식으로 그 한계를 극복해야 한다는 말씀에 상당히 공감하지만, 세계의 패권은 서구가 쥐고 있어요. 동양으로 옮겨질 것 같지도 않고요." "문제는 니체가 말했듯, 서양식 사고 방식이 몰락의 축으로 연결된다는 거예요. 그 논리에 의하면 신은 죽은 거예요. 하지만 동양은 모든 걸 추상화하는 과정에서 상승의 축이 형성되고, 신들이 태어나고 나무도 신이 되고 돌도 신이 되고 원숭이도 신이 되고. 밖에서만 무언가를 찾으려고 하니까 아무것도 없는 거예요. 상승의 축에선 인간 안에 최궁극의 뭔가가 있다는 거지요. 불교에서는 인간이 오관(五觀)〔이치를 깨달아 견사(見思)의 번뇌를 끊는 공관(空觀)인 진관(眞觀), 청정한 몸으로 진사(塵沙)의 번뇌를 끊는 가관(假觀)인 청정관(淸淨觀), 무명(無明)의 번뇌를 끊고 크고 넓은 지혜를 얻는 중관(中觀)인 광대지혜관(廣大知慧觀), 진관과 청정관과 광대지혜관으로 중생의 괴로움을 없애는 비관(悲觀)과 중생과 함께 즐기는 자관(慈觀)의 다섯 가지.—편집자〕을 구비하고 난 뒤에 육관, 칠관, 팔관, 구관, 십관까지 깨뜨릴 수 있다고 이야기해요. 육관(六觀)〔주관(住觀) · 행관(行觀) · 향관(向觀) · 지관(地觀) · 무상관(無相觀) · 일체종지관(一切種智觀)의 여섯 가지—편집자〕이상이 되면 신이라고 하지요. 그러니까 동양적인 진화론의 입장에서 궁극의 궁극이 존재한다는 거죠." "나무도 신이 될 수 있다고요? 말씀하신 신이란 구체적으로 뭘 말하는 건가요?" "그건 구상적인 것을 추상화하려고 하는 데서 드러난 거고, 내가 말하려고 하는 신은 고행을 통해서 자기 속에서 인간보다 높은 차원의 자기를 발전시키는 것, 곧 인간의 재림인데 이것이 없으면 세계는 희망이 없어요." "니체가 틀렸다는 거죠?" "니체는 이원론을 버리지 못했고, 자아의 중요성도 인식하지 못했어요. 그래서 예전 책에서는 니체하고 싸움을 많이 했는데 이번에는 내가 몰아붙인 거지요. 더 설 자리가 없을 거예요, 아마." "서양 최고 철학을 완전히 전복시켜 버린 거라면 우리가 자부심을 가져도 좋겠네요?" "하하. 거 가져도 좋은 거예요. 니체주의자들은 니체가 최고라고, 우리 한국에 사상은 없다는 식으로 자기 비하하는 수가 있는데,

사실 정직하게 따지면 니체는 구상적인 데서 초인을 보려고 한 거예요. 그건 대단한 것이 아니에요." "말씀을 듣고 있으면 깨달음의 경지가 장대하다는 생각을 하게 돼요. 글쓰기 또한 몸으로 깨달은 것을 옮기시는 걸로 유명하고요. 그렇다면『죽음의 한 연구』를 쓰는 수십 년 동안 가장 힘든 작품은 어떤 거였나요?" "『칠조어론』. 이십 년 동안 나도 촛불승처럼 고행을 했어요."

그가 커피를 좀 들라고 말했을 때 정신이 번쩍 들었다. 눈앞에 있는 우주는 너무 거대해서 조금만 건드려도 눈이 멀 것 같았다. 고행과 맞서려는 작가가 이 땅에 몇이나 될까? 많은 사람들이 박상륭의 글을 어렵다고 한다. 만나보면 그는 글보다 더 어렵다. 그렇지만 어렵다는 한 마디로 그의 글을 갈음하는 건 우주가 얼마나 넓은지 몰라서다. 물론 누구도 우주의 끝을 본 적이 없다.

절필 선언이랄 것까진 없지만 그는 더이상 글을 쓰게 될 일이 없을 것 같다고 말했다. 목소리엔 허무의 기운이 서려 있었다. "이번엔 조금 쉽게 썼으니까 박상륭의 소설도 읽을 만하구나, 라는 생각을 하게 될 것 같습니다." 하지만 어떤 소설이 모두를 이해시킬 필요는 없다. 사상을 만드는 건 사상가지만 그것을 전파하는 건 후대인들이니까. 또한 곱씹으면서 읽어야 할 소설도 분명 있는 거니까.

출판 행사가 마무리되는 대로 그는 캐나다로 돌아갈 예정이다. "가서 조용히 죽음을 맞아야지요. 병이란 병은 다 갖고 있어요." "속상하게 왜 자꾸 죽는단 말씀을 하세요." "종로 5간가 3가에 가면 집도 없고 희망도 없는 노인들이 많습니다. 그걸 보면 나도 저기에 앉아 있다란 생각이 들어요. 들뢰즈라는 철학자 칠십이 센가에 자살을 하지 않았습니까? 한 시대의 대표적인 철학자로서 그 나이까지 늙어서 자살을 감행했다는 것은, 이 철학자 분이 그 분들의 죽음을 대신해서 죽은 것이 아닌가, '대체 죽음'이라는 하는데, 아마 그런 이유이지, 잘 사시던 분이 갑자기 2층인가 3층에서 떨어져 죽을 이유가 없어요. 왜냐면 저 자신이 그런 생각을 합니다. 노인네들에겐 남아 있는 게 별 의미가 없어요. 살아 있다는 게 정말 고통스럽고." 죽음에 대한 오랜 연구가 당신을 구원하진 못했냐고 묻자, 그는 이제 겨우 죽음을 받아들이는 게 담담해졌다고만 대답했다.

"시인이 되고 싶다고 하셨죠? 큰 시인이 되기 위해선 내가 처한 세계에 대해 그리고 왜 문학을 해야 하는가에 대해 고민해야 해요. 작가라는 이름을 다는 순간부터 그 이름을 평생 등에다 짊어지고 사는 거예요. 고통스러운 일이에요." 그가 에디터의 어깨에 손을 얹었다. "그럼, 학벌도 지연도 혈연도 아무것도 없어도 문제없을까요?" "문학과지성사 초기에 다 서울대 출신 놈들이 장악을 하고 있었는데, 이름도 없는 대학을 나온 한 녀석이 그 패거리들을 다 박살 내러 들어간 적이 있어요. 그러니까 아무 걱정 말고 쓰세요." 그 녀석이 바로 박상륭이었다. 〔『지큐 코리아』, 2008.07.〕

[4-30]   은행나무 아래 김애란이 있다

문단의 '김애란 신드롬'이
허상이 아님을
그녀는 올해
증명해 보였다.

　　　은행나무 아래 김애란이 있다. 그녀는 늘 어떤 간절함을 떠올리게 한다. 손을 흔들며 애란, 여기, 여기라고 소리 질러도, 어떤 간절함 그대로이다. 신사동의 사람들 사이를 지나, 한 달 후면 서른이 될 '한국 문단의 국민 여동생'이 걸어온다. 김애란은 이제 문단의 막내가 아니다. 더 어리고 심지어 훨씬 예쁘거나 잘생긴 외모의 작가들이 많다. 하지만 그들 중 누구도 김애란처럼 대국민적 사랑을 받진 못한다. 대국민적 사랑? 그녀의 소설을 읽어 본 사람에 한해서겠지만. 두 번째 단편집 『침이 고인다』(문학과 지성사, 2007)가 나왔을 때 출판사에서 내세운 광고 카피는 '다시 김애란이다'였다. 호들갑이 아니란 건 책을 몇 장만 넘겨도 안다. 단정형의 말투를 그녀가 싫어할지 모르지만, 김애란의 소설이 폭넓은 지지를 받는 건 각각의 작품들이 보편적인 진정성을 갖고 있기 때문이다. 시내 한복판에 공룡이 출현하거나, 남자와 남자가 사랑을 나누거나, 아무렇지 않게 친구를 죽이는 대신 김애란은 일상적인 슬픔들을 작품 속으로 들여온다. 흥미로운 사실은 이러한 일상이─이제 그녀의 대표작이 된「달려라 아비」와「칼자국」은 제목에서도 추측 가능하듯 나란히 아버지와 어머니에 대한 이야기다─낡게 느껴지지 않는다는 점이다. 만약 그녀가 한국예술종합학교에 다닐 때 소설보다 시에 매진하지 않았더라면 오늘의 김애란은 없지 않았을까? 그녀 소설의 당대적 변별력은 시적인 상상력에서 비롯된다고 에디터는 믿는다. 금요일 오후 우리는 빵집에 앉아 있다. 1980년대 미팅도 아니고, 굳이 빵집이어야만 하느냐는 그녀의 '딴지'에도 불구하고 빵 생각이 났던 건, 좀체 세련되지 못한 그녀 아니 그녀 소설의 주인공들 때문일 수도 있다. 만난 지 십 분이 족히 지났으니까 이제 김애란은 실없는 농담도 하고 우스꽝스런 표정도 지을 것이다. 언젠가 그녀에게 "당신이 이렇게 웃긴 인물인 걸 사람들이 알까?"라고 말한 적이 있다. 낮은 목소리로, "혹시 김애란 소설가 아니세요?"라고 물어오는 이에게 "만져 보셔도 돼요"라고 이야기하는 그이니까. 그러나 진짜 김애란은 아직도 은행나무 아래에서, 어떤 간절함의 형상으로, 고요 그 자체로 있을 것이다. 또한 글은 거짓말을 하지 않으므로, 그녀 소설 속의 주인공들처럼, 저 간절함은 감추고 지우려고 해도 결국 그의 것이다. 허구는 진실의 다른 이름일 수밖에 없으므로, "작가가 되고 가장 많이 받은 질문은 데뷔도 빠르고 관심도 많이 받았는데 부담되지 않냐는 거였어요. 너무 겸손해 보일까봐 거만도 떨어보고 능청스럽게 대답한 적도 있어요. 그런데 언젠가부터 이런 생각이 들었어요. 격려도 비난도 어느 쪽도 나를 지켜 주는 건 아니다. 여기 있어도 흔들리지 않게 붙잡아줄 수 있는 건 결국 나밖에 없다." 벌써 몇 년이 지난 사건이지만, 김애란의 등장은, 소설이 나이로 쓰는 게 아님을 증명한 사례로서도 의미 있다.(김애란은 1980년 생으로 23살(2002)에 쓴 소설로 제1회 대산대학문학상을 수상하며 등단했다.—편집자) 혹 어떤 작가는 김애란에 대해 "문장력은 있지만 인생은 모른다"고 말한다. 그는 소설을 안 읽었을 것이다. 올해(2008) 김애란은 이효석 문학상과 오늘의 젊은 예술가상을 받았다. 앞으로 받을 수많은 상들의 시작에 불과하단 확신이 에디터에겐 있다.(『지큐 코리아』, 2008.11.)

[4-31]   이말년은 서울의 좋은 집으로 이사갈 수 있을까?

이말년을 만나러 안산에 갔다. 최근(2011) 결혼한 이말년은
빠르면 올해 '이말년씨리즈'에서 '삼국지'로 '갈아탈' 예정이다.
가능할까?
이말년이 차도 잘 그리고 동물도 잘 그리는 건, 가능할까?

드디어 만났다. 왜 계속 인터뷰 안 하겠다고 했나? — ✥ 기본적으로
만화 그리는 사람들은 음침하다. 하하. 학교 다닐 때 보면 있잖아, 구
석에서 만화 그리는 애들. 걔네가 커서 이렇게 된다. 그런 애들이 인
터뷰 같은 걸 좋아하겠나?

'이말년씨리즈'만 보고 떠올렸을 땐 더 자유분방하고 터프한 성격일
줄 알았다. — ✥ 사람들은 내가 그럴 줄 안다. 그러기를 기대한다. 하
지만 나는 자유분방하지도 않고, 남 눈치도 본다.

'이말년씨리즈'는 언제까지 할 건가? — ✥ 지금 끝물인데 뭘 할지를
몰라서 못 내리고 있다. 댓글을 보면 욕도 많이 올라온다. 차기작으
로 갈아타야 하나? 그런데 그만두면, 그런 거 있지 않나? 도전하기
전에 두려움 같은 거.

계획이 전혀 없나? — ✥ '삼국지'로 장편을 해 보고 싶다. 근데 내가
길게 하는 걸 잘 못해서 준비하는 데 오래 걸린다.

'이말년씨리즈'가 만화계에 선을 그었다. 보기에 막 그린 것 같은 그림, 어이없는 내용으로도 만화가 된다는 걸 '이말년씨리즈'를 통해 알게 됐다. — ● 우리 어릴 때 한국 거는 더럽게 허접했다. 외제랑 차이가 났다. 공책이라든지 심지어 볼펜도. 그런데 요즘에는 우리 나라도 잘 만든다. 세상이 잘된 거로만 꽉 차 있다. 그런 와중에 허술한 만화가 나오니까 오히려 마음 편히 볼 수 있지 않았을까?

내용도 그림도 정말 말도 안 되게 자유롭다. 그런 이말년도 만화 그릴 때 제약받는 게 있나? — ● 일단 상표가 나오면 안 된다. 그게 별 차이 아닌 것 같지만 미묘한, 있다. 그런 게. 상표의 이름을 말해야 웃기는 데, 말을 안 하고 비슷한 걸 말하면 하나도 안 웃기는 상황. 그리고 간단한 욕이 들어가면 재미있을 상황이 있다. 그런데 욕을 쓸 수가 없다. 웃길 수 있는데 못 웃기는 게 답답하다. 유명인을 대놓고 까는 것도 못 한다.

모자 좋아하나? 사진을 찾아봤더니 항상 모자를 쓰고 있었다. — ● 머리 세팅하는 게 귀찮아 가지고. 모자 때문에 머리가 숨을 못 쉬어 가지고 탈모가 엄청 심하게 진행되고 있다. 머리가 벗겨지니까 이제 왁스로 세팅해도 휑하다. 휑하니까 결국 모자를 쓸 수밖에 없다. 악순환이다.

예전에 인터뷰 한 걸 봤다. '이말년씨리즈' 스타일로 그리는 게 사실 잘 안 맞는다고 말했다. — ● 패러디가 잔뜩 들어간 만화가 안 맞는다는 거다. 요즘은 패러디를 안 넣고 내 아이디어로만 그리고 있다. 그래서 재미가 없어졌다. 반응이 안 좋다. 그래도 하고 싶은 쪽으로 하고 있다.

지금의 그림체는 괜찮나? — 🗣 사실 엄청난 고수인데 일부러 못 그리는 거라고 말해 주시는 분도 계시다. 아니다. 최대한 그린 거다. 원래 그림 못 그린다. 그림 실력을 늘려야 한다. 그런데 이 스타일 안에서 발전을 시켜야지. 이를테면 내가 차를 잘 못 그리니까 차가 나오는 아이디어가 있으면 차를 다 없앤다. 복잡한 거 나오면 일단 다 없앤다. 동물도 잘 못 그려서 일단 그리고 화살표를 해서 어떤 동물이라고 쓴다. 이제 그러면 안 된다.

그렇지만 '이말년씨리즈' 첫 단행본에 쓴 작가의 말은 감동적이었다. 그림 잘 못 그려서 다들 만화가 되기 힘들 거라고 했는데 만화가가 됐고 책까지 낸다고 썼다. — 🗣 그렇긴 하지만 사람들한테 괜히 헛된 생각을 심어 줄까봐 걱정이다. 나는 특채 같은 거다. 정식 채용이 아니다. 나를 일반적인 경우로 보고 헛된 희망을 가지면 안 된다.

댓글 읽다가 독자랑 싸우고 싶었던 적은 없나? — 🗣 욕하는 건 괜찮다. 재미가 없다는데, 내가, 넌 재미있어야 돼, 이렇게 우길 순 없다. 내가 봐도 재미없는 게 있는데 어떻게 강요를 하나. 그런데 그런 거랑 상관없이 내 심리를 마치 파악했다는 듯이 댓글 적는 사람들이 있다. 되게 교묘하게 내가 그렇게 생각한 것같이 만든다. 그렇게 주위 사람들을 선동한다.

내가 싫어하는 댓글은 '배때지가 불렀다'다. — 🗣 근데 나도 배때지가 불렀다. 그리고 딱 봐도 대충 그린 티가 나는 작가들이 있다. 본인은 잘하고 싶은데 능력이 안 돼서 배때지가 불렀다는 소리를 들을 수밖에 없는 작가도 있고.

이말년은? — ◉ 열심히 하는데 잘 안 되는 케이스. 아, 뭐 말하려고 했는데 잊어버렸다. 치매가 오나? 뭐였지? 아, 네이버 공무원이란 댓글도 많다. 철밥통이란 거다. 옛날에 내가 일 시작하기 전에는 재미없는 만화를 보면 쓰레기라고 하면서 막 깠다. 후진 양성을 위해 물러나야 한다고. 하하하. 그랬는데 막상 이 직종에서 일하게 되니……만화가 재미없을 때 제일 괴로운 건 그거 그린 사람이다.

웹툰이 돈은 좀 되나? — ◉ 월급쟁이 평균 월급만큼도 안 된다. 그런데 광고 만화를 그리니까, 두 개를 합치면 괜찮다. 그리고 카카오톡에서 이모티콘 서비스 시작했는데, 엄청 팔리고 있다. 서울의 좋은 집으로 이사갈 수 있을 것 같다.〔『데이즈드 앤 컨퓨즈드 코리아』, 2011.02.〕

[4-32]　넌 농구를 다룰 줄 알아 : 양동근

논산 훈련소에서 신병 교육 중이던
양동근은 2008 베이징 올림픽 티켓을
획득하라는 국가의 명을 받았다.
래퍼 양동근이 아니라 국가 대표 가드 양동근 말이다.

　　　초여름 태양의 자전처럼 태릉선수촌의 시간은 더디게 흘렀다. 한 무리의 선수들이 우르르 지나갔다. 작고 다부진 몸을 보니 레슬링 국가 대표 선수들 같았다. 얼마 뒤 그중 한 명으로 보이는 선수가 뭐라도 떨어뜨리고 간 것처럼 숨을 헐떡이며 달려왔다. 물 빠진 파란색 운동복 주머니 속으로 손을 넣어 전화를 꺼내 누군가에게 걸었다. 울린 전화는 내 것이었다. 생각보다 키가 작았고, 인터뷰할 때는 지나치다고 느낄 정도로 자신을 낮췄다. 그러나 승모와 이두의 근육은 다부지다 못해 견고해 보였다. 손바닥으로 땀을 닦을 때마다 동물적인 제스처도 느껴졌다. 이성적 논리보다 본능이 위에 있는 사람 같았다.

3주차 훈련까지 마쳤다고 들었어요. ─♟ 아직 자대 배치를 안 받아서 그런지 극기 캠프에 갔다 온 것 같아요. 올림픽 예선 끝나고 마지막 주 훈련받아야 돼요.

훈련소도 4주차 때는 요령이 생겨요. ─♟ 각개 전투 같은 힘든 훈련이 남았잖아요.

국가 대표 농구 선수한테도 그런 게 힘든가요? ― 할 수는 있지만 힘든 건 힘든 거죠.

어제 저녁에 산책을 하다가 고등학생들이 3 대 3 농구 하는 걸 봤어요. 폴짝폴짝 쉬지 않고 잘도 뛰더라고요. ― 즐거워 보이지 않아요? 저도 길거리에서 많이 해요.

요즘도? ― 농구 동아리를 하는 친구들이 많거든요. 따라가서 다른 팀들하고 붙어요.

날아다녀요? ― 그렇죠. 아무래도 프로 선수들보다는 부드럽게 하니까.

양동근인 걸 알고 감개무량해 하던가요? ― 그 정도까진 아니고 운동하러 나왔다가 운 좋게 프로 선수랑 해 봤네, 뭐 이러죠.

통합 우승(울산 현대모비스 피버스. 2006/07 통합 1위이자 챔피언 결정전 우승)을 했고, 만장일치 MVP(2006/07 KBL 챔피언결정전 MVP)까지 탔어요. 만으로 경우 이십오 세인데 벌써 최고가 된 거예요? ― 아유, 잘하는 선수들 엄청 많아요. 작년(2005/06 시즌)에 우리 팀이 챔피언 결정전에서 삼성(서울 삼성썬더스)한테 졌잖아요. 은퇴할 때까지 우승 한 번 못하는 선수도 있는데 기회를 놓쳤으니, 얼마나 아쉬웠겠어요. 이번엔 놓치고 싶지 않았어요. 그래서 조바심이랄까, 뭐 그런 게 있었죠. 이제 조금 여유가 생긴 것 같아요. 농구도 더 즐겁게 할 수 있을 것 같고.

시간 지나면 또 조급해질 걸요. 영원한 승리는 없어요. ― 운동이

든 공부든 마음이 편해야 잘되잖아요. 중요한 건 제가 지금 농구를 즐기고 있다는 거예요.

우지원 선수 (2002~2010 울산 현대모비스 피버스 10번)가 엉엉 울면서 두 주먹을 불끈 쥘 땐 덩달아 울컥했어요. 유재학 감독을 끌어안고 말없이 흐느끼는데, 됐다, 이제 됐어, 나도 모르게 중얼거렸다니까요. — ● 지원이 형이 올해로 프로 십 년째인데 우승을 한 번도 못했잖아요. 계속 다섯 명 안에서 게임을 뛰다가 어느 순간부터 교체도 많이 되고 언론에서 안 좋은 얘기들을 하니까 힘들었다고, 하더라고요. 떠올랐대요, 그런 순간들이…….

잘해 줘서 고맙단 이야기는 안 해요? — ● 선수들끼리는 그런 얘기 안 해요. 마음속으로만 하죠. 말은 안 했지만, (김)동우 형(2003~2012 울산 현대모비스 피버스)한테 많이 고마워요. 원래 작년 챔피언 결정전 끝나고 그 형이 군대 가려고 했거든요. 제가 가지 말라고 했어요. 이대로는 안 된다고, 한 번 더 해 보자고. 지금은 장난으로 그때 내 말 안 들었으면 어떡하려고 그랬냐고, 내 덕에 우승한 줄 알라고 그래요. 정말 동우 형 없으면 우승 못했을 거예요. 너무 잘해 줬거든요.

상대편 (부산 KTF 매직윙스)인 신기성 선수가 짜증을 많이 냈잖아요. 그런 모습을 잘 안 보여 주던 선수라서 놀랐어요. — ● 답답해서 화난 거죠. 누구나 그랬을 거예요. 다들 우승하고 싶어지니까.

경기를 보면서 양동근이 신기성을 넘어서나, 그런 생각을 했어요. 신기성 선수도 이제 내가 동근이한테 밀리나, 라는 생각을 하지 않았을까요? — ● 아니에요. 그런 마음을 갖는다는 것 자체가 이미 패배를

인정하는 거예요. 저만 해도, 상대가 기성이 형이나 (김)승현이 형
〔2001~2010 대구 동양 오리온스〕이라고 해도 게임 들어가기 전에 무조건 이긴다
고 생각해요. 후배인 제 마음가짐이 이런데 형들은 얼마나 더 이기려
고 하겠어요. 지기 싫어서 화도 내는 거죠.

나이가 있어서 그런지, 신기성 선수가 힘이 부쳐 보이긴 하던데요.
— ▮ 저랑 게임 하면 늘, 너 힘 너무 좋다고 얘기해요. 그런데 제가 얼
마나 죽기 살기로 버티는지 그 형은 몰라요.

김승현 선수하고도 비교 많이 당하죠? 처음 그 선수를 봤을 때 솔직
히 얄미웠어요. 너무 빨라서 모두들 속수무책이었거든요. 그런데 어
느 날 양동근이라는 선수가 나타나서 그 김승현을 앞에 두고 자유롭
게 플레이하는 걸 보고 어안이 벙벙했어요. — ▮ 팀 분위기죠, 뭐. 올
시즌에 워낙 우리 팀 분위기가 좋았어요. 실력이 나아서 이긴 건 아니
에요.

각각의 장점이 있겠죠. 경쟁하면서 서로 도움이 많이 될 거 같아요.
— ▮ 승현이 형은 농구 센스가 좋고 자신감이 넘쳐요. 못하는 게 없
구나라고 생각할 때가 많아요. 제가 그걸 따라가려고 하죠. 열 번 들
어오면 아홉 번은 막으려고 하고. 저한테 도움이 많이 되는데 승현이
형은 나한테서 도움될 게 있나 모르겠어요.

겸손도 지나치면 보기 안 좋아요. — ▮ 진짜예요. 남들이 들으면 재
수없다고 하겠지만, 객관적으로 승현이 형보다 나은 건 세 살 어린 것
밖에 없어요. 제가 더 빠르다고 말하는 사람도 있는데, 형이 탄력 받
기 시작하면 전 감당 못해요.

당신이 조금 더 저돌적인 것 같던데요. — 🗣 오기죠. 피하면 지니까 정면 승부하는 거예요.

가장 닮고 싶은 농구 선수는 누군가요? — 🗣 이 선수 저 선수 걸 다 빼 오고 싶어요. 장점들만.

가장 빼오고 싶은 건 누구의 어떤 건데요? — 🗣 승현이 형의 패스와 농구 센스. 기성이 형의 슛.

라이벌은 누구에요? — 🗣 프로팀에 있는 모든 가드들이요.

한국에 말고요. NBA 선수 중에는 없어요? — 🗣 NBA는 잘 안 봐요. 제가 게임 한 거랑 다른 팀 게임 한 거만 봐요. 시간이 없어요. 밥 먹고 운동하고 남은 시간에는 자야 되고.

1996년 애틀랜타 올림픽 이후론 한국 농구가 세계의 부름을 받지 못했잖아요. 이번엔 어떨까요? — 🗣 올림픽이 베이징에서 열려서 중국은 자동 진출이에요. 그러니까 중국이 일등을 하면 이등까지도 올라가는 거죠. 좋은 기회 같아요.

요즘은 오일 파워를 앞세운 중동도 무시 못하잖아요. 돈으로 선수를 사 와서 귀화시키던데요. — 🗣 해 봐야죠. 못하는 팀도 잘하는 팀 잡을 수 있고, 그 반대가 될 수도 있는 거니까. 그래서 스포츠가 재밌는 거 같아요. 모르잖아요. 해 보기 전까지, 아무것도.

애틀랜타에서 7전 전패했어요. 매 경기 대패했죠. 스포츠의 의외성이 한국만 피해 갔나 보죠? ― ♟실력 차를 요행으로 넘어설 순 없죠. 중요한 건 자세예요. 최선을 다하고 모든 것을 쏟아부을 수 있는 마음가짐. 그러다 보면 좋은 일도 생길 거고.

여기 오기 전에 한 농구 담당 기자랑 통화를 했어요. 한국 농구와 세계 농구의 격차가 넘지 못할 만큼 거대한 건 아니라고 하던데요. ― ♟일리 있긴 한데 아직까지 멀었죠. 당장 중국도 못 잡는데……. 한국 농구가 과도기잖아요. 젊은 선수들에게 기회가 많이 주어지고 있고, 그들에게 경험이 쌓이면 더 강해지겠죠. 이렇게 몇 번의 과도기가 더 지나야 하지 않을까요? 지금 중고등학교 후배들은 신장이 커요. 운동 능력도 좋고요. 십 년 이십 년 후에는 해볼 만하겠죠. 결국 농구는 높이 싸움이잖아요.

중국한테 이기기가 그렇게 힘든가요? ― ♟힘들죠. 냉정하게 봤을 때 힘들어요.

어떤 면에서 차이가 나는 거예요? ― ♟걔들은 이 미터짜리 선수들이 우리 나라 가드 수준의 기량을 갖고 있어요. 기술적인 능력이 같다고 봤을 땐 우리보다 전체적으로 십 센티미터 이상 큰 거예요. 거기에 야오밍(姚明)[2002~2011 미국 NBA 휴스턴 로키츠]까지 있잖아요.

한국 농구의 미래라고 생각하는 선수가 있나요? 당신이라고 해도 돼요. ― ♟저도 세계를 목표로 할 선수는 아닌 것 같아요. 조금 전에 말했지만, 더 어린 선수들에게 기대해야죠. 하승진 선수도 열심히 하지만 운동량이 워낙 부족해요. 지금 청소년 대표 선수들이 잘해요. 그중에 (김)진수가 돋보여요. 원래 포지션은 슈팅 가드인데 키가 이미터가 넘어요.

NBA는 안 가고 싶어요? ― 🗣 가고야 싶지만 누가 불러 주나요. 한국에서도 잘 못하는데. 거긴 가드도 키가 이 미터예요. 국내에서나 열심히 할래요.

NBA가 최종 목표일 줄 알았어요. ― 🗣 목표는 안 다치고 은퇴하는 거예요.

올림픽행이 결정나면 무슨 생각을 할 것 같아요? ― 🗣 베이징 갈 때까지 다치지 말아야지.

또 전패할 수도 있겠죠? ― 🗣 못 나가는 것보단 낫죠. 다 져도 웃을 거예요.

영화 〈록키 발보아〉에서 록키가 지잖아요. 그런데도 모두들 기립 박수를 치죠. 이기든 지든 나 역시 그런 박수를 치고 싶어요. 당신도 록키처럼 퇴장할 수 있겠죠. 〔『지큐 코리아』, 2007.08.〕

[4-33] 괴롭지만 괜찮아 : 이경수

한국 배구는 무려 두 달 동안이나 벌어진
〈2007 월드리그〉를 통해 상상한 미래를 발견했다.
어느덧 대표팀 주장으로 성장한 이경수는
그냥, 아쉽다고만 했다.

아까운 경기가 많았어요. 한 고비만 넘기면 이길 것 같은데 그때마다 번번이 주저앉았죠. — ❣ 대표팀 훈련 기간이 짧았어요. 5월 초에 모였고 함께 훈련한 건 한 달이 채 안 돼요. 처음 맞춰 본 선수도 있고, 예전에 같이 뛰어 봤던 선수들도 오랜만에 만난 거라 한 달 이상은 해야 되거든요. 연령대가 전반적으로 낮다 보니 국제 경기 경험이 전무인 선수도 있어요.

득점 부분 6위라면서요? — ❣ 신경 안 써요.

그래도 세계적인 선수가 됐다는 생각은 들죠? — ❣ 아뇨, 전혀 그렇지 않아요. 쟁쟁한 선수들은 시합에 잘 안 나와요. 〈월드리그〉는 워낙 장기 레이스기 때문에 선수들을 계속 교체해 주거든요. 그래서 그 선수들의 득점이 떨어지는 것뿐이지, 제가 정말 세계적인 건 아니에요. 6주 동안 시합하면서 전 한 세트 빼고 다 뛰었으니까 득점이 높을 수밖에 없죠.

그럼 세계 톱클래스 선수들에 비해 이경수가 모자란 건 뭐죠? — ❣

그들은 제가 봐도 너무 대단한 선수들이잖아요. 탄력이 좋아서 보면서도 속으로 '와!' 하는 경우가 많거든요.

우리 선수들도 그런 탄력을 갖게 되면 뭐가 달라질까요? — 🗣 노는 물도 중요한 것 같아요. 유럽이나 남미에선 국가 간에 배구 교류가 활성화돼 있거든요. 인접 국가끼리 시합도 많이 하고요. 그러다 보니까 수준이 전반적으로 높아지는 것 같아요.

이번 대회에서 본 이경수는 빠르고 날렵하고 힘도 있는데 이따금 스스로에게 확신이 없는 것 같은 표정이 있었어요. — 🗣 공격에 성공해도 제가 이 정도에서 끊어 줘야 하는데 그걸 못할 때가 많았으니까 그게 좀, 자신감은 있었는데, 그에 비해선 성공 못한 게 많았어요.

그게 무슨 말이죠? — 🗣 분명히 포인트가 날 공격이었는데, 그걸 받아 올리는 선수가 있었어요. 그 정도 공격이었으면 포인트가 나야 정상인데.

브라질과 접전을 펼쳤을 때, 3세트 27 대 27 상황에서 당신에게 볼이 갔어요. 이제 한국 배구는 위기 때 '이경수'를 찾죠. 그런 순간들 직접 해결해야 한다는 게 부담스럽진 않나요? — 🗣 저도 매 순간 결정짓고 싶었죠. 선수들이 신뢰해 준 것도 고맙고요. 그런데 제가 모자란 게 많아요. 그래서 이번 대회 나갈 때 긴 시간 동안 팀의 핵심 역할을 할 수 있을까, 힘들지 않을까, 그런 생각을 했어요. 고맙게도 후배들이 많이 도와줘서 재밌게 뛰었어요.

어느새 대표팀 최고참이 됐고, 신진식같이 듬직한 형도 없는데, 누군가에게 의지하고 싶은 순간은 없나요. ― ☙ 아쉽죠. 저도 힘드니까요. 6주 동안 시합한다는 게 굉장히 어렵거든요. 한 나라에서만 하면 어느 정도 가능한데, 한국에서 했다가 브라질로 넘어가는 데만도 스물네 시간이 걸리고. 거기서 시차 적응도 안 됐는데 아침 경기를 했죠. 한국엔 아침 경기가 없잖아요. 몸이 정상적으로 움직이질 않았죠. 그러다 또 핀란드로 넘어가다 보니 팀 주장으로서, 내색 안 해야 되는데도 짜증낼 때도 있고, 부족한 게 없지 않았어요. 우리나라가 98년도 이후부터는 '월드리그' 참가를 안 했어요. 대부분의 국제 경기는 길어도 보름을 안 넘겨요. 이번에 무려 두 달이었잖아요. 정말 힘들었어요.

주장 입장에서 김요한과 문성민을 냉정히 평가해 주세요. 과대평가된 부분이 없지 않다고 생각해요. ― ☙ 공격은 잘하는데 그 외에 리시브라든지 전반적인 디펜스들이 다소 떨어지죠.

악착같이 수비하지 않고 공격만 잘하는 건 화려한 플레이만 의식해서가 아닌가요? ― ☙ 저도 리시브가 좋은 편은 아니에요. 주장이고, 많이 해야 한다고 생각해서 열심히 했을 뿐이죠. 결코 훌륭히 잘하는 편은 아니에요. 근데 아무래도 요한이나 성민이 같은 경우는, 뭐, 동료들이기 때문에 직접적으론 얘기 못하겠고, 좀 불안하죠. 걔들한테 공이 가면.

공격이 실패했을 때 분해서 죽을 것 같은 선수들도 있는데 그들은 조금 아쉬워하고 말더라고요. ― ☙ 아직 어려서 그런 거예요. 지금 걔들이 대표팀에 들어온 지 근 일 년, 아니 이 년인가? 대학교에서만 뛰다가 국제 경기에서 처음 시합한 거잖아요. 선배들이 편하게 해 준다고 해도 후배들은 선배를 어려워해요. 시합 때 자신감도 떨어지고 하나 미스하면 선배들이 뭐라 하지 않을까 걱정도 되고. 의지는 있는데 몸이 잘 안 따라 주는 거죠.

너무 자상한 선배네요. ─ 🎤 저는 대학교 1학년 때 대표팀에 들어갔거든요. 들어가자마자 아시안 게임 나갔고요. 그러니까 잘 알아요.

그때 가장 무서웠던 선배는 누구예요? ─ 🎤 다 무서웠죠. 안 무서운 선배가 없었어요.

한국 배구의 최대 강점은 뭐예요? ─ 🎤 젊다는 거죠. 그런데 장점이 될 수도 있고 단점이 될 수도 있어요. 무너지기 시작하면 한 없이 무너지거든요.

세대 교체를 단행한 한국 배구는 긍정적인 미래를 내다보게 됐대요. 축구도 그렇고. 도대체 언제 그 미래가 오는 거죠? ─ 🎤 뭐라 해야 되나. 아…… 선수 입장에서도 솔직히 고생하며 한 해 한 해를 보내는데 팬들 기대에 못 미치면 속상하죠. 기대치가 너무 높다는 생각도 들고요. 배구는 단체 경기잖아요. 혼자 잘한다고 되는 것도 아니고. 매 시합 때마다 준비 잘된 선수도 있지만, 부상 때문에 몸이 엉망인 선수도 있고. 운도 중요한 것 같아요.

그러니까 내 말은 몇 년 후에 핀란드와 다시 싸우면 이길 수 있냐는 거예요. ─ 🎤 아쉬운 건 뭐냐면요. 첫 시합을 브라질이나 아니라 핀란드하고 붙었으면 이기지 않았을까 하는 거예요. 왜냐면 저희가 체력이 고갈된 상황에서 브라질에 갔다가 다시 또 핀란드에 갔거든요. 그

때 핀란드는 이미 저희를 전력 분석을 끝낸 상태였어요. 우리는 핀란드에 대해 아는 게 없었는데. 지금 당장 다시 붙으면 이길 수 있을 것 같아요.

|

우리 전력이 어떻게 노출된 거죠? — 🎤 사석에서 듣기론 유럽 각 나라 전력 분석관들이 자료를 공유한다고 하더라고요. 저희는 전력 분석관이 아예 없어요.

|

국제 대회에서 맞붙을 때마다 이상하게 당신을 강하게 만드는 팀이 있나요? — 🎤 이상하게 자신감이 생길 때가 있어요. 브라질하고 첫 경기 했을 때가 그랬어요. 강팀이잖아요. 예전 같았으면 3 대 0으로 끝났을 거예요. 누가 풀세트까지 갈 거라고 생각했겠어요.

|

브라질하고 붙는데 어디서 그런 자신감이 나왔죠? — 🎤 설명하기 애매해요. 잘 모르겠어요.

|

브라질 선수들이 괴물 같진 않았어요? — 🎤 코트 위에서 상대 선수를 잘 안 보는 편이에요. 공격이 나올 코스가 아닌데 기가 막히게 기회를 만드는 걸 보면 신기하고 놀랍죠.

|

신진식과 이경수의 차이는 뭔가요? — 🎤 진식이 형은 키는 안 큰데 나머진 다 좋아요. 점프, 탄력, 스피드, 지구력, 갖출 건 다 갖췄죠. 그런데 아무리 점프가 좋아도 신장 차이는 극복하기 힘든 거 같더라고요.

|

신장 말고는 당신이 이기는 게 없어요? — 🎤 진식이 형 무서워요.

|

올 초에 신진식 선수를 만났는데 이제 당신한테 못 당하겠다고 하던걸요? — 🗣'이제'라고 한 거잖아요. '이제'. 대표팀에서 같이 경기할 때 진식이 형이 볼 때리면 제가 그 뒤로 커버를 들어가요. 형 발이 제 얼굴에 와 있어요. 점프한 발이 수비 자세를 취하고 있는 제 얼굴에 와 있어요. 그만큼 점프가 높다는 거죠.

한국 배구 역대 최고 레프트는 누구라고 생각해요? 당신이라고 해도 돼요. — 🗣정말 배구를 잘 안 봐서 모르겠어요.

안 보고 어떻게 배구를 해요? — 🗣제가 한 거랑 제가 맞붙을 상대 경기는 보죠.

배구 선수로서 가장 이루고 싶은 꿈은 뭐예요? — 🗣소속팀이 우승하는 거죠.

V-리그에선 2년 연속 득점왕, 올스타전 MVP도 두 차례나 뽑혔는데 LIG 그레이터스는 내리 꼴찌를 했죠. 팀이 원망스럽진 않아요? — 🗣그걸 어떻게 하겠어요. 다 최선을 다한 건데.

저 팀으로 갔으면 나도 우승했을 텐데, 라고 생각한 적은 없어요? — 🗣그런 생각은 안 해요. 남들 덕에 우승하면 뭐 해요. 제 힘으로 우승을 시켜야죠.

다음 시즌엔 어떨 것 같아요. 우승할까요? — 🗣…….

신진식 선수가 은퇴했어요. 당신에게도 그런 날이 올 거예요. 그 이후에는 어떤 삶을 살고 싶나요? — ♣평범한 사람이 되고 싶어요.

배구는 싫어요? 아들이 배구 한다고 하면 어떻게 하려고요? — ♣너무 고생을 해 가지고요. 아이 엄마가 못하게 때려 말린다던데요.

한동안은 당신이 대한민국 배구 국가 대표 주장이겠죠. — ♣너무 정신없이 달려왔어요. 시즌 끝나면 국제 경기 또 시즌 이렇게 십 년을 했어요. 언제까지 더 할 수 있을지 잘 모르겠어요. 좀 쉬고 싶다는 생각을 해요.

국가 대표 주장으로서의 꿈은요? — ♣후배들이 더 잘하도록 여건을 만들어 주고 싶어요.〔『지큐 코리아』, 2008.10.〕

〔*이경수가 입단했던 LG화재 배구단은 구미 LG화재 그레이터스(2005~2006), 구미 LIG손해보험 그레이터스(2006~2015)로 변천하는 동안 대한민국 프로 배구 리그 V 리그에서 한 번도 우승하지 못했고, 2012년 KOVO컵 한 차례의 우승만을 기록했다. 이경수는 2015년 은퇴하고 지도자로서 경력을 이어가고 있다.〕

[4-34] 승자의 노래

최승자란 시인이 있습니다.
1980년대와 1990년대, 네 권의 시집
『이 시대의 사랑』
『즐거운 일기』
『기억의 집』
『내 무덤, 푸르고』를 통해
한 시대를 사로잡았습니다.
그 언어는 강렬한 만큼 아팠습니다.
그런 시인이 돌연 사라졌습니다.
누군가는 재능이 과해 미쳤다고 했습니다.
이제 다시 시를 씁니다.
그리고, 경주의 한 찻집에서 그동안 무슨 일이 있었는지
이야기합니다.

당신을 만나러 경주에 간다니까 주변에서 놀라는 사람들이 많았습니다. 한국에 계시냐고 묻는 사람도 있었고요. ― 🗣 너무 오랫동안 안 써 와서.

겨울호 계간지를 보는데 최승자란 이름이 있어서 놀랐습니다. ― 🗣 네. 작년(2008년)부터 다시 쓰기 시작했어요.

2006년 『세계의 문학』 겨울호에 작품을 발표한 이후로 한동안 안 쓰

셨던 거죠? 그때도 상당히 오랜만의 발표였던 걸로 기억하는데요.
— ● 또 아파서 누워 있다가 한방 치료를 하니 좀 나았어요. 이제 시 쓸 만큼은 힘이 있어요.

『이 시대의 사랑』을 읽을 때마다 시대가, 더 정확하겐 문단이 최승자에게 이렇게 소홀해선 안 된다는 생각을 합니다. 문학사에 남을 분이신데요. — ● 허. 한국 문학에 획 그은 사람이 한둘은 아니고, 나는 주역도 아니잖아요. 해체파라는 게 있었고, 그 물결이랄까, 주역들 속에 이름이 한 번 끼었을 뿐이지. 그 이후엔 시를 읽은 적도 없고, 우리나라 시사가 어떻게 변해 가는지 본 적이 없어서 잘 몰라요. 그냥 스쳐 지나가는 한 명이었지 않나 생각해요.

딱 '80년대'라고 규정짓긴 어렵지만 그 시대엔 뛰어난 시인이 참 많았습니다. 당신뿐 아니라 이성복, 황지우 두 분도 계시고, 이 분들의 존재감이 지금도 뚜렷합니다. 그런데 시인 최승자는 그 존재감뿐만 아니라, 어떤 독특한 느낌을 함께 가지고 있습니다. — ● 글쎄, 시로 볼 때나, 시 활동으로 볼 때나, 다른 시인들은 꽤 많이 언급이 됐는데, 나는 그런 게 별로 없었던 것 같아요. 자주 얼굴을 내밀지도 않았고, 시 내용도 다른 사람들하곤 많이 달랐고.

자주 얼굴을 비추는 게 안 비추는 것보단 득 되는 점이 많았을 텐데 왜 그러셨어요? — ● 안 찾아 주니까. 허허. 문단 활동이 일종의 사회 활동이잖아요. 교수들도 있고, 잡지사 다니는 분들도 있고, 그런 사람들끼리 서로 콘택트가 쉽고 모이기도 쉽겠죠. 그런데 나는 사회 활동을 하지 않았고 잡지사를 다녔던 것도 아니에요. 좀 소외된 면이 있는데, 굳이 얼굴 비출 일이 없으니까 나는 나대로 안 나가게 됐죠. 자주 다녔으면 인터뷰 같은 것도 하고 그랬을 텐데. 공교롭게도 출판사를 잠시 다니다 지쳐서, 번역을 해서 조금만 먹고 살자, 하고 그만뒀어요. 만날 출근하기도 피곤하고.

변화시킬 수 없는 사회에 대한 안타까움, 어떤 무기력감 같은 것이 시를 쓰는 원동력이었던 걸로 알고 있습니다. 요즘은 어떠세요? — 🎤 변화될 수 없는 사회도 있고, 변화될 수 없는 역사도 있고, 참 재미없지만, 세상도 구제불능이고 나도 구제불능이고, 그러다가 홍시 감시 떨어지듯 시가 나오면 썼어요. 구제불능인 세상을 앓고 살다 시집을 한 네댓 권 냈고, 그러다가 언제부턴가, 이제 나한테서 시는 끝났다, 시에서 멀어져가는 세월이 있었어요. 나 많이 앓았어요. 홍역 앓듯 앓다가 두통 앓듯 앓다가, 감기 앓듯 앓다가, 점점점점 엷어지면서 잘 앓아지지도 않고, 또, 조금씩 엷어지는 농도라도 시가 다시 나오기 시작하니까, 쓰는 거예요. 시단과의 접촉이 있고, 원고 청탁도 있고, 그나마 그런 시도 즐겨 주는 사람이 있으니까.

한창 작품을 쓰실 때는 어떤 책들 많이 보셨어요? — 🎤 문학과 관련된 책을 읽은 건 1970년대, 1980년대 초반 때밖에 없어요. 1980년대 초반도 아예 일찌감치 1983년 이 정도부터, 소설도 안 보고 시집도 안 보는 지경에 가 버렸어요. 시인인데 무책임하게도 우리 나라 시, 소설을 안 보게 됐다고요.

관심이 없으셨어요? — 🎤 관심이 없었어요. 데뷔하고 나서야, 우연히 이청준(李淸俊, 1939~2008) 선생님을 보고, 아, 저 분이 이청준 선생님이구나, 했던 기억이 있어요. 대부분 잘 몰랐죠. 책을 많이 읽을 때도 한국 문학은 잘 안 봤어요. 주로 세계 문학 전집을 봤고, 한국 작품은 유명한 것만 가끔씩 봤어요. 시인이 되고 나서 오히려 문학이란 것 자체에서 조금씩 멀어져 갔지요. 그냥 내 시만 썼어요. 시가 나오니까 어쩔 수 없이.

시를 쓰는 데 독서 체험의 도움을 받으신 건 아닌가 보네요? — ❦ 독서 없이는 못 써요. 독서 체험이란 건 무수한 시대의 체험, 무수한 운명의 체험, 무수한 역사의 체험, 무수한 문화의 체험이에요. 그건 정말 대단한 거예요. 내 경우엔 1970년대, 1980년대 초반에 읽은 여러 작품들이, 비록 읽는 대로 다 잊어버렸지만, 나중에 내 시로 다 나왔을 거예요. 그러니까 그때 읽은 걸로 그 이후의 시들을 다 쓴 거예요.

왜 우리 작가들 책은 재미가 없으셨어요? — ❦ 왜 세계 문학 전집이 그렇게 재밌었나 생각해 보면 1, 2차 세계 대전을 겪었기 때문인 것 같아요. 그 당시 내가 읽었던 건 무시무시한 삶의 텍스트를 직접 살아온 작가들의 작품이었어요. 그들은 1950년대, 1960년대를 무대로 한 작가들보다 훨씬 더 치열하고 강렬한 삶을 산 거예요. 그 작가들이 살았던 세계사, 문화사, 개인사, 이런 것들이 흥미로웠던 것 같아요. 난 이렇게 생각해요. 한국 작가들이 세계적인 작가가 되기 위해서는, 문화, 역사, 감각 세계, 의미 세계, 이런 것들을 알아야 하는데, 그러려면 세계 문학 전집을 읽어야 된다고. 우리 나라 1960년대에 김현 선생님 세대가 가능했던 건, 내가 정확히 모르지만, '을유문화사' '동아' 같은 출판사에서 번역서들을 많이 출간했고, 그 분들이 그걸 보고 자랐기 때문일 거예요.

직접 번역도 하시면서 문학을 많이 접하셨을 텐데, 감명 깊었던 작품으론 뭐가 있나요? — ❦ 만날 수업도 안 듣고 읽었으니, 기억이 안

나요. 그 당시에도 나처럼 도서관에 가서 '동아' 다 보겠다 '을유문화사' 다 보겠다. 이러는 사람은 별로 없었던 것 같아요. 문학한다고 하는 사람들도 그 시절에 유행하는 다른 책들을 사 본 것 같더라고요.

시 쓰실 때 이것만은 하지 말아야지, 하는 게 있나요? 예를 들면 요즘은 직유를 죽은 비유라고 생각하는 시인이 많습니다. — 내 경우는 아주 자연스럽게 쓰는 편이에요. 그리고 직유가 은유보다 큰 직격탄을 줄 때가 있어요. 예를 들어 이성복의 개새끼라든가, 그건 직유법이지만 어마어마하게 치는 게 있어요. (이성복,「그 해 가을」(1980). 단, 원문은 개새끼가 아니라 씹새끼다. "아버지, 아버지…… 씹새끼, 너는 입이 열이라도 말 못해" 또는 「어떤 싸움의 기록」의 "그는 아버지의 다리를 잡고 개새끼 건방진 자식 하며 비틀거리며". 최승자는 「Y를 위하여」(1984)에서 "개새끼"를 썼다.—편집자) 은유로 그걸 어떻게 표현할 수 있겠냐고요. 이성복이 은유법을 못 써서 직유를 썼겠어요? 때에 따라서, 더 강할 때는 강하게, 농도가 차 있을 때는 차 있게, 아마 그것은 무의식이 조절을 할 거예요.

시 쓰실 때 무의식과 직관을 중요하게 생각하시는 걸로 알고 있어요. 어떻게 하면 그것들이 폭넓어질까요? — 끊임없이 책을 읽어야죠. 좀 쉬고, 또 책을 읽고, 쏘다녀도 보고.

책을 읽고 다 잊어버려도, 아까 말씀하신 것처럼 무의식엔 남아 있는 거겠죠? — 저는 이렇게 생각해요, 내 시의 태반이 1970년대 읽었던 무엇이라고. 놀라면서 읽었고, 감동하면서 읽었고, 분개하면서 읽었고, 허망해하면서 읽은 어떤 것들이 내 안에 잔잔하게 내려가 앉았다가 이 세계의 어떤 것들과 만나 무심코 살아 나온다고.

우리가 열광했던 네 권의 시집이 모두 1970년대에 '읽었던 무엇'이라고요? ― ◉ 어떤 것을 추구했느냐에 따라 정도의 차이는 있겠지만, 세계 문학 체험을 통해 이미 내 무의식 안에 들어와 있던 것을 자꾸 또 하고 또 하고 했을 뿐이에요.

요즘도 시 고치는 건 싫어하세요? ― ◉ 고칠 땐 고치기도 하는데, 대부분 그냥 잘 나와요.

당신의 시를 읽으면 현실과 얼마나 치열하게 맞닥뜨렸을까 하며 가슴이 서늘할 때가 있어요. 사람들에겐 감동을 주셨지만, 시 때문에 정작 힘든 삶을 살게 된 건 아닌가요? ― ◉ 한 1993년도쯤인가, 시를 서서히 졸업해 가고 있었어요. 그 이전에 이상한 책들을 많이 보기 시작하다가, 그다음에 몸이 허약해진 거죠. 자꾸 이상한 생각들도 나고, 그 당시 나는 문학도 사상도 잊었어요. 그것들이 사라진 세계, 그쪽을 나는 신비주의라는 이름으로 부르고 있는데, 그런 것과 관련된 책들을 보다 말다, 아프다 말다 그러고 살았어요.

그즈음에 이상한 소문이 돌기 시작했죠. 최승자가 정신이 이상해졌다. ― ◉ 풍문이 돌았겠죠. 몸도 너무 허약해졌고, 밥도 잘 못 먹어서 체중이 한 삼십 킬로그램까지 내려가 본 적도 있어요. 지금도 잘 먹진 못해요.

당신에게 시쓰기란 뭔가요? 시와 인생을 꼭 동일시할 필요는 없잖아요? 스스로를 너무 괴롭힐 필요까지도 없고요. ― ◉ 그냥 살며 쓰며예요. 삶 속에서 쓰고 있는 거예요. 꼭 이래야만 한다는 것이 아니고, 내 정서는 늘 이런 것이어서 이런 것밖에 안 나오더라. 나오면 쓰고 안 나오면 안 써요. 근데 왜 특별한 인생을 산다고 하냐. 아마 직업 가지고 있지 않고, 이상하게 치열한 시만 쓰고, 이상하게 단단한 시만 써서 그런 것 같은데, 결국은 내 정서 안에 박혀 있었겠지요. 내 인생은 치열해야 한다. 세상에 대해 늘 비판적이어야 한다. 그렇게 다짐한 건 아니었어요. 이미 바라보았던 세계예요.

이미 보았던 세계라고요? — ◉ 이십대 전후반의 독서 체험 말이에요. 그때 그 텍스트들을 통해 나는 세상을 다 보았어요. 역사가 어디 갈 바도 없고.

당시 읽었던 문학 작품 속에 현실에 대한 모든 전망들이 담겨 있었단 말씀으로 들리는데요? — ◉ 일단의 가상사에서 가상의 발전을 보았다는 얘기죠. 자본주의가 가 봤자 그러하고, 공산주의 역시 다를 게 없고. 결국 전개될 거라고는 사회 운동밖에 없죠. 1970년대, 1980년대엔 사상에 관한 책들이 많이 나왔는데, 이미 예전에 문학사에서 다 보았던 것을 사상사에서 다시 이야기를 하고 있는 거였어요. 이미 다음을 알겠고, 그러니까 나는 다 본 세계였다는 거죠. 그다음엔 떨어진 거죠.

떨어졌다는 건 신비주의를 말하는 거죠? 그 신비주의라는 것이 당신에게 무엇을 주었나요? — ◉ 역사에 지칠 이유가 없다는 거. 우리는 역사, 문명, 이런 것들 때문에 더 지친다. 역사 역사를 부르짖어서, 문명 문명을 부르짖어서 행복했던가를 점검해 봐야 되지 않을까. 어느 시기에 가서는, 내 혼잣말로는 초역사주의라고 부르는데, 역사주의를 탈피할 필요가 있다는 거예요. 역사주의에 자꾸 매몰되면 투쟁 의식만 생기고, 미래에 대한 행복, 그런 의지들이 죽어 버린다는 얘기예요.

예전과 비교하면 대단한 변화네요. — ● 네. 그래서 그런 걸 한번 써 보자, 하는 마음에서 지난번(2007)『문학과 사회』에 '시간의 마술사' 였나, '시간이 사각사각'이었나를 발표했어요. 원래는 게을러서, 일부러는 잘 안 하는 체질이거든요. 나 혼자 표현으론 똥 싸듯이 쓴다, 그래요. 나오면 뿡 싼다고. 내 재주 중 하나가 몰입하면 시가 나온다는 거예요. 옛날부터 그걸 알고는 있었는데, 뿡 싸면 되는데 뭐하러 몰입을 하냐, 밥만 먹고 살면 되지, 낮잠이나 자자. 이렇게 그냥, 그냥 살았어요.

그런데「시간이 사각사각」은 '몰입해서' 쓰셨다는 거죠? — ● 초역사주의라는 개념이, 생각해 보니까 아주 중요한 거더라고요. 인간이 현재의 행복한 삶, 미래의 행복한 삶, 이런 걸 누리려면 차라리 역사주의라는 게 없어야 된다는 얘기예요. 근데 내가 왜 신비주의에 빠졌냐, 그때는 시가 뭘 구월할 수 있으랴, 시는 그냥—아까 말했듯—이십대 때 보았던 거를 계속 써 대는 건데. 나는 이제 쌀 거는 다 쌌다. 일부러 싸지르기는 싫다. 그러다 보니 도대체 사상의학이란 건 뭐냐, 음양오행이란 건 뭐냐, 내가 모르는 이 문명 세계의 원칙이, 노자가 말하는 도가 있는 어떤 세계, 신의 어떤 원리가 있지 않을까, 한 이십 년을 이런 데 빠져 살았어요. 시도 안 쓰고, 일도 안 하고, 입에 밥 들어가는 걸 욕할 정도로.

시대가 지금도 이 모양인데 역사주의를 잊고 살면 누가 분개하고 누가 투쟁할까요? — ● 역사주의 학파나 정치, 사회 사상사 쪽에선 역사를 잊을 수가 없겠지요. 그런데 또 그쪽 사람들도 초역사주의란 게 실제로 필요한 것이구나, 생각해 볼 수 있다는 얘기예요. 문학도 역사주의에만 너무 함몰돼서 그것만 쓰면 후대에 물려줄 게 별로 없을 거 아니에요? 무엇이 무엇이었고, 무엇이 무엇과 왜 싸웠는지만 물려주게 된다는 것이죠. 그것 자체를 탈피한 상상력을 문인이고 역사가고 가져 볼 필요가 있어요. 요컨대 그런 것도 제가 신비주의를 공부하지 않았으면, 우리를 따라오는, 면면히 이어지는 원리가 있었다는 걸 모르고 살았을 거예요. 예를 들면 음양오행론에서 불이 모자라면 뭘 주고 또 어떨 땐 뭘 주고 이런 게 있거든요. 삶에도 우리에게 위안을 줄 수 있는 원리가 있고, 그 원리를 찾아보는 게 위안이 된다는 얘기예요. 그런데도 인간은 왜 이렇게 싸우기만 할까. 자꾸 문학할 필요도 없고, 자꾸 문학할 필요도 없고, 그냥 시간이 사각사각 지나갔습니다. 우리 다 잊읍시다, 그 얘기예요.

예전보단 마음이 평안해지신 것 같습니다. — 네, 정말 편안해졌어요.

문학과지성사를 통해 등단하셨는데, 출판사에 작품을 투고하려고 원고를 준비해 뒀다가 몇 달을 그냥 두셨단 얘기를 들은 적이 있어요. 절박하지 않으셨어요? — 그게 아니고 귀찮아서. 다음날 와서 보내야지, 그리고 나서 다음날 와서 보내면 되는데 걸어 내려가기 귀찮으니까, 퇴근할 때 보내야지, 하고서는 퇴근할 때, 계단 내려가서 생각나고, 또 올라가긴 싫어서 다시 내일 와서 해야지, 하다 보니, 그렇게 됐죠.

네 권의 시집 중 어떤 게 제일 좋으세요? 저는 단언 첫 번째 시집인 『이 시대의 사랑』이에요. 살아 움직이는 언어 그 자체라고 생각해요. — 첫 번째 시집에는 대학을 갓 나와서 쓴 시들이 많아서 별로예요. 치기만만하고. 세 번째가 제일 나았던 것 같아요. 『즐거운 일기』

(1984)도 나쁘지는 않았어요.

그 시대가, 그러니까 1980년대가 일제 치하는 아니었지만, 우리 나라 상황이 좋을 때는 아니었잖아요. 당신의 시는 그 아픈 시대를 상당히 직시한 면이 있다고 생각해요. 그런데 그 이상한 시대에도 현실을 예찬한 시인들이 참 많아요. 그런 시나 시인들을 보면 화가 나진 않으셨어요? ─ ❧ 그때만 해도 대부분 아름답게들 썼죠. 하지만 내 동료 중엔 없었으니까. 그리고 시라는 게 누구나 아무렇게나 쓰고 싶은 대로 쓸 수 있는 것이니까.

2001년에『세계의 문학』『문학동네』『창작과비평』에 작품을 보내셨더라고요. 문학과지성사 출신이시고 그 전까지 시집도 다 문학과지성사에서 나왔잖아요. 오랜만의 발표인데 왜 문학과지성사로 안 보내셨어요? ─ ❧『세계의 문학』으로 맨 먼저 보낸 건, 문학과지성사는 청탁하지 않은 원고는 안 받는 관행인 줄 알았어요. 청탁이 없으니까 안 보낸 거예요. 민음사 그러니까『세계의 문학』은 안 그럴 것 같아서 보냈어요. 그리고 그 잡지에서 나에 대한 글을 본 것 같아요. 어떤 글이었는진 기억 안 나는데, 뭔가 봤어요. 십여 년을 시를 안 쓰고 있었는데도, 나한테 관심이 있는 건가 싶어 보냈어요. 나름대로 봐줄 만하게 썼고.

잡지사에 직접 전화해서 최승자예요, 이러신 거예요? 엄청 놀랐겠는데요? ─ ❧ 놀랐겠죠. 소문도 소문이려니와, 세월도 세월이려니와.

당시 자료를 찾아보니, 웬만한 매체에선 다 기사를 냈더라고요. 최승자 시인이 드디어 작품을 발표했다, 이렇게요. ─ ❧ 나는 그런 건 몰라요.

2000년 이후에 발표하신 작품들을 보면서 예전의 시가 갖고 있는 폭발적인 슬픔이 많이 정제됐단 느낌을 받았어요. 이제 시대에서 자유로워진 게 아닌가 하는 생각도 했습니다. 아까 말씀하신 「시간이 사각사각」도 그렇고요. — ✊ 시가 이상해졌죠. 내가 봐도 이상한데. 요즘은 몸이 허약해졌어요. 가만 보면 시라는 게 삼십대 때가 제일 강렬한 것 같아요. 이십대는 시를 쓰고자 하는 충동은 있지만 배워 가는 시절이고, 삼십대엔 완숙한 맛을 낸다고 할까. 그런데 사십대적인 완숙함이 아니라, 톡 쏘는 것을 조금 지난.

2000년대 이후에 발표한 몇 편의 시들은 예전 시들에 비해 어딘가 떨어진다고 생각하시나 봐요? — ✊ 요즘은 그런 거밖에 안 써져요. 이상하긴 한데 쓰고 있어요. 독서를 많이 하면 괜찮아질까. 하도 오랜만에 쓰니까, 좀 이상하다, 싶어요.

학생들에게 시를 가르치고 싶진 않으세요? — ✊ 마음은 있어요. 시 가르치는 게 굉장히 재밌어요.

예전엔 강의도 하셨잖아요. — ✊ 나뿐만 아니라 학생들도 재밌어하는 것 같더라고요. 처음에 서울예전에서 나와 달라고 해서 갔는데, 도대체 애들이 시를 써도 영 이상하게 써 가지고, 이렇게들 못 쓰는데도 시인이 돼서 문단에 나오는구나, 이상하단 생각이 들 정도로, 황당무계한 시들이 많았어요. 그래서 어떻게 가르쳐야 될 것인가를 고민해 봤는데, 당시 학생들은 주로 방향 감각에 문제가 많았어요. 다 제각각인 거예요. 큰 방향이 찢어지면, 화면은 돌연 올스톱이라고요. 그러면 군데군데 다시 시작해야 된다는 얘기예요. 또 대개 보면 방향 감각이 없는 시는 문장 감각도 없어요. 감흥도 없어지죠. 그런 학생들은 도대체 나도 대책이 안 서서, 그림을 그려 보라고 했어요. 나뭇가지가 여기 있으면 나무 몸통은 어디 있니, 달은 어디 있고, 집은 어디 있니, 그렇게 하나하나 짚어나가다 보니 학생들도 알게 되더라고요. 그다음엔 한신대학교에서도 수업을 했어요. 그땐 가르치는 방법을 좀 바꿨는데, 한번은 어떤 학생이 요즘은 왜 그림 그리라고 안 하세요, 하고 묻더라고요. 그게 지금 기억이 나네요.

그때 강의를 계속하셨으면 지금 유명한 교수님이 되셨을 거예요. ― ♣ 교수는 모르겠고 티칭은 잘할 수 있었을 거예요.

현대시에 여성 시인이 있었다고 말하는 게 가능했던 시기가 당신과 김혜순 시인이 등장한 이후부터라는 말이 있어요. 두 분은 종종 비교가 됐고요. 그런 건 괜찮으셨나요? ― ♣ 그나마 다행이라고 생각했죠.

왜요? ― ♣ 여자들은 잘 안 쳐주는 사회니까.

지금 김혜순 시인은 유명한 교수님이 되셨고 문단에서도 영향력이 있으세요. 부럽지 않으세요? ― ♣ 글쎄, 뭐, 지금 이 자리에서 딱 교수가 되면 좋겠지만, 중요한 건 내 생활인데, 하루하루가 피곤하고 바쁘면 나는 못 살아요. 그냥 번역이나 하고, 밥이나 먹고 살고, 하고 싶은 공부나 하고 그러는 게 체질에 맞아요. 사회적 지위는 별 상관없어요. 시 하나만으로도 족하고.

시를 안 쓰면 죽을 것 같아서 쓰시는 거예요? 시인이 돼서 쓰시는 거예요? — ● 내 인생에서 유일하게 잘 나오는 게 시밖에 없으니까 쓰는 거예요. 특별하게 무슨 의미가 있지도 않아요. 남한테 가서는 의미가 되겠고, 그냥 나는 시 쓰는 사람이고.

시 쓰는 과정이 아프잖아요. 왜 하필 잘하는 게 시였을까 답답하신 적은 없으세요? — ● 시가 원체 잘 나와서 쓴 거예요. 쓰는 게 재미도 있고. 시집을 네 권 정도 냈으니, 그게 대단한 의미가 될 수도 있겠고, 뭐, 내 시집이 다 잊혀도 그만이지만, 그동안 남한테 조금이라도 감동을 줬다는 뿌듯함이 있고, 못할 일 한 것도 아니고, 그게 잘 팔리는 시가 됐으니까 나도 좋았고, 그뿐이죠, 뭐.

말씀하셨듯 사람들에게 시를 통해서 정말 많은 걸 주셨어요. 근데 당신은 시에게 무엇을 받으셨나요? — ● 시가, 내 시가, 내 고통을 통해서, 내 절망을 통해서, 남에게 힘이 될 수 있다, 그런 것이 나한테 의미가 될 수 있죠. 누군가가 좋아할 수 있다면 족한 거죠.

가장 데뷔하고 싶었던 지면은 어디셨어요? 문학과지성사로 당선되시기 전에 여러 번 낙방하셨었잖아요. — ● 신춘문예도 내 봤고, 『한국문학』이란 잡지에도 내 봤어요. 근데 떨어지니까, 아이구, 나는 떨어지는 타입인가 보다. 그래서 한동안 안 썼어요.

문학과지성사에서 데뷔 못하고, 몇 번 더 떨어졌다면 아예 안 쓰셨을 수도 있었겠네요? — ● 생각나면 또 해 봤겠죠.

요즘 시들은 좀 읽어 보셨어요? — ● 1983년도 이후부터는 시집 자체를 별로 안 읽었어요. 그래서 요즘엔 어떻게들 쓰는지 몰라요. 유명하게 뜬 작품들은 한두 개 읽었을 수도 있죠. 1990년대, 2000년대 결산, 이런 게 어디 있으면 한 번 보고 싶은 마음은 있어요.

처음 데뷔하셨을 때는 다른 작가들에게도 관심을 가지셨죠? — 그래도 비슷한 시기에 등단한 작가들에겐 동년배 의식도 있고 관심 갖게 되죠. 우리 시대 시인들은 어떤 의식을 어떻게 쓰고 있나, 찾아보게 되죠.

그때 관심 가지셨던 작가는 누가 있을까요? — 뭐, 대체로, 이성복, 황지우, 김혜순, 또 누가 있나, 아, 박남철(朴南喆, 1953~2014)이 있네요.

지금 말씀해 주신 분들이 다 쟁쟁하신데요. 그중에선 누구 시가 제일 읽을 만하셨어요? — 이성복은 이성복대로 '개새끼' 한 마디로 준 느낌이 있을 거고, 또 초스피드로 써 내려간 게 기법적으로 의미가 있고, 그 방식이 많이 유행을 하게 됐는데 원조는 이성복이지요. 그런데 유행을 하면 또 금방 재미가 없어져요. 박남철 같은 경우에는 이상한 형식도 시험해 보고, 또 첫번째 시집은 아주 좋았고, 김혜순이랑 황지우도 괜찮았고, 저 같은 경우는 뒤쪽이 좀 처지긴 하지만, 대학 때 이미 지레 늙은 시도 나왔고, 또 어떤 때는 신선하고 새로운 상상력을 갖고 쓴 시도 있었고, 굉장히 강렬한 시들이 있었죠.

이성복의 '개새끼'가 강하긴 강했네요. 그렇지만 당신의 '그러므로 이제 비유로써 말하지 말자' '이렇게 살 수도 없고 저렇게 죽을 수 없을 때 서른은 온다'도 못지않아요. — 그런가요? 여하튼 시인이 되고 나서는 이제 아마추어가 아니다. 그러니까 쓸 수밖에 없다. 그걸 자각하자, 이런 다짐을 했었어요.

요즘도 시 쓸 때는 무작정 앉아서 쓰기 시작하세요? ― ● 오랫동안 시를 안 썼고, 똥 싸듯 나오는 시는 이제 싫고, 아프면서도 사회니, 문명이니를, 신비주의 쪽에서 생각하다 보니까, 뭔가 새로운 방향을 인식하게 됐어요. 예전보단 직관에 덜 의지하고 뭔가 궁리해서 만들어 보려고 해요. 진작부터, 하면 되는 재주가 있는 건 알았지만 게을러서 못해온 건데, 이제 한번 해 보자, 이런 거죠. 아까 말한 「시간이 사각사각」 같은 게 그렇게 만든 건데 괜찮데요. 사람들이 읽어도 좋을 듯한데요. 예술적인 맛도 있고, 어떤 의미랄까, 더 큰 예술성을 가질 수 있을 것 같고.

시집도 내셔야죠? ― ● 조만간 내고 싶어요. 일 년이 될지 이 년이 될지는 모르겠어요. 또 이러다 시를 못 쓸 만큼 몸이 안 좋아질 수도 있는 거니까.

새 시집도 문학과지성사에서 나오겠죠? ― ● 어디랑 계약을 한 건 아니에요. 그런데 '문지'로 갖다 줘야죠. 거기에 자식이 넷씩이나 있는데.

상당히 의욕에 차 보이세요. 참 반갑고 좋습니다. ― ● 내가 오래 아프고 앓으면서 생각한 것들, 그러니까 역사를 초월하는 것을, 시나 시인이 먼저 보여 줘야겠다……

건강이 허락하는 한 앞으로 계속 시를 쓰실 거죠? ― ● 또 이러다가 어떻게 될지는 모르지만, 쓰고 싶어요.

|

문학상이 이백 개가 넘는다는데, 당신이 하나도 못 받았단 건 정말 웃깁니다. — ❡ 김혜순이 아주 뒤늦게 김수영 문학상을 받아서 대단히 감명 깊었어요.

|

김수영 문학상을 진작에 받아야 하는 분 중에서 당신을 빼놓을 수 없죠. 인정 안 하실 수 있지만, 당신 시의 어떤 부분은 김수영 시에 젖줄을 대고 있다고 생각해요. 새 시집이 나온 뒤에도 문학상이 비껴간다면, 말이 안 되는 거예요. — ❡ 상을 주면 돈 생기고 좋죠. 현장에 잘 안 나서니까 잊고 있나 봐요.

|

우리 문단에 최승자 콤플렉스 같은 게 있는 건 아닐까요? — ❡ 뭐, 내가 공격적이고, 욕도 잘하는 시 쓰고, 여자치곤 강하기도 하니까, 우리 세대에선 반감 갖는 사람들이 있었는지는 몰라요.

|

지금 여기는 강의실입니다. 칠판 앞에 선생님으로 서 계세요. 젊은 시인들이 강의를 듣기 위해 찾아왔습니다. 한 말씀 부탁 드려요. — ❡ 요즘 시가 어떤지는 잘 모르겠어요. 옛날에 유행했던 이성복류의 시를 아직 쓰고 있을 수도 있겠고. 또 요새 보면 뜬금없이 아무 소리나 해 대면 시가 되더라, 이런 생각을 갖고 있는 시인도 있는 것 같은데, 이성복이 쓰던 거는 그런 거랑 달랐어요. 바깥 풍경을 빠르게 돌렸다고 할까요? 의식을 아무렇게나 지껄여 보면 말은 되더라, 적당히 분위기만 만들면 되더라, 이런 생각은 좋지 않을 것 같아요. 물론 하나의 방식은 될 수 있어요. 하지만 초토화돼 가는 시가 아니라, 아름답게 무르익은, 아름답게 강렬한, 아름답게 완숙해진, 아름답게

넙어진, 그런 시는 없을까요?〔『지큐 코리아』, 2009.04.〕

〔*최승자는 2010년 문학과지성사에서 다음 시집 『쓸쓸해서 머나먼』을 냈다. 그 해에 제18회 대산문학상과 제5회 지리산문학상을 수상했다.—편집자〕

[4-35]   서도호의 방

서도호를 만났다.
일본 가나자와 21세기 미술관에서
개인전《Perfect Home》(2012.11.23.~2013.03.17.)이
열리고 있었다.

작년(2012) 3월 서도호의 개인전을 보러 한남동 리움에 갔다. 오후 내내 그 안에 있었다. 사람이 많아서 집이 찢어질 것 같았다. 그는 집을 만든다. 천으로 만든다. 그래서 그 집은 꼭 집의 옷 같다. 언젠가 사진으로 그가 만든 '서울 집'을 보고, 그가 기억을 기록하는 고유한 방식을 갖게 됐다고 생각한 적이 있다. 그런 사람을 '예술가'라고 부른다.

그가 만든 집은 그가 살았던 집이다. 집은 그가 집을 떠나보내는 형식인 셈이다. 그는 그렇게 집을 기록한다. 리움엔 그가 살았던, 만든, 집들이 모여 있었다. 기억이 집으로 형상화된 것이다. 집안을 지나갈 때, 집과 집을 지나갈 때, 집과 전시장의 빈 공간을 지나갈 때 몸이 무거웠다. 그 이유를 알았다. 나는 그가 시간을 잡았다고 생각한다. 그의 유년, 군대와 학부 시절, 미국에서의 유학 시절이 그의 집 속에 있었다. 오후에 순식간에 건너갈 수 있는 시간이 아니었다.

그는 현재 런던에서 작업을 하며 살고 있다. 서울의 집과 뉴욕의 집처럼 언젠가 이곳도 그가 기억하고 기록할 집이 될 것이다. 『아레나』는 작년 가을부터 서도호의 한국 에이전트를 통해 그와의 인터뷰를 요

청했다. 서도호는 작년 12월부터 일본 가나자와 21세기 미술관에서 개인전을 열고 있다. 그곳에서 미술관 주최로 '아티스트 토크'를 할 예정인데 그때 만나는 게 어떻겠냐는 의견을 에이전트를 통해 전해 왔다. 서도호의 '집'을 서도호의 '집'에서 이야기하는 건 옳은 일처럼 느껴졌다. 그래서 그를 만나러 가나자와에 갔다.

서도호를 기다리는 사람은 많았다. 인터뷰할 방으로 이동하기 위해 미술관 복도를 걷는 짧은 시간 동안 그와 악수를 하기 위해, 사인을 받기 위해 사람들이 다가왔다. 한 일본인 팬은 직접 수집한 서도호의 아카이브를 서도호에게 보여 주고 싶어 했다. 그는 서서, 자료를 한 장 한 장 넘겼다. 그리고 누군가 다가와 수줍은 듯 핑크색 편지 봉투를 건넸다. 남자였다. 인터뷰가 끝나고 사진을 찍을 때 서도호의 셔츠 주머니가 반짝였다. 편지 봉투가 행커치프처럼 꽂혀 있었다.

리움에서 개인전하고 어떠셨어요? 제 친구는 이렇게 말했어요. "서도호 개인전이라고? 정말?" 리움 전시를 하기 전과 후의 감정 변화랄까 감회랄까, 이런 게 있지 않을까요? 한국에서 오랜만에 개인전 하신 거니까요. — 🎤 없을 수가 없죠. 리움 전시가 성공적으로 끝나서 무척 다행이에요. 관계자분들이 노심초사하셨을 거예요. 준비 과정이 길었거든요. 작품 설치하는 데도 시간이 많이 걸렸고요. 그리고 제가 해 왔던 스타일의 전시가 아니었어요. 2003년 아트선재센터에서 했던 개인전 [《서도호》, 2003.06.28.~09.07.] 이후로 그렇게 대규모 전시는 처음인데, 그 사이 풍토가 바뀐 거 같아요. 대중이 미술에 관심이 많아진 거 같아서 굉장히 색다른 경험이었죠. 그리고 그동안 못 보여 줬던 작품들을 중심으로 전시를 했기 때문에 개인적으로 작품을 새롭게 본 계기가 되었죠. 작품들을 한 자리에 전시한 건 처음이었어요.

작가님 작품은 전시 공간에 따라, 설치 위치나 주변 상태에 따라 느낌이 다릅니다. 공간을 작품의 일부로 포섭한다고 할까요? — 🖤 맞아요. 전문 용어로 '장소 특정적인 작품'들이거든요. 장소의 맥락을 중시하는 작품들이기 때문에 장소가 바뀌면 새로운 맥락이 만들어지는 거예요. 그래서 방금 말씀드렸다시피, 그 작품들을 한 데 모았다는 것이 생소하면서도 또 다른 의미가 부여되는 거 같아요.

여기 가나자와 21세기 미술관의 전시 공간은 어떠세요? — 🖤 리움하고 완전히 다른 공간이죠. 완전히 다르다는 게 뭐냐면 리움은 크게 뻥 뚫린 하나의 공간과, 블랙박스라고 하는 조그만 방이 하나 더 있는데, 여기는 독립된 큰 방이 여러 개 있어요. 높은 곳에서 건물을 내려다보면 원형의 유리로 된 벽 안에 다양한 사이즈의 방들이 있어요. 그 방들이 복도로 연결되어 있어요. 보통 미술관은 한 방에 들어가면 그 방이 다른 방으로 연결되어 있는데, 여기는 독립되어 있어요. 그래서 한 전시임에도 작품 하나하나가 독립성을 확보할 수 있는, 특수한 전시 공간이죠. 그리고 전시장 천장에 조명이 있어서 따로 조명을 설치할 필요가 없어요. 제 천 작업을 위해서는 최적의 전시 공간이라고 볼 수 있죠. 방 하나에 작품이 하나씩 들어갔으니까. 방이 소위 말하는 화이트 큐브, 그냥 하얀 순수한 박스 형태니까 작품이 자연스럽게 돋보일 수밖에 없는 상황이었고요. 리움 전시 보신 분들한테 이 전시를 보여 드렸으면 하는 욕심이 생겼어요. 그게 무슨 이야기인가 하면 똑같은 작품인데 공간에 의해서 다른 작품처럼 느껴지거든요. 실제로 오프닝 전시에 오셨던 한국 분들이 뉴욕에서 전시되었던 작품인지 몰라보셨어요. 리움 전시를 보셨던 분은 아마 같은 인상을 받으셨을 거예요.

제가 보고 전하도록 하겠습니다. 이곳 공간을 보러 왔을 때, 여기를 이렇게 활용하면 되겠다, 이런 게 바로 떠올랐나요? ― ◉ 결론적으로 이야기하면 그런 거죠. 이 미술관이 2005년엔가 오픈을 했을 거예요. 당시에, 지금은 안 계시는데 큐레이터 분이 저를 초대해서 방 중의 한 곳에 작품을 의뢰했어요. 그래서 공간을 보러 공사 중인 미술관에 왔었어요. 그때 이후로 이 전시 공간에 대해 계속 생각을 했죠. 이 곳에서 개인전을 하게 된다면 어떤 종류의 작품을 전시하고 싶다는 생각을요. 그래서 의외로 쉬웠죠. 몇 년 동안 생각을 했던 거니까.

리움의 전시는 타이틀이 《집 속의 집》이었고 이번 전시는 《퍼펙트 홈》인데요. 두 타이틀 사이엔 어떤 인식의 변화가 있나요? ― ◉ 《퍼펙트 홈》이라는 작품이 있어요. 리움에서도 전시를 했었어요. 《집 속의 집》도 작품이 있고요. 《집 속의 집》이라는 제목은 리움에서 썼으니까 그걸 또 쓸 순 없었어요. 특별한 이유는 없어요.

'퍼펙트 홈'을 반어적인 의미로 이해해도 괜찮을까요? 작가님의 '집'은 위태롭고 불안하잖아요. ― ◉ '퍼펙트 홈'을 찾아가는 여정이기 때문에, '퍼펙트'한 집이 뭐냐, 결국 그거를 질문으로 삼고, 여러 생각을 작품으로 만드는 거기 때문에 어떻게 보면 '집 속의 집'이라는 작품이나 전시 제목은 '퍼펙트 홈'이라는 개념 안에 들어 있는 거예요. 미국에서 《퍼펙트 홈》이라는 타이틀로 전시를 했었어요. 그렇기 때문에 새로운 개념은 아닌데, 맞습니다. '집'이 완전하지 않고, 그리고 실제로 우리가 손으로 잡을 수 없는 개념이기 때문에 반어적인 의미도 있죠. 어떠한 이상향, 유토피아를 찾아가는 여정이나 노력? 이런 과정의 일부인 거 같아요.

전시를 하지 않을 때 저 집들을 어떻게 보관하세요? — ● 다 접어 둬요. 해체하면 천은 천대로 접히고, 그 안에 최소한의 구조들이 있는데 그것도 해체해서 나무 상자 안에 넣어요.

선생님의 집을 접는 특별한 기술이 있나요? 모두 예민한 집들이잖아요. — ● 제 작품을 만드는 회사가 있어요. 아무래도 그 팀을 설치나 해체에 투입하죠. 그 친구들이 자기가 만든 거니까 제일 잘 알죠.

집도 그렇고, 예전에 했던 유니폼 작업이나, 회화도 그렇고, 전부, 전부라고 하긴 그렇지만, 기억과 사회에 대한 인식의 결과라고 볼 수 있잖아요. 그런 결과의 하나인 집들이 접혀 있는 걸 보면 어떤 기분이 드나요? 단순히 작품이 접혀 있는 것과는 다른 의미로 다가올 것 같아요. — ● 그럼요. 작품이 접힌다는 거는 한 곳에 영구적으로 있는 게 아니라, 이동할 수 있는 가능성을 가지고 있는 거라서, 이동성, 장소에서 장소로 옮겨가는 거에 대한 개념이 작품에 담겨 있거든요. 제천 작업은, 어릴 때 살던 서울의 집을 어떻게 하면 지금 살고 있는 뉴욕으로 옮겨가느냐, 그거에서부터 시작되었기 때문에, 작품을 접어 가지고 여행용 가방에 들어갈 수 있는 사이즈로 디자인했었죠. 그러니까 작품이 접힌다는 거는 그거 자체로 의미가 크죠. 지금은 작품의 규모가 커져서 여행용 가방엔 안 들어가는데, 박스에 넣기 위해 작품을 접는 행위 자체가 의미가 크고, 영어로 얘기하면 '리추얼(ritual)'이라고 할까? 일종의 의례죠. 그리고 접을 때 잘 접어야 다음에 설치할 때 다림질을 적게 해요.

아, 다리기도 하나요? 옷 같아요. — ● 그것 자체가 의미가 되게 커요.

저는 작가님이 천으로 만든 집을 보면서 시간의 영속성을 느껴요. 지금은 떠나오신 집이지만 그 집을, 정확하게는 어느 한때의 시간을 보존하고 기억하는 방식이 될 수도 있겠다고 생각했어요. ─🗣아마 맞을 거예요. 제가 생각하는 거랑 비슷해요. 천이라는 재료가 가지는 특성이 따뜻하고 부드럽고, 그렇지만 사실 영구적인 재료가 아니죠. 세상에 영구적인 재료가 어디 있어요. 언젠가는 사라지는 건데, 천이 생각보다 강해요. 신라 시대 때 무덤 발굴하면, 제 작품에도 명주를 썼지만, 몇천 년 이상 됐는데도 옷들이 그대로 있거든요. 굉장히 매력적인 재료 같아요. 아무래도 천이라는 게 옷을 만드는 재료잖아요. 옷은 우리 몸을 감싸기 위해서 만든 거기 때문에, 옷 이야기로 넘어가면 이야기가 한참 길어지겠지만, 사실 제 작품들은 집을 위한 옷이에요. 그렇게 대입해서 본다면, 옷과 건축과의 관계, 옷과 신체와의 관계, 그런 맥락이 제 작품에 얼기설기 겹쳐 있어요. 천에 대해서, 옷에 대해서, 건축에 대해 많은 생각을 해요.

한국의 패션 디자이너 서상영에 대해 들어본 적 있으세요? ─🗣만나 뵙지 않았는데, 주변에서 이야기하더라고요. 닮았다고.

형제일지도 모른다고 생각했어요. ─🗣만나보셨어요?

네, 몇 번. ─🗣닮은 거 같아요?

네. 너무 닮아서 오히려 관련 없는 사람 같아요. 형제는 그렇게까지 닮지는 않잖아요. ─🗣그래요. 언젠가 만나 뵙고 싶어요. 뵈면 전달해 주세요.

예전에 작가님의 유니폼 작업을 보고 이 작가는 왜 이런 작품을 만들었을까 생각했던 적이 있어요. 집 시리즈를 보고도 같은 생각을 했고요. 과거의 어떤 경험이 그런 일련의 작품을 만들게 했을까요? — 살면서 누구나 변화가 생기는 계기가 있잖아요. 나한테 제일 큰 것 중에 하나가 군대 갔던 거, 결혼한 거, 결혼하자마자 미국에 갔던 거예요. 사실 내가 생각하기에는 작품도 핑계인 거 같아요. 적응을 하고 살아남기 위한 과정을 다 거치잖아요. 거기서 나온 시각적인 결과물이죠. 사실은 작품이란 게…… 예술이 뭔 거 같으세요? 제가 질문을 하네. 저도 그 질문을 만날 해요. 내가 왜 하지 예술을? 그러면서 어쨌든 간에 저는 남들이 하는 거랑 특별히 다른 일을 하는 게 아닌 거 같아요. 어떤 형태로든 자기가 겪는 부분에 대해 생각해 보고, 표현하는 메커니즘이라고 해야 하나? 사람마다 다 그런 게 있는 거 같아요. 저는 단지 그거를 미술로 하는 거예요.

외람된 이야기지만 저는 작가님이 훌륭한 미술가라고 판단하는데요. 그 이유가, 본질적이고 단순한 개념을 확장하기 때문이에요. 물론 제 느낌이죠. 작품이 던지는 질문, 작품 그 자체, 이런 것은 단순한데 기억, 시간, 공간에 대해 생각하게 한다는 거예요. 그게 진짜 멋있어요. — 근본적인 질문들은 대부분 단순한 거 같아요. 예술이 뭐냐? 한 줄로 대답하라고 하면 쉽게 할 수 있는 작가들이 많이 없을 거 같아요. 인생이 뭐냐? 되게 근본적인 질문이잖아요. 일단은 그런, 근본적인 질문에 관심을 갖는 거겠죠? 그다음에 저는 그렇게 생각을 해요. 저는 시각적인 언어를 사용하는 사람이잖아요. 미술 하는 사람 중에 제 얘기에 반대하실 분도 계시겠지만, 어쨌든 시각 언어기 때문에 봄으로써 사람들이 이해를 해야 한다고 생각해요. 작품이 명쾌하고 투명해서, 사람들이 쉽게 접근할 수 있어야 한다는 거예요. 그렇다고 작품이 쉽다고 생각은 안 해요. 왜냐하면 질문 자체가 사실 어려운 질문이거든요. 근데 질문이 어렵다고 어려운 답이 나와야 할 것 같지는 않아요. 이런 습관이 어디서 생겼냐면, 미국에 유학을 갔을 때예요. 아무래도 영어가 딸리니까. 서양 같은 경우는 동양보다 자기 생각을 표현하는 데 훈련이 되어 있잖아요. 처음에는 내 작품에 대해 설명을 한다든지, 다른 사람 작품에 대해 내가 느끼는 것을 설명하는 게 힘들더라고요. 그려 온 그림을 가지고 크리틱하는 시간이 있었거든요. 다른 사람들의 작품에 대해 내가 좋다 나쁘다 이야기하는 데 한 학기가 걸리더라고요. 그럴 때 과연 시각적으로 얼마만큼 명징하게 풀어낼 수 있을까를 고민한 것 같아요. 내가 말로 표현할 수 없는 부분을 어떻게 하면 시각적으로 관객들한테 전달하느냐. 지금 하고 있는 작품도 그 고민의 결과일 거예요.

훌륭한 작품들은 근본적인 질문에서 시작되죠. 이를 테면 '나는 누구인가' 같은 질문이요. 사실 이 질문은 고유한 '나'를 찾자는 의도에서 시작된 건데, 누구에게나 자신은 '나' 잖아요. 그래서 저는 '나'라는 단어가 고유하지 느껴지지 않아요. 언어의 한계 같은 걸 체감한다고 할까요. ― 🎤 그런 고민도 처음 미국 갔을 때 많이 했어요. 집에 대한 생각도 서울에 있었을 때랑 외국에 있었을 때 종류랑 차원이 다른 거였죠. 비평적인 거리를 유지하고 사물을 바라볼 수 있는 기회가 유학을 통해 생겼던 거 같아요. 스스로를 타자화하는 것, 말하자면 미국에 간 건 자의 반 타의 반이었고, 그 상황에 던져져서 빼도 박도 못하게 겪어야 하는 거였어요. 제가 작품을 만들면 제가 작품의 저자잖아요. 저는 저자이자 동시에 첫 번째 관객이라고 생각해요. 타자 입장에서 제 작품을 바라보는 거죠. 근데 '나'라는 단어는 편의에 의해서 생긴 단어인 것 같기도 해요. 무슨 말씀인지 너무 잘 알 것 같아요.

전시장에 음악을 틀어 놓는다면 어떤 곡을 고르시겠어요? 음악을 틀어 놓은 미술관은 없지만 음악을 틀어 놓은 집은 있잖아요. —♣ 미술관에 사람들이 굉장히 많이 와요. 그래서 이건 좀 역설적인데 미술관이 작품을 음미할 수 있는 환경이 아니에요. 이번 전시에는 진짜 아무 소리도 안 났으면 해요. 저도 개관 전에 혼자 전시를 볼 때와 개관한 후 사람들 속에서 볼 때 느낌이 다르거든요. 그래서 아쉬워요.

사람들이 있으면 소란스러우니까 사람들이 적게 오길 바라나요? 설마? —♣ 아뇨. 아예 없으면 좋겠어요. 최소한 제가 와 있는 동안이라도. 아무도 없을 때 작품이 어떻게 달라지는지 관객들도 경험해 보면 좋겠어요.

인터뷰하러 들어오는데 사람들이 계속 사인 받으러 오던데요. 그런 인기를 감안하면 아무도 혼자 서도호 전시를 보는 경험을 못할 거 같아요. 어떤 분은 핑크색 연애 편지까지 줬잖아요. —♣ 네, 그분은 손을 떠시더라고요.

집을 짓고 산다면 어떤 집을 짓고 싶으세요? —♣ 집이 없었으면 하는데 현실적으로 불가능하겠죠. 집이 있으면 뭔가 많이 가져다놓아야 하고. 살아 있는 동안 집을 지을 수 있을지 모르겠어요.

원하면 하실 수 있을 것 같은데요. —♣ 돈이 없어서 못하겠어요.

돈이 안 없으실 거 같은데요. —♣ 그게, 작품이 팔려야…….

세계적인 작가께서 하실 말씀이 아닌 것 같은데요. —♣ 잘못 알고 계신 거예요. 유명한 작가가 돈이 많을 거라는 건……. 물론 그런 작가도 있는데 몇 안 돼요.

한국에 와서 살 생각 없으세요? 돈을 벌 기회는 더 많을 거 같은데요. ─🗣 돈벌이만으로 결정할 수 없는 상황이 많죠. 근데 한국에 안 살아도 자주 왔다 갔다 하니까. 각 도시의 좋은 점만 취할 수 있죠.

욕심쟁이시다. ─🗣 그런가요?

한 인터뷰에서 다시 그림을 그릴 수 있을 것 같다고 대답하신 거 읽었어요. 어떤 그림을 그리고 싶으세요? 예전에 그린 그림 중에 집이 날아가는 거 본 적 있어요. ─🗣 그런 그림 그리고 싶죠. 시간이 없어서 못 그리고 있거든요. 그림에 대한 아이디어는 너무 많아요. 그림이라는 게, 그리기 시작하면 엉뚱한 게 막 나오거든요. 그림만이 가지는 독특한 세계가 있기 때문에. 언젠가는 그림만 가지고 전시를 해 보고 싶어요.

그 인터뷰 보면서 인상적이었던 게 예전에는 선 하나를 그려도 생각이 많아져서 힘들었는데, 지금은 자유로워진 거 같다고 말하셨어요. ─🗣 그림 그릴 때 스트레스를 많이 받았거든요. 그래서 저랑 그림이랑 안 맞는다고 생각을 했어요. 조각이나 설치가 사실 더 재밌기도 하고요. 그런데 그림에 대한 생각이 바뀌었죠. 나이가 들고, 시간이 지나면서 그림이 안 없어지는 이유를 알았어요. 회화는 끝났다, 이런 이야기 많이 하거든요. 그런데 회화는 절대로 없어질 수 없을 것 같아요. 조각이나 설치가 할 수 없는 게 있거든요.

오래된 장르니까 그만큼 새롭게 창조할 수 있는 유산도 많을 거라고 믿어요, 저는. —🖓 그림의 기원이 뭔 줄 아세요?

벽화? —🖓 맞아요. 사랑하는 연인이 있었는데 한 사람이 멀리 떠나게 됐어요. 그 사람을 기억하기 위해서 촛불에 비춰진 실루엣을 땅에 그린 게 드로잉의 시작이래요. 재밌죠?

그 말씀을 핑크색 연애 편지를 앞에 두고 말씀하시니까 더 재미있네요. —🖓 하하하. 〔『아레나 옴므 플러스 코리아』, 2013.04.〕

아주까리 수첩 006
이우성 산문집

좋아서,

제5부
좋아해

[5-36] 좋아해

　　　　좋아한다는 감정은 어디에서 올까? 감정은, 모든 감정은 어디에서 올까? 유년처럼 혹은 몇 생애 전이나 후처럼 멀까? 좋아하는 감정만큼 좋은 게 또 있을까? 감정이 형태를 지녔다면 좋아하는 감정은 어떻게 생겼을까? 축구공처럼 생겼을까? 시처럼, 엄마처럼 생겼을까? 나보다 잘 생기진 않았겠지……. 좋아할 때, 마음은 왜 뛸까? 어떻게, 무엇이라도 할 수 있을 것 같고, 할 수 없을 것 같을까? 좋아한다는 것은 무엇일까? 좋아하는 일을 해야 해, 라고 말하는데 정말 그럴까? 좋아하는 것을 어떻게 알아볼까? 좋아하는 일은 왜 하기 어려울까? 왜 좋아하는 일이 하고 싶을까?

여기까지인 것 같아, 라고 말했을 때 내가 좋아하는 일, 간절히 원하는 일이 무엇이었는지는 안다. 떠나는 사람을 붙들기 위해 할 수 있는 일이 거의, 아니 그냥, 없다는 것도. 그래서 좋아해라는 말은 한편으로 고맙고…… 슬프다. 세상에 남아 있는 이별은, 너무 많아서 셀 수 없어, 라고 말했던 한 선배에게, 하지만 결혼도 안 했고 만날 여자는 또 얼마나 많겠어요. 읽고 싶은 책은 벽처럼 쌓여 있고, 극장에 가면 사람인 게 너무 기뻐요. 그리고 우리는 또 다음 달 잡지를 만들어야 해요. 라고 대답했었다. 드라마처럼, 소년 만화의 한 장면처럼 그 선배는 하늘을 보고 있었다. 밤이었고 별도 구름도 없었다. 만날 것이 많다면…… 헤어질 것도 많다고, 그 뻔한 사실을, 선배가 왜 말을 안 해 줬는지 이제 안다. 좋아해, 라고 말하려면 용기가 필요하다는 것도. 시간은 인내심 깊은 선생님이라서.

좋아하는 사람을 만나듯, 좋아하는 일을 좋아하는 방식으로 해 보고 싶었다. 이달 우리 잡지의 주제는 'LIKE'다.

APPLE 다음으로 아니면 LOVE 다음으로 외웠을 단어, 너무 많이 말해서 아무런 느낌이 없을지도 모르는 단어. 좋아하는 일을 해도 될까? 해도 되는 좋아하는 일은 어디에서 어디까지일까? 가지 하나와 다른 가지 하나 사이를 가늠하는 둥치의 마음으로, 우리는 우리 마음의 결을, 그 미세하고 내밀한 결을 따라가 보고 싶었다. 스스로가 발화하는 언어를 이해하는 데 도움이 될 것이라고 생각했지만, 사실은…… 위로받고 싶어서였다. 누가 뒤통수를 때리고 전력으로 도망친 것도 아니고, 몰고 가던 공을 빼앗아 우리 골문으로 차 넣은 것도 아닌데, 왜…… 그러나 감정의 결은 미세하고, 결국 누구라도 그 자신을 지탱하는 것은 뼈와 살이 아니라, 슬픔이라는 것을 부정하기 힘들다(고 믿는다).

좋아하는 사람에게 고백하는 마음으로 한 권의 긴 편지를 썼다. 좋아하는 잡지에서 일한다는 것은 어떤 것일까에 대해, 좋아하는 잡지에서 좋아하는 일을 하는 것이 얼마나 현실적이거나 비현실적인가에 대해. 자의식이 넘쳐 익사한 언어들이 곳곳에 떠다닌다. 건져내겠다고 붙들고 늘어졌는데, 결국 우리는, 아니 적어도 나는, 내가 너무 무겁다. 그래서 이 순간, 어딘가의 누구처럼, 에디터들도 서른 번째 『데이즈드 앤 컨퓨즈드』를 기다리고 있다. 누구도 이렇게 길고 긴 연애편지는 안 쓸 테니까. 부끄럽고 창피한, 고백이니까……. 지구에 이런 잡지가 또 있을까?

좋아해. 내가 너보다 좋아하는 건 축구랑 시랑 엄마랑 음…… 그것밖에 없어. 그러니까 나를 떠나지 마. 만나면 헤어지는 거라고 누가 말했지? 그런 말은 믿지 마. 나는 너를 정말 좋아해. 좋아해. 아주 많이.

추신. 패션 에디터 노승효와 피처 에디터 류진이 우리 곁을 떠납니다. 세상에 남은 이별이 너무 많아서 웃으며 작별하기로 했습니다. 마음은, 별이라도 따다 건네, 붙들고 싶지만.〔『데이즈드 앤 컨퓨즈드 코리아』, 2010. 10.〕

[5-37] 새

그때 생각했다.
겨우 서른한 살이네.
삶을 관통하는 것이 얼마나 어려운가.
나는 사랑하는 사람의 마음을 읽지 못했다.

『데이즈드 앤 컨퓨즈드』로 직장을 옮겼을 때 남들이 물었다. 거길 왜 그만뒀어? 같은 질문을 여전히 받지만…… 그들은 궁금할 뿐, 무언가 알아도, 그들에게 특별하지는 않다. 그리고 나는 할 말이 없다. 나는 에디터이고 에디터의 언어로 답해야 한다. 아직 그걸 찾고 있다. 신기하게도 엄마는 아들이 어떤 잡지사에서 일하는지 모른다. 일 년하고도 삼 개월 전에 회사를 옮겼는데 그것도 모른다. 밥은 먹었어, 또 늦게 들어와, 어디 아파……. 사랑하는 사람이 사랑하는 사람에게 묻는 것은, 이렇다. 아, 또 있다. 월급 나왔니? 엄마, 월급은 한 달에 한 번만 나와요.

희망이 숭고할까? 그게 지금 나에게도 우리에게도 유효할까? 지고 있던 경기는 대부분 그렇게 끝난다. 상황이 역전됐을 때 정신없이 기쁜 건, 일어나지 않을 일이 일어났기 때문이다. 하지만 인생은 게임이 아니다. 누구나 그걸 안다. 어떤 사람은 가까스로 희망을 품고, 어떤 사람은 희망에만 매달리고, 어떤 사람은 그냥 있다.

태어나자마자 나는 새가 혹시 있을까? 처음 날개를 펼 땐 누구라도 확신이 없겠지? 아니야. 천재 새가 있을지도 몰라. 그래야 재미있지. 날개는 없는 것을 지우며 허공을 딛는다. 허공엔 구체적인 게 없지만 새는 무언가 딛고 있다. 공기는 추상적이고도 분명한 상징이다. 희망도 슬픔도 상징이다. 새는 날아야 하고, 날기 위해 둥지를 나와야 한다.

수사가 없는 잡지를 만들고 싶었다. 담담하게 걸어가 좋아해, 라고 말하는 게 내 방식이다. 불필요한 조사도 싫다. 조사가 지닌 작은 결을 무시하는 건 더 싫다. 그래서 잡지를 만들며 불평이 많다. 매달 이게 무슨 짓이야. 왜 아직 안 그만두고 있는지 누구한테 물어봐야 하지? 나는 나보다 똑똑해져야 한다.

매일 생각했다. 내일은 잘할 거야. 적어도 오늘보단 나을 거야. 하지만 한 번도 내일에 있어 본 적은 없다. 역시 나는 천재야. 하루에 열 번 아니 스무 번은 말한다. 내 입으로…… 사람들은 웃지만 나는 진심이다. 바보 같다.

후배를 다그치다 생각했다. 내가 겨우 서른한 살이네. 멍청한 놈. 못 살아도 칠십 년은 더 살아야 하는데 나이든 아이같이 굴다니. 게다가 벌써 이렇게 인기가 없어지다니! 후배야, 미안. 사실은 내게 더 없구나, 그 '개념'이라는 거.

여름에 줄곧 생각했다. 어른의 삶은 어떻게 생겼을까? 언젠가 어른을 해야 하고, 현명하고 선명한 어른을 해야 한다. 그렇다고 해도 어른이 배역이라면, 너무 흔해서 나는 안 하고 싶다. 태어난 지 얼마 안 된 나무라면 좋겠는데. 서서 바라보기만 하면 되니까. 신기한 게 얼마나 많겠어. 물론 곧 지루해지겠지.

사랑하는『데이즈드 앤 컨퓨즈드』가, 이 길고 알아듣기 힘든 이름의 잡지가 모든 사람이 사랑하는 존재가 되지 않길 바란다. 가능하다면, 그리고 존중하는 발행인이 허락한다면, 이 혼란스럽고 몽롱한 잡지가 스스로를 애증의 대상으로 여기는 이들을 위한 것이면 좋겠다. 존재에 대한 불신, 순수에 대한 열망, 동경하고 추락하기를 반복하는 몽상, 또 뭐가 있지? 불확실함 그 자체인 잡지, 불만족스러워서 끝없이 다음 달을 기약할 수밖에 없는 잡지……. 그런데『데이즈드 앤 컨퓨즈드』야! 자라긴 자라고 있는 거니? 내가 시력이 1.2밖에 안 돼서 안 보이는 거지? 스물아홉 번째『데이즈드 앤 컨퓨즈드』를 서른 번째『데이즈드 앤 컨퓨즈드』에게 보낸다. 나와 같은 누군가의 남에게, 남이며 우리인 당신에게. 창밖에 희망처럼 나무들이 서 있다. 천재 새는 아침을 부르러 갔나 보다.〔『데이즈드 앤 컨퓨즈드 코리아』, 2010.09.〕

[5-38] 엄마의 소설

　　　　엄마가 말했다. 소설을 쓸 거야. 문예창작학과에 들어가야겠어. 나는 대답했다. 그게 말이 돼? 하긴 중학교에 들어간다고 했을 때도, 속으로는 말이 안 된다고 생각했다. 그렇지만 엄마는 몇 년 동안 책가방을 메고 학교에 다녔다. 엄마는 기어코 대학까지 들어갔다. 이번 겨울 어디쯤에서 졸업을 한다는 것 같다.

내가 대학에 다닐 때 엄마는 종종 전화를 걸어 언제 들어오냐고 묻곤 했다. 밤늦게까지 놀러 다니지 말고 와서 공부나 해, 가 아니라, 모르는 문제가 너무 많았기 때문이다. 집에 가면 엄마는 항상 식탁에 앉아서 수학책이나 영어책을 펴 놓고 있었다. 젖은 김 같았다. 다시 바삭바삭해지는 날이 안 올 것 같았고, 중학교에 가서 엄마가 처음으로 이해를 못했던 건 집합의 정의였다. 그러니까 예쁜 꽃들의 모임이 왜 집합이 안 되냐는 거였다. 기준이 명확하지 않잖아. 예쁜 건 다 예쁜 거 아닌가? 나는 집합 같은 거 지구에서 없어졌으면 좋겠다고 생각했다. 식탁 위에서 엄마는 너무 시들었고 나는 너무 슬펐다.

내가 아주 어릴 때 엄마는 형에게 비싼 과외를 시켰다. 장남이니까. 엄마는 내가 학교에서 가져온 생활 기록부 카드를 한참 들고 다니다가 중졸이라고 적었다. 아빠 학력란엔 고졸이라고, 엄마가 적었다. 아빠도 엄마처럼 초등학교밖에 안 나왔는데.

형은 심지어 나보다 공부를 못했다. 어떤 날은 정말 눈부시게 눈이 왔다. 덜덜 떨며 찔끔찔끔 울며 나는 절대 형처럼 엄마 아빠를 괴롭히진 않을 거야, 다짐하고 또 다짐했다. 중학교에 갔을 때 선생님들은 네가 우진이 동생이냐고 물으며 신기하게 쳐다봤다. 난 불량하게 생기지 않았고 학습지만 풀었을 뿐인데 십오 등 안엔 들었다. 그러나 나도 엄마 아빠의 자랑거리는 못됐다. 하필 엄마 친구네 애들은 다 오등 안에 드는 애들뿐이었다. 과외만 받았어도…….

형이 이 년제 대학에 입학했을 땐 온 가족이 만세를 불렀다. 소파 위에서 방방 뛰는 형을 보면서, 공부를 저렇게 못해도 대학에 가는 구나, 생각했다. 형은 우리 집안 최초의 대학생이었다. 형보다 더 비싼 과외를 받은 사촌 형도 못 간 대학을, 깡패 같은 우리 형이 간 거다.

형과 나를 선비로 키우고 싶었다고 언젠가 엄마는 말했다. 엄마는, 돈 없어서 못 배운 게 한이 돼서, 똑똑한 아들을 가지고 싶어했다. 나는 지방대에 갔다. 하지만 형보다 2년이나 더 긴 학교였다.

대학에서 나는 시를 썼다. 미친 듯이 썼다. 그렇게 십 년을 살았지만 시인이 될 거란 확신은 한 번도 못 가져봤다. 그건 다른 세상 얘기였다. 우리 학교엔 등단한 선배도 없었다. 그래서 분하고 억울하고 화가 났다. 가장 열심히 한, 단 한 명에게 그 영예를 주는 거라면, 정말, 자신 있었다. 지구에 누구도 나만큼 열심히 할 순 없었다. 이것이 내가 태어나서 가진 유일한 오만이었다. 그리고 2008년 12월 17일에 나는 시인이 되었다. 신문사로부터 당선 전화를 받았을 때 주룩주룩 눈물이 났다. 엄마에게 전화를 걸었다. 엄마아…… 나는 계속 울기만 했다. 엄마가 깜짝 놀라 소리질렀다. 왜 그래, 엄마, 나 됐대. 당선됐대. 엄마도 울었다.

엄마에게 문학상 수상 소설집 세 권을 주며 말했다. 문예창작학과엔 내년에 가고 일 년 동안 이 소설집을 다 노트에 옮겨 적는 거야. 그러면 소설을 쓸 수 있나? 응.

새벽에 물을 마시러 거실에 나갔는데, 엄마가 식탁에 앉아 소설을 적고 있었다. 선비 같았다. 〔『지큐 코리아』, 2009.02.〕

[5-39] 고백 1

　　　　신호등 앞에서 길을 건너지 않을 때가 있다. 파란불과 빨간불이 여러 번 지나가도 멍하니 서서 생각하는 것이다. 표지판의 정직에 대해, 횡단보도의 소멸에 대해, 달리는 차들의 맹목과 뒷모습이 아름다운 여자의 앞모습에 대해. 그러다 보면 한 시간쯤은 훌쩍 지나간다. 가끔 인도와 차도 사이에 걸터앉기도 한다. 딱딱하지 않은 바닥이 어딘들 있을까. 자꾸만 낮아지고 싶다는 생각을 한다. 언젠가 신경숙의 책에서 읽었던 것 같은데(아니라면 용서하세요), 고통의 밑바닥까지 가면, 그래서 발이 바닥에 닿으면, 거기서 폴짝! 뛰어오를 수 있다고, 그러니까 피하거나 에둘러가지 말고 있는 그대로 아픔을 받아들이라고. 이 말이 내겐 오래 남아 있다. 정신없이 아프고 미치도록 외로워도 죽어야겠단 생각은 안 한다. 정말 그 밑바닥이란 게 있다면, 있기만 하다면, 난 정말 누구보다 높이 뛰어오를 자신이 있다. 앉아서, 가끔은 노트를 펼쳐 풍경들을 기록한다. 며칠 전엔 트럭 한 대가 급히 좌회전을 하다가 수십 판의 계란을 떨어뜨렸다. 어머, 이를 어째, 지나가는 사람들이 다들 놀라고, 나는 저 가난한 기사가 갑자기 불쌍해져서, 이 거지 같은 세상, 하고 소리라도 지를 판이었다. 차에서 내린 아저씨는 서서 한참을 웃었다. 그리고 나는 노트에 그가 웃었다고 적었다. 그때 두 가지 기억이 떠올랐다. 하나는 이층 걸 편집장이 해 준 말. 그 웃음이 비웃음일 수도 있고, 기가 막혀서 웃는 걸 수도 있고, 정말 좋아서 웃는 걸 수도 있고, 담화나 맥락에 따라서 웃음의 정체는 다 다르다고. 그러니까 뛰어난 에디터라면 웃음의 속성을 정확하게 기록할 줄도 알아야 한다고. 떠올리며 나는 혼자 웃었다. 그의 말은 아까 말한 신경숙의 이야기만큼이나 강하게 남아 있다.

둘이 대학에 다닐 때다. 계절은 이맘때였던 것 같다. 은사님의 연구실에 A4용지 몇 장을 들고 찾아갔었다. 그때는 그게 일상이었다. 나는 지는 해가 너무 슬펐고, 친구들의 모두 돌아간 빈 학교, 걸어서 기숙사까지 돌아오는 길이 너무 외로웠다. 그 순간들이 기꺼웠던 건 지금 생각해도 놀랍다. 은사님은 A4용지 몇 장을 유심히 보더니, 하루는 배 하나를 꺼내서 껍질을 깎아 주셨다. 우리 둘은 아무 말도 없이 배를 먹었다. 은사님께서는 담배도 한 대 피우시고, 창밖으로, 산 뒤로 사라지는 해도 보셨다. 나는 껍질을 버리고 포크와 칼 그리고 쟁반을 물로 깨끗이 씻고 연구실을 나왔다. 어둠 속에서 들어간 빈 의자에 혼자 꽤 오래 앉아 있었다. 멍하니 생각하고 쓸데없이 적는 습관은 그날부터 갖게 됐다. 나는 결코 천재가 아니며 아주 일상적인 재능조차도 없다는 사실을 받아들였기 때문이다. 지금도 가끔, 악마에게 영혼이라도 팔겠다고 혼잣말을 한다. 그렇지만 악마에게 내 영혼 따위가 필요 없단 사실을 잘 안다. 그리고 노력은 배반하지 않는다는 명백한 진리가 이따금 너무 모호하게 일그러진다는 것도. 그러나 낫 놓고 기역자는커녕 낫인지도 모르는 자가 붙들 수 있는 건 결국 자기 자신뿐이나 사실도. 불행의 신도 슬픈 드라마를 보면 눈물을 흘릴까? 제발 그러하기를. 봄날 오후, 내 손목을 붙들고 인문관 계단을 올랐던 한 사람에게, 이제는 너무 고맙단 말을 하고 싶다. 아직 아무것도 달라진 게 없지만, 그 오후가 지난 내 십 년의 시작이었으므로. 나는 죽지 않을 것이다. 반드시 이 길을 다 걸을 것이며, 사랑하는 사람을 외롭게 하지도 않겠다. 〔『지큐 코리아』, 2008.11.〕

[5-40] **고백 2**

내 이야기를 적는 게 의미가 있을까 싶은데, 나는 소위 '인 서울' 대학 출신도 아니고, 부잣집 아들도 아니니까, 음…… 그래서 조금은 의미가 있지 않으려나? 어찌됐건 지금은 남들이 부러워할 만한 일을 한다. 신춘문예로 등단해 시인이 됐고, 패션 잡지에서 기자로 일한다. 학생들에게 글쓰기도 가르친다. 오만한 일이지. 내 글도 제대로 못 쓰면서. 유명 대학 못 나와서 기죽은 사람들, 부잣집 자식이 아니어서 슬픈 사람들에게 작게나마 위로가 되었으면, 해서 이 글을 쓴다.

나는 좋은 대학을 나왔지만 유명 대학을 나오진 못했다. 전공은 국어국문학이다. 공부는…… 시를 썼다. 1999년 3월 인문대 앞 잔디밭에 둘러 앉아 신입생들이 자기 소개를 했는데, 내 차례가 왔다.

저는 이우성이고, 재수는 안 했고, 꿈은 시인입니다.

당당했다. 생각 없이 한 말이었기 때문이다. 사람들이 약간 웃었던 것 같다. 꿈이 시인이라고 말하는 사람을 보는 게 흔한 일은 아니니까. 그때부터 내 꿈은 시인이 되었다. 그런데 그거 어떻게 하는 거야? 왜 해야 하는 거지? 알 리가 없었고, 궁금하지도 않았다. 나는 그냥 좀 덜 똑똑하고 튀는 걸 좋아하는 스무 살 남자 애였다.

며칠 뒤, 낮부터 술을 마신 선배 한 명이 나를 부르더니 교수님 연구실에 끌고 갔다. 거기 한 선생님이 계셨다. 선배 누나도 네 명 있었다. "선생님, 틈에 새로 들어올 신입생입니다. 꿈이 시인이래요." 그랬구나, 내 꿈이 시인이었구나. 그렇게 나는 '틈'이라는 시 창작 동아리에 들어가게 됐다. 좋아하는 예쁜 여자 동기생은 잔디밭에서 남학생들이랑 놀고 있는데, 나는 시를, 읽고 쓰고, 혼나고…… 이러하였다. 친한 동기들은 스타크래프트를 하러 갔다.

그렇게 봄이 다 갈 보낼 무렵 선생님께서 말씀하셨다. "시인을 한 명 만들고 싶어서, 글재주 있는 제자들을 보면 불러다 밥 사 주고 술도 사 주면서 시 써 보자, 설득을 했지, 그런데 다들 도망을 가 버렸어." 나는 속으로 대답했다. '선생님, 저는 도망 안 가요. 걱정 마세요. 제가 시인이 돼서 꿈을 이뤄 드릴게요.' 왜 그랬을까?

우리 학교에선 시인이 된 사람이 한 명도 없었다고 한다. 그리고 그때 이미 알았지만 나는 재능이 없었다. 선생님도 '아니, 신입생이라고 들어온 게 왜 저 모양이야'라고 생각하셨을 거다. 하지만 선생님은 항상 이렇게 말씀해 주셨다.

한 가지 일을 10년 동안 열심히 하면 누구나 잘 할 수 있단다.

나는 선생님 말씀을 새기며 열심히 시를 썼다. 그렇게 10년만 하면 된다고 선생님이 말씀하셨으니까. 하지만 모든 사람이 다 그렇게 돼도, 나는 못할 것 같았다. 나는 그걸 알았지만 썼다. 쓸 수밖에 없잖아.

나는 늘 울었다. 시를 너무 못 써서. 밤에 아무도 없는 학교에 남아서 잔디밭에 앉아서 울고, 인문대에서 기숙사로 올라가는 계단에 앉아서 울고, 서서 울고, 앉아서 울고. 1년이 지나고 2년이 지나고 신입생들이 들어올 때마다 걔들이 금방 나보다 잘 쓰게 되었다. 나는 선배인데 걔들에게 딱히 해 줄 말이 없었다. 그리고 군대에 갔다. 군대에 가서 선생님께 편지를 보냈다. '선생님, 군대에 와서도 늘 시를 생각해요. 계급이 낮아서 책도 볼 수 없고, 시도 쓸 수 없지만 시를 생각해요.' 선생님이 나를 잊을까봐 무서웠다. 도망가지 않고 아직 시를 품고 있는 제자가 여기 있다고 선생님께 알려드리고 싶었다. 선생님에게서 답장이 왔다. 내용은 기억이 안 나는데, 새로 쓴 시를 한 편 보내주셨다. 그 시를 군복 앞주머니에 넣고 다니면서 화장실에 갈 때마다 읽었다. 무슨 뜻인지 이해도 못하면서.

학교로 돌아온 후에도 계속 시를 썼다. 동기들이 취업 때문에 걱정할 때도 시를 썼다. 취업 준비를 안 하니까 취업에 대한 걱정이 별로 들지 않았다. 대학을 졸업할 때까지 토익이나 토플 시험을 본 적도 없다. 바보였던 걸까? 시인이 되지 못했는데 졸업을 했다.

우연히 잡지사에서 기자를 뽑는다는 공고를 봤다. 이력서와 자기 소개서를 썼다. 이력서에는 적은 게 '시 창작 활동을 열심히 했습니다' 밖에 없었다. 면접을 보러 오라는 연락을 받았다. 갔더니 나 말고 두 명이 더 있었다. 이야기를 나눠 보니 둘 다 서울에 있는 유명 대학을 나왔다. 면접을 마치고 나와서 주변을 둘러보니 거기가 강남이라는 곳이었다. 청담역. 강북에서만 산 내가 처음으로 강남에 간 날이었던 것이다. 내가 있을 곳이 아니라는 생각이 들었다. 전화기가 울렸다. 출근을 하라고 했다. 3개월 인턴을 하고 정식 기자가 될지 다시 결정을 하겠다고 했다. 엄마에게 전화를 걸었다. 엄마는 당장이라도 회사로 올라가서 일을 해야 하는 거 아니냐고 말했다.

그런데 내가 왜 뽑혔지? 나중에 편집장님이 말해 주셨다. "자기 소개서 보니까 마라톤도 뛰고, 자전거 타고 전국 일주도 했던데. 기자는 버티는 직업이니까 끈기 있는 사람을 뽑아야지." 나는 마라톤 풀코스를 뛰고, 자전거 타고 15일 동안 대한민국을 돌아다녀서 기자가 됐다.

기자가 됐다고 다 기사를 쓰는 건 아니다. 정수기 통에 넣을 물 나르기, 물류 창고에서 온 책 옮기기, 사무실 청소하기, 퀵 서비스로 배달된 물건 정리하기, 전화 받기, 밥 시키기, 빈 그릇 치우기 등이 주 업무였다. 하지만 3개월 동안 내가 한 일 중 가장 혁혁한 공은 에어컨을 고친 것이다. 5월이었다. 날이 갑자기 더워진 데다, 기사 마감 때여서 선배들이 예민해져 있었다. AS 센터에 전화를 걸었더니 너무 바빠서 그날은 올 수 없다고 말했다. 그래서 내가 의자를 밟고 올라가 천장에 달린 에어컨 뚜껑을 열었다. 봐도 아무것도 모르는데 고치는 시늉이라도 해야 한다고 생각했다. 3개월 후에 정식 기자가 되지 않으면 정말 갈 데가 없었기 때문이다. 고치고 싶었다. 정말 고치고 싶었다. 그런데 에어컨에서 갑자기 바람이 나오기 시작했다. 내가 뭘 어떻게 한 거지? 사람들이 나를 칭찬해 주었다. 내가 잘 한 것 같았다. 그런데 이런 걸 잘 하려고 회사에 출근하는 건 아니었다. 엄마는 내가 출근할 때마다 "오늘도 늦게 와야 돼."라고 말했다. 일찍 오지 말고 늦게까지 남아서 더 열심히 일하고 오라는 의미였다. 나는 유명 대학을 나온 사람이 아니니까. 그리고 나는 'IMF', 그러니까 외환 위기가 터진 직후 대학생이 됐으니까.

일을 하다가 종종 옥상에 올라가서 강남의 높고 화려한 건물들을 보았다. 기자가 되겠다고 이력서를 낸 건 계속 글을 쓸 수 있을 것 같았기 때문이다. 그렇게라도 글을 써야 시도 계속 쓸 수 있을 것 같아서. 그러나 아무것도 하지 못하고 있었다. 죽어야겠다고 마음먹진 않았지만, 옥상에서 아래를 내려다보면, 죽는 게 딱히 힘든 일처럼 느껴지지도 않았다. 하지만 나는 살고 싶었다. 내가 잘났다는 생각은 절대 해 본 적이 없지만, 그래도 이렇게 멍청한 애가 멍청하게 삶을 마감하는 건, 해도 해도 너무 멍청한 일이라는 생각이 들었기 때문이다.〔브런치, 2015.05.〕

[5-41] 고백 3

 겨울이 왔다. 정규직이 되었다. 한 달에 보름만 집에 들어가고 보름은 회사에서 새벽까지 일하고 잤다. 검은색 플라스틱 의자를 3개 나란히 놓고 그 위에 웅크리고 누웠다. 추워서 선풍기처럼 생긴 온열 기구를 켰는데, 움직이지 않게 고정시키면 한 곳만 못 참을 정도로 뜨거워져서 회전시켰다. 얼굴이 따뜻하면 다리가 추웠다. 다리가 따뜻하면 얼굴이 추웠다. 사귀던 여자 친구가 있었는데 차였다. 시도 쓰지 못했다. 정규직 첫 달. 사흘 밤을 세서 편집장이 시킨 일을 마쳤다. 모터쇼에 참가한 자동차 회사들의 새 차에 관한 자료를 정리하는 일이었다. 편집장한테 MSN 메신저로 파일을 전송하는데……없었다……파일이.

"파일을 날린 거 같습니다." 1분쯤 후에 편집장은 말했다. "너 같은 애도 기자라고 이름을 적어 줘야 하니?" 사무실엔 스무 명 정도가 일하는 중이었다. 눈물이 떨어지려고 했다. 눈을 크게 뜨고 참았다. 3분 정도 후에 밖으로 나왔다. 두 층 내려가서 계단에 앉아 엉엉 울었다. 내가 똑똑하지 않은 건 알았지만 그 정도로 바보일 거라고는 생각하지 못했다. 엄마가 보고 싶었다. 그렇게 겨울이 가고 입사 1년을 넘겼다. 그런대로 해냈다. 어느 날 전화를 받았다. "저, 『GQ』의 나지언이라고 해요." 숨이 멈추었다. 정말로, 잡지 기자가 된 이후로 줄곧 내가 가고 싶었던 매체는 남성 잡지 『GQ』였다. 나지언의 글을 읽으며 언젠가 나도 이런 글을 쓸 거야, 다짐했었다. 그 나지언이 전화를 건 것이다. "편집장님이 한 번 만나고 싶다고 하시네요."

한 달 후 나는 『GQ』에 입사 지원서를 냈다. 임원진 면접 때 높은, 아주 높은 두 분을 만났다. 내 이력서를 짧게 훑고는 상식적인 질문을 몇 개 했다. 나는 떨어졌다. 『GQ』는 대기업에서 발행하는 패션 매거진이다. 그런 회사에 들어가기에 내 이력은……. 일단 학력이……떨어지는 건 당연했다. 편집장이 두 분을 찾아가서 설득했다. 운이 좋았을까? 나는 겨우 『GQ』에 입사했다. "어떻게 설득하신 거예요?" 편집장에게 물었다. "일은 우리 우성이가 더 잘할 거라고 했어. 네가 명문대 나온 애들한테 뒤지는 게 뭔데?" 그는 '우리 우성이'라고 말했다. 그의 이름은 이충걸이다. 하지만 이충걸은 천사가 아니었다. 입사 첫 달, 내 첫 기사를 그는 난도질했다. 프린트된 기사 위에 붉은색 플러스펜으로 수정 사항을 적었다. 더 적을 공간이 없을 때까지. 그는 말했다.

|

이 하나마나한 말들을 봐 봐. '너무 중요하다'는 문장에서 '너무'가 필요해? '너무'가 없으면 안 중요한 거야? 수사를 빼. 수사가 얼마나 못생긴 건지 아니?

|

수사에 신경 쓰느라 본질을 다 놓치는 거야.

|

나는 그 붉은 종이를 컴퓨터 모니터 옆에 붙였다. 수백 번 보았다.

|

입사한 지 두 달째인가, 석 달째인가. 자정이 넘도록 회사에 남아 기사를 다듬고 있는데, 나를 불합격시켰던 임원 중 한 분이 편집부 사무실로 들어오셨다. 혼자 남아 있는 나를 보더니 다가와서 말했다. "우성 씨, 내가 후회를 했어. 지난달에 우성 씨가 쓴 기사를 보고 말이야. 미안해요." 그리고 그는 갔다. 나는 움직이지 않고 계속 기사를 다듬

고 또 다듬었다. 새벽에 청소하는 아주머니가 들어오셨을 때 인사를 하고, 엎드려서 잤다. 꿈에 아빠가 나왔다. 아빠가 나를 안아 주었다. 한 번도, 초등학교 이후로 한 번도 나를 안아 준 적이 없는, 아빠가.

나는 겨우겨우 사회 생활이라는 걸 해 나갔다. 열등감이 심해서 열심히 일했다. 글을 잘 쓰지는 못했다. 그건 열심히 한다고 되는 게 아니었다. 그리고 여전히 시를 쓰지 못하고 있었다. 집에서 지하철역까지 가는 길에 굵고 긴 나무들이 많았는데, 그 나무들 밑을 멍하니 지나가면서, 이렇게 사는 건 의미가 없다는 생각을 자주 했다. 학교에 있는 후배들 생각도 났다. 후배들도 학교를 졸업하면 나처럼 시를 쓰지 못하게 될까 봐 미안했다. 언젠가 기사 마감을 하고 있는데 편집장이 불렀다. 내가 넘긴 기사를 읽으며 한숨을 푹푹, 쉬고 있었다. 때리고 싶었다. 존경하고 사랑하지만, 하지만, 도대체 나도 어떻게 써야 하는지 알 수가 없으니까, 이걸 어떻게 해결할 수 있는 건지…… 막막했으니까.

우성아, 정말 이정재가 하하하 웃었어? 세상에 그렇게 웃는 사람이 있니? 하하하, 는 네가 관습적으로 알고 있는 웃음의 표현 방식이잖아. 그런 걸 쓰지 마. 모든 글이 마찬가지야. 네가 보고 네가 느낀 걸 써. 네가 본 이정재가 있을 거야. 함께 있었을 때의 풍경과 공기 같은 것들을 떠올려 봐. 너만의 표현을 써야지.

너는 시인이 될 사람이잖아.

그 전까지 아무도 나에게 그런 걸 가르쳐 주지 않았었다.

나는 다시 시를 썼다. 시라기보다, 내가 느낀 나만의 문장과 상념을 적고 싶었다. 퇴근하고 집에 오면 늦은 밤이었다. 자정부터 새벽 2시까지 썼다. 2년 동안 거의 거르지 않았다. 매주 한 편 씩 시를 써서 발표하고 토론하는 모임에도 나갔다. 모임이 끝나면 다 같이 술을 마시러 갔는데, 나는 집에 갔다. 시를 썼다. 가끔 술을 마시러 함께 가면, 잠깐 밖에 나와 PC방에 갔다. 거기서 시를 쓰다가 다시 술 자리에 갔다. 2008년 가을 신춘문예에 투고했다. 그해 12월 19일 전화를 받았다. 신문사 기자였다. "혹시 중복 투고하셨습니까?" 동일한 작품을 다른 신문사 신춘문예에도 응모했냐는 얘기였다. 내가 대답했다. "저는 그런 사람이 아니에요." 그런데 나에게 왜 물어 보는지 이해가 안 됐다. 당선 통보를 받을 거라고 생각해 본 적이 없기 때문이다. 나 같이 지방대 나온 사람은 안 시켜 주는 건 줄 알았다. 기자가 말했다. "축하드립니다." 내가 물었다. "뭘요?"

운전 중이었다. 강남 도산사거리에서 신사동 방향으로 좌회전하는데 눈물이 주룩주룩 내렸다. 엄마에게 전화를 걸었다. "엄마아아." "너, 왜 그래?" "내가 됐대." 엄마는 말이 없었다. 그리고 10초쯤 지난 후에 말했다. "좋은 날인데 왜 울어, 아들." 선생님께 전화를 걸었다. "선생님, 인문관 잔디밭 앞에 플래카드 걸어 주세요. 우리가 꿈을 이뤘어요. 흑흑." "고맙다. 고맙다. 정말 고맙다."

나는 2009년 한국일보 신춘문예에 당선됐다. 그렇게 되기까지 엄청 힘들었는데 아무한테도 내색하지 않았다. 그들이 나를 위로할까 봐 두려웠기 때문이다. 위로받으면 외로움이 줄어들까 봐. 그래서 기도했다. 간절함이, 고독이 더 커지게 해 달라고. 나는, 시간이 어딘가로 사라진다고 생각했다. 매일 밤 시를 써도 나에게 아무 것도 남아 있지 않다고 생각했다. 그런데 그 시간들이 어디로 가는 게 아니었다. 그 시간들이 나를 여기로 데려다 준 것이다.〔브런치, 2015.06.〕

[5-42] 용서

　　　　내가 바보 머저리 등신 같아서 직접 머리를 때리거나 손등을 깨물 때가 있다. 왜 오 분 더 일찍 일어나지 못한 거지? 미리 준비하고 치밀하게 계획했더라면 이렇게 '어리버리 쇼'를 하진 않았을 거 아니니? 싫다고 분명하게 말을 안 하니까 자꾸 부탁하게 되잖아. 중언부언, 한 말 또 하는 것 좀 그만할 순 없는 거냐? 혼자 묻고 자책하고 금방, 잊는다. 아침마다 택시에서 내려 지하로 향하는 하계역 에스컬레이터에 발을 올리며 오른 주먹을 불끈 쥐어 올린다. 실베스터 스탤론 흉내내는 거 맞아. 두고 봐, 내일 아침엔 반드시 운동을 할 테니까. 물론 그렇게 못한다는 건 잘 안다. 그런데 희한하게도 자꾸만 긍정적으로 생각하게 된다. 머지않아 '초사이언'이 될 것만 같다.

대학교 4학년 땐가 아버지와 싸우다가 머리로 냉장고 문을 박살내고 집을 나온 적이 있다. 고시원에서 석 달 동안 살다가 집으로 돌아가 무릎 꿇고 빌었다. 제발 밥 좀 먹여 달라고. 무조건 잘못했다고. 나에게 아무도 이의를 제기할 수 없는 나만의 관점이 있다. 내 관점은 존중받아야 마땅하다고 생각한다. 왜냐하면 나 역시 다른 사람들의 관점을 기꺼이 존중하기 때문이다. 문제는 그 관점이 수시로 바뀐다는 것이다. 엊그제는 약속 때문에 동부간선도로를 시속 백 킬로로 달리다가 이게 다 무슨 소용인가 하는 생각이 들었다. 아무리 빨리 달려도 시간을 되돌릴 순 없다. 아버지와 내가 화해하게 된 건 몇 년이 지난, 그러니까 한 달 전에 형이 결혼할 여자를 데리고 왔기 때문이다. 우린 어젯밤까지만 해도 서로 아무 말도 안 하다가 오늘 아침에 일어나 다

녀오겠습니다. 그래, 하는 사이가 됐다. 냉장고 문은 여전히 한쪽이 기우뚱한 자세로 있다. 아버지와 나는 서로 용서하지 않았는데도 담담한 사이가 됐다. 아버지는 앞으로도 수시로 내 관점 위를 넘나들 것이다. 아버지 입장에선 내가 그럴 테고. 그럼에도 우리가 서로를 긍정할 수 있는 건 가족이기 때문이다. 나는 스물여덟 여름의 끝이 돼서야 비로소 알았다. 세상엔 불가능한 일이 너무 많고 불가능하지 않은 일도 너무 많다. 형이 결혼을 한다. 엄마는 형이 여자를 데리고 오자마자 당장 두 달 후쯤 결혼을 하라고 강요하셨다. 여자 맘이 변해 형을 떠날지도 모르기 때문이다. 『GQ』 편집장의 말에 의하면 나도 형도 엄마도 아빠도 모두 지구의 어린이다. 마감의 마지막 날, 막내 주제에 꼴찌로 이걸 쓰고 있다. 아마 두 시간, 아니 한 시간쯤 후면 선배들은 모두 집으로 갈 거다. 나 때문에 조금은 망설이거나 짜증을 낼지도 모른다. 그래도 난 금방 다 잊고 또 나를 용서할 거다. 누군가 바보 머저리 등신이라고 할지 모른다. 상관없다. 나도 잘 아는 사실이니까. 그래도 난 맷집 좋은 내가 좋다. 그리고 조금은 대견하기도 하다. 왜냐하면 결국 난 모든 것을 다 잘 끝낼 것이 분명하기 때문이다. 아마 내일 아침엔 일찍 일어날 거고 주먹을 불끈 쥐었다가 뭔가 또 잊어버릴 것이다. 괜찮다. 김득구가 말한 것처럼 마지막 한 방을 날릴 힘이 내게도 있으니까. 다시 시를 쓰기 시작했다는 건 지구와 나만 아는 비밀이다.〔『지큐 코리아』, 2007.09.〕

[5-43] 행복

돌풍 FC의 원년 멤버가 몇 년 만에 모였다. 돌풍 FC는 내가 만든 축구팀인데, 창단(이라고 할 것 까지야)하자마자 주축 구성원들이 다 군대에 가 버렸다. 남은 건 나 하나였다. 하하, 그런데 전우들이 이제 다 돌아왔다. 군대에서 많이들 배워 왔지만, 여전히 나한테는 안 된다. 며칠 전에는 이형택을 인터뷰했다. 드디어 아빠께 인터뷰한 걸 보여 드릴 수 있게 됐다. 이전까지 아빠가 잘 모르는 사람들이 대부분이라서 '짠' 하고 보여 드려도 '음' 하실까봐 안 보여 드렸다. 테니스는 아빠의 취미이자 특기이다. 당연히 이형택이 누군지도 아신다. 그리고 아주 조금 자랑이지만, 난 이 인터뷰가 마음에 든다. 지난주에는 문학과지성사에서 주최하는 낭독의 밤 행사에도 다녀왔다. 오랜만에 시인 황병승 형을 만났다. 나는 인터넷에 올라온, 그를 둘러싼 다소 엉뚱한 기사들 때문에 화가 난다고 했다. 인터뷰 한 번 안 하고 어쩌고저쩌고하는 건 옳지 않다고 생각했다. 의견과 비난은 다르니까. 정작 그 형은 관심 없어 했지만. 그리고 그 자리에 『GQ』의 애독자를 자처하는 네 명의 소년들도 만났다. 그들은 『GQ』 에디터 각각의 이름과 그들이 진행한 주옥같은 칼럼도 알고 있었다. 이렇게 적고 보니 로또에 당첨된 것도 아니고, 지지난 주 토요일에 허겁지겁 보낸 '작가세계 신인상'에 당선된 것도 아닌데 뭐가 행복한 걸까?

스무 살 때부터 나는 학교로 가는 버스 안에서 늘 시집을 읽었다. 소설가 한강이 무슨 문학상에 당선됐을 때, 수상 소감에, 학교로 가는 지하철에서 사 년 동안 책을 읽었다고 한 걸 봤다. 학교까지 시간이 꽤 걸린다고 했던 거 같은데 그때 생각했다. 나도 이렇게 따라 하면 시를 잘 쓰게 될 거라고. 그날 이후로 졸업할 때까지 단 한 번도 시집을 안 읽은 날이 없다. 청승맞게 막막해져서 별 이유도 없이 울 때도 있었다. 대학교 1학년 때, 거의 유명무실했던 '틈'이라는 시 모임에 들어갔다. 2학년이 되고, 후배들을 모아서 시를 썼다. 모두 바보같이 순진한 아이들이었다. 우리는 우리끼리 잔디밭에서 앉아서, 써 온 시를 읽고 박수 치고 서로 잘 썼다고 그 천재적인 재능이 부럽다고 칭찬을 했다. 시가 뭔지는 하나도 몰랐다. 그 '틈'이 올 해로 십 년이 되었다. 만약 '틈'에서 시를 쓰지 않았다면 나는 『GQ』독자들을 만나지 못했을 거다. 명문대를 나온 것도 아니고 영어는 거의 못하니까. 자랑스럽게 얘기할 수 있는 건 글을 아주 좋아한다는 것 정도밖에 없다. 이제 보름 정도만 지나면 같이 시를 쓰는 선후배들끼리 함께 만든 시집이 나온다. 이름은 『문설주』다. 등단한 사람도 없고 대부분은 재학생들이어서 수준은 높지 않지만, 난 지금 막 자랑을 하고 싶다. 왜냐면 그 후배들이나 나처럼 똑같이, 남몰래 눈물을 훔쳤을 거라는 사실을 잘 알기 때문이다. 시 쓰는 게 너무 힘든데, 그만둔다고 하면 아무도 안 붙잡을까 봐, 그게 두려워서 차마 못 그만뒀다는 한 후배의 얘기를 전해 듣고 또 바보같이 조금 울었다. 로또 같은 거 당첨 안 돼도 좋다. 그래도 난 행복하니까. 내가 시인이 되면 이 세상 누구보다, 엄마와 아빠 다음으로 기쁠 거라는 『GQ』의 편집장이 나의 친구여서 행복하고, 이번 달도 제일 늦게 마감하는 내가 외로울까봐, 일부러 일을 늦게 했다는 장진택 피처 디렉터가 나의 선배여서 행복하다. 오늘은 밤이 좀 길었으면 좋겠다. 〔『지큐 코리아』, 2007.11.〕

[5-44] 좋아해 아주 많이

　　　　한 달 동안 네 그루의 나무 사이에서 살았다. 넷이란 숫자엔 별 의미가 없다. 중요한 건 나무니까. 3월의 나무는 웃음과 웃음 사이의 짧은 휴지 같아서 나는 혼자만 알고 있는 재미난 이야기를 가진 사람처럼 즐거웠다. 아침마다 집에서 지하철역까지 걸어갔다. 대학을 졸업하곤 처음이었지 아마. 그렇게 며칠 지각을 했다. 놀랍게도 그 시간에 나를 행복하게 했던 또 하나의 이유는 내가 『GQ』의 일원이라는 점이었다. 지각을 해도 아주 조금만 눈치 주는 이 따뜻하고 서정적인 사람들과 일한다는 게 얼마나 다행인가. 어떤 나무 앞에선 멍하니 서서 옆차기 포즈를 취하기도 했는데 그때마다 빈 택시가 느리게 지나갔다. 아침 열 시의 도로는 한산했으니까. 기사 아저씨와 눈이 마주치기도 했다. 우리는 짧은 순간 웃고 목을 숙여 인사했다. 아침과 그 거리와 이 시간들이 좋다. 그리고 어느 일요일 오후 잠에서 깼을 때 한 사람을 그리워하고 있다는 사실을 새삼 알았다. 매일 보는 사람이었는데 느닷없이 왜 그랬을까? 봄이니까. 나는 조금 슬퍼도 괜찮았다. 그리고 다시 나무와 나무 사이를 걷다가 모든 감정이 삶의 일부이며 그것을 받아들이는 게 사실은 어렵지 않을 거라는 생각이 들었다. 오늘 내가 죽어도 그래서 많은 사람들이 울어도 세상의 3월은 여전히 아름다울 거라는 사실도. 그 순간 나는 3월의 나무였다.

　『GQ』에서 보낸 대략 일 년 동안은 나무의 한 해만큼이나 파란만장했다. 무성한 여름과 쓸쓸한 가을을 지나 서늘한 겨울까지. 제일 좋은 건 바로 지금, 3월의 나인 것 같다. 3월엔 소란과 고요가 아슬아슬하게 균형을 맞추고 있으니까. 공터의 침묵, 가늘고 긴 허무, 빈 트럭의 슬픈 손가락, 명절 저녁 약국의 깊은 잠. 사랑하는 사람의 새끼발가락 그리고 엄마와 아빠와 형. 이 모든 것들이 일시에 3월을 맞았다. 꽃이 피지 않았고 아직 푸른 잎사귀조차도 우리에게 인사하지 않았지만 이 시간이 좋은 건 기다려야 할 어떤 것들이 있기 때문이다. 당신을 좋아해, 아주 많이. 고백하고 그 사람의 답변을 기다려야 할 때처럼. 아프면 어떡하지 무섭지만 결국 이 모든 감정들도 삶의 일부일 테니까. 받아들이지 못할 만큼의 슬픔은 아닐 테니까.

방금 전, 형이 교통사고를 당했고 차를 폐차시켜야 한다는 전화를 받았지만 당황스럽지 않은 건 아직 우리 모두가 건강하며 그렇다면 사실은 아무 일도 일어나지 않은 거라고 믿게 되었기 때문이다. 아픈 아버지께 떡 좀 갖다 드리라고 전화 걸어 준 장미란과, 인터뷰 도중 갑자기 먹먹해져 눈물을 글썽였던 탁구 선수 이정우에게도 고맙다는 말과 좋아한다는 말을 전한다. 우리에게 곧 많은 일이 생길 거라는 걸 그들도 느끼고 있을까? 오전의 나무와 오후의 나무 그리고 영원히 다시 못 만날 것 같은 한 사람에게도, 좋아한다, 좋아한다고.〔『지큐 코리아』, 2009.03.〕

[5-45] 『GQ』에 왔습니다

교정 컴퓨터 앞에 앉아 기사를 다듬는데 갑자기 눈물이 와락, 쏟아진다. 갓 들어온 나에게 적응할 시간이 필요한데 편집장의 눈은 추호의 여지도 없이 에베레스트산 꼭대기를 바라본다. 그만둔다고 말해 버릴까? 황당해 하며 나를 쳐다볼 편집장의 모습을 떠올리니 마음이 좀 훈훈해진다. 그래서 웃고 또 손등으로 눈물을 훔쳐내며 다시 웃고 또 울다 보니 아침이다. 지금 사무실엔 나 혼자뿐이다.

엄마를 따라 시장에 갔다가 컵떡볶이를 사느라 길을 잃은 적이 있었다. 그때도 서럽게 울었다. 이쑤시개로 떡볶이를 찍어 입에 넣으며 이곳저곳을 헤맸는데 거리에 민들레 홀씨 같기도 하고 이불 솜 같기도 한 게 나풀나풀 날아가고 있었다. 막막한 마음에 그걸 따라갔다. 얼마 가지 않아 낯익은 길이 나타났다.

지금 내 아픔은 문장과 문장 사이에 있다. 마음속에 있는 것을 온전히 표현하지 못하는 데서 오는 절박함은, 토씨 하나 틀리지 않고 옳아서 도무지 인정할 수밖에 없던 편집장의 잔소리와는 비교도 안 될 만큼 날카롭다. 모니터 위로 내려앉은 햇살이 내 부끄러운 글을 읽는다. 지금 이곳이 내겐 낯선 길 한가운데처럼 막막하다.

나는 에디터가 된 후에 오히려 독자이기를 자처했다. 그것이 낫 놓고 낫인지도 몰랐던 어리바리 에디터의 소임이라고 생각했다. 좋은 문장으로 꽉 찬 칼럼을 보면 노트에 옮겨 적거나 왜 나는 이렇게 못할까

좌절하기도 했다. 그렇게 꼬박 이 년 동안 에디터로서의 나는 맨땅에 헤딩하는, 바위에 던져진 계란이었다. 그래도 이 길이 내 길이 아니라고 생각해 본 적은 없다. 순전히 아버지 때문이다. 내가 알기로 아버지는 밖에 나가서 자식 자랑을 해 본 적이 없다. 나는 아버지가 원하는 대학에 들어가지 못했기 때문에 자랑할 게 없는 아들이었다. 그래도 한 번은 사람들에게 나를 자랑했던 적이 있다. 내가 쓴 첫 기사가 실린 잡지를 집에 들고 갔을 때였다. 엄마는 아버지가 그걸 들고 테니스장에 갔다고 했다.

분명 복도 끝에서 문 열리는 소리가 들렸는데 발자국 소리가 없다. 두리번거려 봐도 아무도 없다. 친구가 왔으면 좋겠는데. 꿈속에서 내가 처량하게 울고 있는 걸 봤다며, 회사 약도랑 층수까지 꿈에 다 나타나더라며, 와서 우리끼리 늘 하던 식으로 욕지거리를 퍼부으면 정말로 그 자식이 그랬단 말이지, 나 같으면 다 뒤집고 나왔을 거야, 라고 큰 소리로 말해 줬으면 좋겠다. 주책없이 또 눈물이 난다. 비범해야 할 에디터가 눈물이나 흘린다. 그러나 지금 내 눈물은 길을 잃고 엄마를 부르면 우는 그런 눈물이 아니다. 엄마가 회사에 와 주지 않을 거라는 사실, 잘 안다.

왜 평소에는 말도 잘 안 하는 아버지가 보고 싶을까? 더불어 지난 이 년간 내가 만든 칼럼 속에서 여전히 살아 있는 컨트리뷰터들, 『GQ』에 간다고 했을 때 축하의 말을 건네던 이들. 기차역 벽면에 적혀 있는 이름을 볼 때처럼 그립다. 언젠가 이 시간을 추억하며 웃는 날이 있겠지. 그땐 길 좀 안 잃어 버리는 이우성이어야 할 텐데. 그러나 그렇지 않으면 또 어때. 악착같은 끈기와 열정만 있다면 모르는 길은 물어 가면 된다. 복도 끝에서 누군가 걸어오는 소리가 들린다. 엄마도 친구도 아니다.〔『지큐 코리아』, 2007.06.〕

〔5-46〕 **영원히 모르게 남겨두기**

　　　　나는 별로 쿨한 사람이 아니다. 잘 삐치고 잘 운다. 짜증도 잘 낸다. 예민하다. 할 말이 있으면 다른 사람 이야기는 듣지도 않고 내 이야기만 한다. 그러고 나서 후회한다. 가끔, 아니 자주 한숨을 쉰다. 나는 왜 이렇게 못났을까, 자책한다. 다행히 나는 쿨한 척을 하지 않는다. 결점을 숨기는 편은 아니다. 고백하고 용서를 구한다. 내가 나를 좋아하는 몇 안 되는 이유 중 하나는, 내가 나아지고 싶어하는 인간이라는 것이다. 하지만 그건 바람일 뿐이다. 나는 나아지지 않는다. 나는 십 년 전에도 이랬고, 여전히 그렇다.

나는 자주 소외감을 느낀다. 사람들이 나만 빼놓고 이야기하는 것 같다. 나 없이 단체 카톡방을 만들어서 자기들끼리 놀 것 같다. 문득 주변을 둘러보면, 내가 모르는 어떤 것들이 흐르고 있다. 나는 비밀의 세계에 산다. 아무도 나에게 그 비밀에 대해 이야기해 주지 않는다. 그래서 자주 혼자 걷는다. 사람들이 없는 곳을 걷다 보면 뭐랄까, 혼자 있는 것에 대한 명분이나 당위성이 생기는 것만 같다. 사람들이 나를 소외시키는 게 아니야, 그저 내가 혼자 걷고 있을 뿐이지, 라고 은연중에 생각하게 된달까. 거짓말로 나를 위로하고, 안도한다. 거짓말이지만 괜찮다. 바보 같은 이야기라는 거 안다. 나는 정말 바보니까.

아무튼 그렇게 산책을 취미로 삼게 되었다. 걷다 보면 기분이 좋아진다. 그래서 산이 있는 마을로 이사했다. 주말마다 둘레길을 걸으며 하늘을 올려다본다. 덜 외로워지는 것 같다. 애인이 있을 때는 종종 같이 걷는다. 죽을 만큼 행복하다고 하면 거짓말이고, 아주 많이 행복하다. 하지만 대가가 따른다. 애인과 헤어지면 다시 그 길을 혼자 걸어야 한다. 쓸 데 없이 쓸 만한 기억력 덕분에 산책을 하는 도중에도 괴로워해야 한다. 그렇다고 딱히 그것 말고 행복해지는 방법을 알지 못하니까, 그냥 걷는다.

걷는 시간만큼 달린다. 올해 여름과 가을에는 이틀에 한 번씩 달렸다. 일주일에 50km 이상씩 달렸다. 마라톤 대회에 참가하기 위해 훈련을 한 거였지만, 굳이 그렇게 열심히 할 필요는 없었다. 어릴 때부터 달리기를 했는데 어른이 되고 나서 달리기가 많이 좋아졌다. 밤에 집에 들어오면 바로 옷을 갈아 입고 달리러 나갔다. 피곤하지 않은 날이 단 하루도 없었는데 뛰기 싫은 날도 하루도 없었다. 달리기 실력이 느는다는 느낌은 받지 못했고, 사실 그건 별로 관심도 없었다. 달리면서 주변의 풍경과 풍경 속을 흐르는 공기와 고요한 어둠과 희미한 빛이 어우러지는 어떤 광경을 본다. 그것은 실체라기보다는 감각에 가까운데, 그 감각은 내 피부를 투과하기도 하고, 서늘한 가슴을 따뜻하게 만들기도 하고, 텅 빈 뱃속이나 주머니를 채워 주기도 한다. 누군가는 더 빨리 달리는 게 목적일 수 있지만, 나는 그저 달리고 있다는 것만으로도 충분히 행복하다. 달리는 순간에는 혼자여도 괜찮으니까.

나는 나랑 달린다. 달리면서 나는 내가 가장 싫어하는 내 모습과 화해한다. 왜, 어떻게 그런 느낌을 받게 되었는지 모르겠는데, 달리다 보면 내 안에 꽤 멋진 내가 있다는 기분이 든다. 내 숨소리를 듣는 또 다른 나를 알고 있다. 분명히 나다. 또 다른 내가 있다. 두 명의 내가 완전히 겹쳐질 때까지 달리고 싶다.

여름과 가을, 길고 먼 거리를 달리면서 나는 나에게 물었다. "왜 이렇게 열심히 달려?" 이 질문에 절대 대답하지 않을 것이다. 죽는 순간까지 대답하지 않을 거다. 실은 답을 알고 있다. 그렇지만 수천수만 가지 답을 더 찾아낼 것이다. 죽는 순간까지 달려야 하기 때문이다. 그래서 저 물음표를 그대로 남겨 두고 싶은 것이다.

십 년 전의 나처럼 다시 십 년 후의 나도 정말 바보 같은 이우성일 것이다. 헤어진 여자 친구도 말했다. "오빤 절대 안 바뀔 거야." 달라지겠다고 여러 차례 답했지만 그녀는 또박또박, 여러 번, 저렇게 말했다. 듣기 싫은 말이지만 정확한 말이다. 그러니 나는 또 오랫동안 나와 불화할 것이다. 어떤 비밀에서 소외된 채 지낼 것이다. 그래서 달린다. 하지만 이것은 내가 달리는 이유 중 하나에 불과하다. 아직 발견하지 못한 너무 많은 이유들이 있다. 어떤 사람들은 "나는 체력이 약해서 절대 달리기는 못할 거야"라고 말한다. 그 말은 아마 틀릴 것이다. 대부분의 사람들은 스스로 생각하는 것보다 강하다. 하지만 그것도 별로 중요한 건 아니다. 어떤 사람은 뛰어야 한다. 뛰어야만 한다. 그래서 문득, 그렇게 눈물이 난다. 눈물을 닦고 다시 달린다. 나는 쿨한 사람이 아니다.〔『러너스월드 코리아』, 2018.12, 편집장의 글.〕

뉴욕시티 마라톤(New York City Marathon). 이우성, 출전 선수 표식, 완주 메달. 2017년 11월 5일.

이우성. 2017년 11월 5일. 뉴욕시티 마라톤(New York City Marathon). 피니시 라인.

이우성. 2021년 1월 1일. 손.

● 아주까리 수첩  이우성 산문집 좋아서, 李宇成 散文集 LEE Wooseong Essay I like It, © 이우성 ● Produced & Published by 수류산방 樹流山房 SuRyuSanBang | 초판 01쇄 2023년 01월 30일 | 값 18,000원 | ISBN 978-89-915-5592-1 03810 | Printed in Korea, 2023.01.

● 수류산방 樹流山房 SuRyuSanBang | 등록 2004년 11월 5일 (제300-2004-173호) | 〔03176〕 서울 종로구 경희궁길 47-1 〔신문로 2가 1-135〕 | T. 82.(0)2.735.1085 F. 82.(0)2.735.1083 | 프로듀서 박상일 | 발행인 및 편집장 심세중 | 크리에이티브 디렉터 朴宰成 + 박상일 | 이사 김범수, 박승희, 최문석 | 편집팀 전윤혜 (선임), 조연하 | 디자인 · 연구팀 김나영 (피디), 서인준 | 사진팀 이지웅 (피디) | 인쇄 코리아프린테크 〔T. 82.(0)31.932.3351-2 임종휘 실장〕